Développez vos facultés psychiques et spirituelles

© Exergue, 2011

Édition du Club France Loisirs, Paris
avec l'autorisation des Éditions Exergue

Éditions France Loisirs,
123, boulevard de Grenelle, Paris
www.franceloisirs.com

ILLUSTRATIONS : Laëtitia Borniche

Tous droits de reproduction, traduction ou adaptation,
réservés pour tous pays.

ISBN : 978-2-298-04634-2
N° éditeur : 69005
Dépôt légal : en août 2012

Achevé d'imprimer en Slovénie par PP-F sarl, mai 2012

Serge Boutboul

Développez vos facultés psychiques et spirituelles

ÉDITIONS FRANCE LOISIRS

Remerciements

À Raymond Réant, pour lequel j'ai une gratitude éternelle. Sans lui, ce livre n'aurait jamais existé.

Merci à Laëtitia Borniche pour ses magnifiques dessins.

Merci particulièrement à Thérèse Camberlin pour son soutien et ses conseils, ainsi qu'à Martine, Cathy, Armande, Caroline, Christophe et Quentin pour leur aide.

Merci enfin à tous mes élèves qui m'ont permis, par leur présence et par leurs suggestions, de réaliser bien des expériences.

Je remercie ma femme et mes enfants pour leur aide et leur présence bienveillante.

Ce livre est dédié à tous ceux qui cherchent de façon authentique le chemin qui mène à la vérité.

Sommaire

INTRODUCTION 7

PARTIE 1 COMMENT SOMMES-NOUS CONSTITUÉS AU NIVEAU DE L'INVISIBLE ? 11
Nos corps subtils 13
Les chakras et l'aura 19
Nos facultés psychiques et spirituelles à l'état latent 29

PARTIE 2 COMMENT ÉVEILLER NOS FACULTÉS SUPÉRIEURES ? 35
Comment développer notre vision éthérique et aurique ? 37
Comment développer notre clairvoyance ? 45
Comment éveiller notre clairaudience ? 57
Comment éveiller notre intuition ? 65
Comment éveiller notre télépathie ? 77
Comment éveiller notre médiumnité ? 85
Comment voyager en astral ? 95
Comment ressentir les énergies qui nous environnent ? 117
Comment développer notre magnétisme ? 137
Comment développer notre radiesthésie ? 151

PARTIE 3 LA MAUVAISE UTILISATION DE NOS FACULTÉS SUPÉRIEURES 167
Les attaques psychiques 169
Diverses raisons entrainant la dégradation de nos facultés supérieures 185

PARTIE 4 LES ÊTRES INVISIBLES QUI NOUS ENTOURENT 191
Nos guides spirituels 193
Nos anges gardiens 205
Nos amis les défunts 217
Les fantômes 231
Les êtres négatifs et démoniaques 243
Les êtres invisibles de la nature 255

PARTIE 5 LES LIEUX CHARGÉS QUI NOUS ENTOURENT 261

Les maisons hantées 263

Les lieux perturbés au niveau subtil 273

Comment nettoyer une maison ou un lieu perturbé ? 283

PARTIE 6 COMMENT RÉTABLIR NOS CORPS SUBTILS ? 301

Comment recentrer nos corps subtils ? 303

Comment réparer nos corps subtils ? 309

PARTIE 7 CONTACT AVEC LES PLANS SUPÉRIEURS 313

Comment être en contact avec les plans supérieurs ? 315

Notre mission 323

PARTIE 8 LES PROTECTIONS PSYCHIQUES 327

Comment se protéger psychiquement ? 329

PARTIE 9 COMMENT AMÉLIORER NOTRE VIE ? 343

Apprenez à maîtriser votre mental 345

Comment transformer notre vie par la visualisation ? 361

Comment créer une forme pensée ? 373

Comment se recharger en énergie ? 377

PARTIE 10 CE QU'IL FAUT CONNAITRE 395

Le spirituel n'est pas le religieux 397

Les lois spirituelles 411

Ce monde qui change 417

CONCLUSION 423

BIBLIOGRAPHIE 427

Introduction

"Développez vos talents naturels, asseyez-vous devant les faits comme un petit enfant et soyez prêt à renoncer à toute notion préconçue, laissez-vous humblement guider dans n'importe quel abysse et partout où la nature vous mène, car autrement vous n'apprendrez rien."

T.H. Huxley

" On ne voit bien qu'avec le cœur. L'essentiel est invisible pour les yeux. "

Antoine de Saint Exupéry, *Le Petit Prince*.

Nous sommes-nous déjà posé cette question : Qu'est-ce qui est essentiel pour moi ?

Si ce n'est ce que je suis réellement, au-delà de ma propre apparence.

Mais qui suis-je en fait ? Uniquement un corps physique dont la durée de vie peut atteindre 90 ans ?

Ou peut-être autre chose ? Quelque chose de plus grand, dont j'aperçois parfois certaines facettes et dont je ne mesure pas encore la profondeur et encore moins la grandeur ?

Je suis avant tout un *être spirituel*. Mon corps physique est comparable à un manteau qui m'habille et enveloppe mon esprit.

Nous avons oublié que nous ne sommes pas ce qui nous habille, nous sommes pour chacun d'entre nous un être spirituel vivant à l'intérieur d'un corps physique. Ne l'oublions pas car notre croissance véritable, spirituelle et future en dépend.

Une partie de moi-même m'échappe. L'homme ou la femme que je suis possède des facultés supérieures qui sont à l'état latent en chacun d'entre nous. Ces facultés sont accessibles à tous, sans exception, et ne demandent qu'à être exploitées. On pourrait penser qu'il s'agit de dons réservés à certaines personnes, mais ce n'est pas le cas. Si nous nous exerçons avec régularité, nous constaterons rapidement que les résultats ne tarderont pas à apparaître. Nous remarquerons que les exercices à réaliser pour ouvrir nos facultés sont assez faciles et agréables et nous nous rendrons compte que nous pouvons repousser nos limites bien au-delà de ce que nous avons cru précédemment.

Imaginez seulement que votre corps physique commence à ressentir les énergies qui l'entourent ou encore que notre 3e œil s'ouvre et nous laisse apercevoir les mondes supérieurs. Automatiquement, la vision du monde où nous vivons prendra une dimension infinie. Nous sommes, en réalité, partie prenante de cet infini. Il semble que nous ayons perdu le souvenir de notre identité véritable d'êtres spirituels, c'est-à-dire un esprit supérieur, en venant sur terre.

Notre corps physique correspond à ce que nous pourrions appeler une enveloppe charnelle provisoire, mais que nous devrons laisser derrière nous à notre mort, pour repartir vers des horizons infinis que seul notre esprit peut appréhender.

Bien des gens ont tendance à négliger cela, restant sur une vision de leur vie étriquée et provisoire.

Cela donne, en final, une incarnation où nous avons totalement oublié le pourquoi de notre venue sur terre, ce que nous devions y comprendre, ainsi que les points sur lesquels nous devions travailler. Il semble qu'il y ait de façon sous-jacente une leçon de vie plus grande que celle pour laquelle nous vivons actuellement.

Nous devons revoir nos échelles de valeur à un niveau supérieur pour ne pas rater notre destinée sur terre, ne pas être pris au dépourvu et dans un certain désarroi au moment de notre passage sur le plan suivant où d'autres choses plus importantes nous attendent.

De même qu'il y a plusieurs siècles Platon nous racontait, sous un aspect imagé, l'histoire d'une grotte où vivait un peuple qui n'avait connu que cette grotte. Leur vision du monde était représentée par l'intérieur de ce lieu et les ombres qui se formaient sur les parois étaient leurs dieux. Certains d'entre eux décidèrent d'aller plus loin, étant en opposition avec les autres. Ils partirent, puis trouvèrent une ouverture vers le monde que nous connaissons.

Malgré les siècles passés, nous sommes encore enfermés dans des visions restrictives et partielles de ce monde qui nous entoure. En descendant sur terre, nous avons oublié notre identité d'origine, ce que nous sommes venus y faire, la mission que nous devions réaliser, ainsi que les leçons personnelles à assimiler.

Dans cette perspective, notre étude sera essentiellement pratique.

Nous allons donc, à travers ce livre, découvrir les aspects théoriques et surtout pratiques de ce que nous sommes vraiment et de ce que nous allons apprendre à développer.

L'aspect théorique ne servira en fait qu'à comprendre notre fonctionnement, qu'il soit psychique ou spirituel. Les choses s'éclaireront d'elles-mêmes plus facilement si nous comprenons comment nous sommes réellement constitués sur des niveaux plus subtils.

L'aspect pratique permettra d'ouvrir nos facultés supérieures psychiques ou spirituelles et par là même d'acquérir de nouvelles informations nous parvenant sous des formes visuelles, auditives, intuitives, énergétiques ou tactiles, dont vous n'avez peut-être pas encore eu conscience. Cela afin d'expérimenter de nouveaux modes de fonctionnement, vous permettant de découvrir les mondes d'énergie dans lesquels nous baignons tous les jours sans pour autant en avoir conscience et qui nous permettront de nous aider et d'aider les autres. Nous découvrirons ainsi que nous pouvons agir bien au-delà de nos limites habituelles, de nos cinq sens, ainsi qu'au-delà du temps et de l'espace.

Votre vision du monde s'en trouvera changée et agrandie. Vous découvrirez ainsi que le savoir des choses du monde n'est pas comparable à la vraie connaissance de ce qui nous concerne et nous entoure, même si nous ne le voyons pas. Cela deviendra une conviction intime, ces nouvelles expériences que vous réaliserez deviendront pour vous du vécu.

Il faut acquérir le regard neuf de l'enfant pour aller plus loin. Il faudra pour cela mettre de côté ce que nous avons appris, pour nous laisser prendre au jeu, afin de pouvoir entrer dans un domaine plus vaste et ainsi pouvoir dépasser nos propres limites. Nous verrons que le meilleur moyen d'appréhender un sujet « supérieur à nos contingences terrestres » est de l'expérimenter soi-même. Il n'y a pas de meilleure vérification que de voir, de vivre et de ressentir les choses par soi-même puisque aucune réponse verbale ne pourra jamais satisfaire pleinement notre conscience.

PARTIE 1

COMMENT SOMMES-NOUS CONSTITUÉS AU NIVEAU DE L'INVISIBLE ?

"Chaque homme croit que les limites de son propre champ de vision sont les limites du monde."

SCHOPENHAUER

"L'homme a une double origine, l'une céleste, l'autre terrestre ; l'une naturelle, l'autre surnaturelle. L'homme accompli est la fusion de l'une et de l'autre dans sa conscience."

GRAF DURCKHEIM

"Connais-toi toi-même et tu connaîtras l'univers et les dieux !"

INSCRIPTION DU TEMPLE DE DELPHES

Nos corps subtils

> "Nous marchons à tâtons dans un univers dont nous ne connaissons que les apparences les plus grossières."
>
> A. Huxley

> "Notre naissance n'est que sommeil et oubli. L'âme qui émerge en nous, l'étoile de notre vie, s'est composée ailleurs et vient de loin : non pas un trou total de mémoire et dans une entière nudité, mais traînant des nuages de gloire, nous venons de Dieu, notre foyer !"
>
> William Wordworth

Comment sommes-nous constitués ?

Nous sommes constitués d'un ensemble de corps subtils emboîtés les uns dans les autres (à la manière des poupées russes).

Nous possédons 7 corps. Chacun d'entre eux renferme des caractéristiques qui lui sont propres. Ces corps sont situés à l'intérieur du corps physique pour certains d'entre eux et à l'extérieur pour d'autres.

Dans l'ordre du corps le plus dense au corps le plus subtil, nous avons :

- Le corps physique

- Le corps éthérique (ou vital)

- Le corps astral

- Le corps mental

- Le corps causal

- Le corps bouddhique

- Le corps atmique (ou astral mental supérieur)

- Le corps divin (ou la monade).

Nous avons aussi une aura, qui n'est pas un corps subtil à proprement parler, mais un champ d'énergie situé autour de nos corps (nous verrons sa description plus en détail dans le chapitre suivant).

1) Le corps physique

Le premier corps : le **corps physique** est aussi appelé « le corps grossier ». Il est un microcosme à l'image de l'univers. Nous ne nous y arrêterons pas.

2) Le corps éthérique

Le deuxième corps subtil : le **corps éthérique** est aussi appelé « le corps vital », ainsi que « la matrice éthérique », car c'est ce corps qui conçoit le corps astral avant notre naissance. Il est le gardien du corps physique. Il en assure sa surveillance, ainsi que sa survie en l'absence de la conscience.

C'est le corps éthérique qui rappelle le corps astral, lors de notre sommeil, s'il y a une présence ou un danger dans la chambre où nous dormons. C'est lui qui permet, durant le sommeil, de reconstituer notre corps physique fatigué.

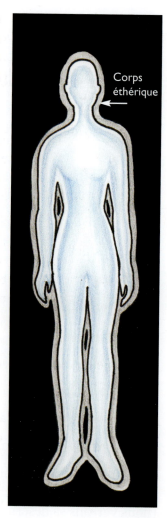

Corps éthérique

Il est « l'enveloppe » de nos chakras ou centres d'énergie, dont la contrepartie physique correspond à nos plexus nerveux situés le long de l'axe de notre corps physique. Il capte les énergies cosmo-telluriques qui sont redistribuées dans tous les corps au travers des chakras.

C'est ce corps énergétique qui possède l'énergie la plus dense. C'est par ce corps que se font les échanges énergétiques entre le corps physique et nos corps subtils. Il ne peut se séparer du corps physique que de quelques mètres. Il entoure le corps physique entièrement, le dépassant d'environ 1 à 2 cm en moyenne autour du corps et de 1 à 5 cm autour de la tête.

Il est le témoin de la santé et de la vitalité physique de l'individu, c'est-à-dire que plus le corps éthérique est épais et plus l'individu possède d'énergie physique. Quand quelqu'un a beaucoup d'énergie physique, nous percevons au-dessus de sa tête un halo blanc ou gris très clair.

En pratique, cette perception est facile à obtenir. Il suffit que la personne à observer se place à 3 m face à vous, devant un fond noir mat ou blanc (selon votre préférence). Il sera préférable qu'elle soit avancée de 80 cm environ de ce fond de couleur.

Vous vous efforcerez de regarder dans le vague, comme s'il y avait un point fictif à environ 5 cm au dessus de sa tête.

Cette vision indirecte permet de faire apparaître ce halo subtil.

Au début de votre expérimentation vous aurez l'impression qu'il s'agit d'une ombre. En vérifiant vous constaterez que ce n'est pas le cas, puisque votre partenaire sera placé à une certaine distance du fond. De plus, vous devez vous arranger pour que la lumière l'éclaire de façon indirecte.

Après plusieurs essais, vous vous rendrez vite compte que vous percevez vraiment quelque chose. Cette perception sera de plus en plus nette si vous répétez plusieurs fois cette expérience de vision du corps éthérique.

De même, vous pouvez ressentir tactilement l'énergie du corps éthérique, en approchant la main au-dessus de la tête de votre partenaire pour en percevoir les limites. Ce ressenti sera plus facile à constater puisque cette énergie est dense. Cela vous permettra de vérifier avec vos mains que vos perceptions visuelles étaient exactes. La photo Kirlian a servi à les mettre en évidence.

3) Le corps astral

Le troisième corps : le **corps astral** nous permet de nous déplacer dans les plans astraux.

Il est aussi nommé :

- **Le corps émotionnel ou corps de désir.** C'est le corps subtil des émotions. Il faudra pour travailler avec lui, agir avec notre cœur.

- **Le corps de rêve.** C'est avec ce corps subtil que nous vivons et nous déplaçons dans nos rêves.

- **Le double**. Il est l'exacte réplique de notre corps physique.

- **Le corps bio-plasmique**. Il est formé de matière bio-plasmique, qui correspond au cinquième état de la matière, qui n'est ni liquide ni solide, mais un peu des deux à la fois. Nous pourrions faire une comparaison lointaine avec de la lave.

- **Le fantôme des vivants**. Ce corps possède les mêmes particularités que le fantôme d'un défunt, à la différence qu'il est toujours relié, de notre vivant, à notre corps physique par le cordon d'argent (ou corde d'argent) au centre du thorax.

- **Le véhicule**. C'est avec ce corps subtil que notre conscience a l'habitude de voyager dans les différents plans de l'astral et dans l'espace. Si nous n'avions pas ce corps, les défunts eux-mêmes ne pourraient pas nous voir.

- **Le corps éthéré**, du grec « *aitherios* » qui signifie air pur.

Le corps astral est constitué d'une énergie plus subtile que celle du corps éthérique. Il est situé à l'intérieur du corps physique et en épouse la forme. C'est le véhicule des sentiments, des désirs, des passions, des pensées nobles et positives. C'est par lui que passent nos joies et nos peines.

Contrairement au corps éthérique qui ne peut se déplacer au-delà de quelques mètres, le corps astral peut, quant à lui, se déplacer sur des distances considérables, à des vitesses dépassant toute nos lois physiques, puisqu'il peut aller de l'autre côté de l'univers à la vitesse de la pensée. Ces déplacements du corps astral sont communément appelés : le voyage astral, le dédoublement ou encore la sortie hors du corps. Le corps astral est relié au corps éthérique par un cordon d'argent. Il ne se rompt qu'à la mort, laissant définitivement partir le corps astral et les autres corps subtils pour d'autres mondes.

On entend souvent dire que le corps astral est relié au corps physique. C'est en parti erroné, cela ne peut se faire qu'au travers du corps éthérique. Une matière astrale telle que le cordon d'argent ne peut être accrochée au corps physique tout seul, car la matière astrale est trop subtile pour un corps physique.

4) Le corps mental

Le quatrième corps : le **corps mental** est le siège de nos pensées, de l'imagination, du raisonnement, de l'intellect, de l'inné et de l'acquis. Il est d'une énergie plus fine que le corps astral. C'est avec le corps mental que nous visualisons et que nous réalisons ainsi toute création mentale. Il est toujours à l'intérieur du corps physique, légèrement plus petit que le corps astral, il nous aide à comprendre le monde environnant.

Le corps mental est séparé en deux parties principales : le corps mental inférieur, en relation directe avec le corps astral et le corps mental supérieur, sous l'influence du corps causal.

Ces quatre corps constituent notre personnalité. Ils ont une forme humaine.

5) Le corps causal

Le cinquième corps : le **corps causal** est le corps de l'âme. Ce corps préside les causes de notre existence. Il est en lien avec le karma. Ce corps enregistre tout ce qu'il y a dans cette vie et dans les autres. C'est le corps de la conscience supérieure. Il contient les qualités les plus élevées : inspiration, intuition, connaissance directe, créativité, foi... Il est transparent ou de couleur or.

La méditation profonde agit directement sur ce corps.

6) Le corps bouddhique

Le sixième corps : le **corps bouddhique**. Ce corps est décrit comme ne se manifestant que chez les saints ou les hommes ayant intégré leur corps causal et ayant choisi ou accepté de se réincarner de nouveau pour accomplir une tâche précise (bodhisattvas).

C'est le plan d'évolution pour les âmes ayant intégré leur corps causal ou ego. C'est le corps qui nous permet d'entrer en relation avec nos guides spirituels. Peu d'humains peuvent y accéder.

On entre dans le monde des éveillés vivants...

7) Le corps divin

Le septième corps : le **corps divin** est aussi appelé « le corps atmique » ou « la monade », il est au centre de tout notre système subtil et est centré dans le chakra du cœur.

C'est le corps en relation avec la Divinité (quelle que soit notre religion). Seuls les êtres éveillés y ont accès.

Il s'agit du corps qui est directement relié avec le plan de Dieu. Une fois atteint ce plan ultime, nous sommes en mesure de réintégrer la conscience divine.

Les chakras et l'aura

> " Il existe une sphère spirituelle qui entoure chaque personne tout comme une enveloppe naturelle et corporelle."
> SWEDENBORG

> " Dans la méditation profonde, l'œil spirituel apparaît sur le front entre les sourcils. Cet œil omniscient nommé selon les écritures, troisième œil, étoile d'Orient, œil intérieur, colombe descendue du ciel, œil de Shiva, œil de l'intuition… "
> YOGANANDA

Qu'est-ce qu'un chakra ?

Le chakra est la partie subtile, invisible et énergétique d'un plexus nerveux de notre corps physique. C'est un centre d'énergie vitale ayant une rotation orientée soit vers la droite, soit vers la gauche.

un chakra

Un chakra est un terme sanskrit qui signifie : « roue ».

Les chakras sont placés dans notre corps éthérique, situé dans notre corps. Ils rayonnent à l'extérieur de notre corps physique.

Nous avons 7 chakras principaux faisant partie d'un ensemble de 12 chakras majeurs.

Les 7 chakras principaux correspondent aux 7 glandes principales du système endocrinien.

Cependant notre étude s'orientera principalement sur les 7 chakras principaux situés le long de notre colonne vertébrale.

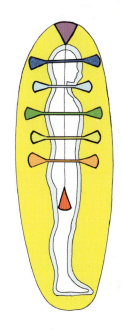

Développez vos facultés psychiques et spirituelles

Ils ont la forme de simple cône pour le premier et le septième chakra ou de cônes doubles réunis par leur pointe pour les autres chakras.

Certains textes anciens provenant de tradition indienne (de l'Inde) précisent que nous avons près de 350 000 chakras mineurs, d'autres textes indiens en comptent 88 000.

Ils sont situés sur tout le corps éthérique, comme le chakra de la main, qui est important pour le magnétisme. L'énergie que nous recevons passe essentiellement à travers nos chakras pour alimenter nos corps subtils.

Chacun d'entre eux possède une fréquence vibratoire et une couleur qui lui est propre

Comment sommes-nous constitués au niveau de l'invisible ?

Les Orientaux les comparent à des fleurs de lotus, avec comme particularité d'attribuer un nombre de pétales précis correspondant à la fréquence du chakra concerné.[1]

Le **1er chakra** est nommé « chakra racine » ou « chakra de base » ou encore « centre de la Kundalini » (énergie enroulée comme un serpent). C'est le seul chakra qui s'ouvre vers l'arrière du corps, juste au-dessous du coccyx et au-dessus de l'anus (lotus à 4 pétales). Il est relié au corps physique et il est en liaison avec les capsules surrénales. Sa couleur est le rouge. Mot clé : « Je suis ».

Nom sanskrit : Muladhara chakra

Le **2e chakra** est nommé « chakra sacré ». Il est situé à 5 cm sous le nombril (lotus à 6 pétales). Il est relié au corps éthérique et il est en liaison avec les gonades. Sa couleur est l'orange. Mot clé : « Je sens ».

Nom sanskrit : Swadhisthana chakra

Le **3e chakra** est nommé « plexus solaire ». Il est localisé entre 5 à 8 cm au-dessus du nombril. Le plexus solaire est celui qui est le plus connu (lotus à 10 pétales). Il est relié au corps astral et il est en liaison avec le pancréas, la rate et le foie. Sa couleur est le jaune. Mot clé : « Je veux. »

Nom sanskrit : Manipura chakra

Le **4e chakra** est nommé « chakra du cœur ». Il est situé près de la pointe du sternum (cartilage qui se trouve à la base du thorax) (lotus à 12 pétales). Il est relié au corps mental et il est en liaison avec le thymus. Sa couleur est le vert. Mot clé : « J'aime ».

Nom sanskrit : Anahata chakra

Le **5e chakra** est nommé « chakra laryngé ». Il est localisé au creux de la gorge (lotus à 16 pétales). Il est relié au corps causal et il est en liaison avec la thyroïde et la parathyroïde. Sa couleur est le bleu clair. Mot clé : « Je communique ».

Nom sanskrit : Vishuddha chakra

---

[1] Les plus anciens textes de références traitant de ce sujet sont les Upanishad (Bramah Upanishad et Yogattattva Upanishad).

Le **6ᵉ chakra** est nommé « troisième œil ». Il est placé sur le devant du crâne derrière l'os frontal et à 1 cm au-dessus du point situé entre les deux yeux (lotus à 96 pétales). Il est relié au corps causal et il est en liaison avec l'hypophyse (glande pituitaire). Sa couleur est le bleu indigo. Mot clé : « Je vois ».

NOM SANSKRIT :
Ajna chakra

Le **7ᵉ chakra** ou « chakra couronne » est situé au sommet du crâne au centre de la fontanelle (lotus à 1 000 pétales, le chiffre 1 000 signifie qu'il n'est pas dénombrable). Il est relié au corps divin et il est en liaison avec l'épiphyse (glande pinéale). Il est violet, blanc ou doré. Mot clé : « Je sais ».

NOM SANSKRIT :
Sahasraha chakra

Nous avons aussi d'autres chakras supérieurs :

Le **8ᵉ chakra** est situé à une dizaine de centimètres au-dessus du 7ᵉ chakra. Il est de couleur vert émeraude et violet.

Le **9ᵉ chakra** est situé à quelques centimètres au-dessus du 8ᵉ chakra. Il est de couleur bleu-vert.

Le **10ᵉ chakra** est situé à quelques centimètres au-dessus du 9ᵉ chakra. Il est de couleur perle nacrée.

Le **11ᵉ chakra** est situé à quelques centimètres au-dessus du 10ᵉ chakra. Il est de couleur rose orange.

Le **12ᵉ chakra** est situé à quelques centimètres au-dessus du 11ᵉ chakra. Il est de couleur or miroitant.

L'énergie des chakras devient de plus en plus subtile, de même que leur fréquence vibratoire devient plus élevée et s'affine au fur et à mesure que nous montons vers les chakras supérieurs.

On considère habituellement qu'à partir du chakra du cœur, c'est-à-dire le « 4ᵉ chakra », commencent les chakras « supérieurs » et cela jusqu'au 12ᵉ chakra.

Comment sommes-nous constitués au niveau de l'invisible ?

Sens de rotation des chakras pour les hommes et pour les femmes :

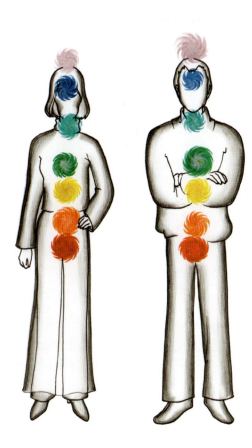

Pour les hommes, la rotation de leurs chakras impairs (1, 3, 5, 7) est dans le sens des aiguilles d'une montre, à l'inverse de leurs chakras pairs (2, 4, 6) dont la rotation est le sens contraire. Il s'agit là d'une règle générale, car certains chakras s'inversent parfois, puis changent de sens pour revenir ensuite à leur rotation d'origine.

Les femmes ont le sens de rotation de leurs chakras inversé par rapport aux hommes.

C'est-à-dire que pour les femmes leurs chakras impairs (1, 3, 5, 7) tournent dans le sens inverse des aiguilles d'une montre et leurs chakras pairs (2, 4, 6) tournent dans le sens des aiguilles d'une montre.

Comment ressentir la vibration des chakras ?

Bien qu'immatériels, nous pouvons les sentir tourbillonner en plaçant notre main au-dessus du chakra sélectionné. Pour ressentir la vibration et le sens de rotation d'un chakra, il est préférable de commencer par le chakra de la gorge. Celui-ci est un amplificateur, sa vibration est un peu plus puissante que les autres chakras.

Pour ce qui est de l'aspect pratique de cette sensation tactile, reportez-vous au chapitre sur le développement de nos ressentis énergétiques.

Notre corps fonctionne à la manière d'un récepteur, recevant de l'énergie cosmique (énergie provenant du cosmos) par le 7e chakra, « chakra coronal », ainsi que de l'énergie tellurique (énergie provenant de la terre) par le 1er chakra, « chakra racine ». Ces deux énergies se rejoignent au niveau du 3e chakra, « le plexus solaire ».

Plus la personne est évoluée, plus ses chakras « supérieurs », c'est-à-dire les chakras du haut, à partir du 4e chakra, seront développés. Il n'en demeure pas moins que tous les chakras sans exception sont importants, car si un seul ne fonctionne pas, le corps physique ne peut pas vivre.

Les énergies des chakras sont ensuite distribuées dans nos différents corps subtils, se répandant ainsi dans et autour du corps physique.

Cette énergie permet d'alimenter et de former notre champ énergétique. Celui-ci rayonne formant un halo lumineux, protecteur, que l'on nomme « l'aura ».

L'aura

L'aura est un halo lumineux entourant le corps physique, d'où est né le terme « auréole ». Elle est formée d'énergies en mouvement. Elle résulte de l'action et du rayonnement des chakras, lui donnant sa forme ovale. Elle entoure notre corps d'environ 40 cm et parfois davantage si l'individu possède plus d'énergie vitale.

C'est le résultat du mélange des couleurs des chakras qui fait que la couleur de chaque aura est unique. Sachant que nous avons des chakras supérieurs et des chakras inférieurs, nous devons savoir que plus nous avançons spirituellement et plus nos chakras supérieurs sont activés, ils donnent ainsi la couleur à notre aura et imposent leur couleur dans notre aura. Par exemple : si quelqu'un a en lui des facultés magnétiques et de guérison, il aura une certaine dominante de vert* (correspondant à ce que l'on appelle la couleur de guérison) dans son aura. Si quelqu'un est en train de vivre une dépression nerveuse, il aura tendance à avoir une aura grise mêlée avec des couleurs sombres, du noir ou du marron foncé.

Comment se repérer dans les couleurs de l'aura ?

Il faut rester toutefois prudent sur la signification exacte de chaque couleur, comme toute chose il ne faut pas généraliser. Chaque couleur a une interprétation différente selon sa teinte, plus ou moins claire ou foncée, stable ou instable, lumineuse ou sombre.

Pour ce qui est des couleurs de l'aura correspondant à leur signification, voir le tableau suivant.

Couleurs	Signification
Blanc	Pureté, union avec Dieu, don de soi
Rouge	Colère, feu intérieur, impatience, excitation, haine, impulsivité, passion émotionnelle vive
Orange	Paix, stabilité, joie, sociabilité
Jaune	Intellectuel, activité mentale, gaieté, enthousiasme
Jaune doré	Très haute spiritualité
Jaune sale (ou « acide »)	Usurpateur, besoin de reconnaissance
Vert (« lumineux »)	Reposante, guérison, panser les plaies, reconstituant, douceur
Bleu clair	Paix spirituelle, tranquillité, intuition, imagination
Bleu indigo	Personne ayant du recul, profond, qui va au fond des choses, facultés endormies
Violet (radiant)	Haute spiritualité, transformation intérieure
Rose	Tendresse, douceur, amitié, complicité
Rose sale	Superficialité
Gris	Dépression, ennui, solitude mal vécue
Marron	Mauvais penchant, personne néfaste, pensées négatives lourdes
Noir	Personne malsaine, maléfique

LES COULEURS PEUVENT AUSSI ÊTRE NÉGATIVES. LA TRADITION RAPELLE QUE LE VERT PEUT-ÊTRE LA COULEUR DE L'ENVIE (LIRE : *DES COULEURS* DE F. PORTAL).

Développez vos facultés psychiques et spirituelles

Toute pensée bonne ou mauvaise agit sur le chakra correspondant et a des conséquences sur sa couleur et sur sa luminosité. Habituellement, quelqu'un ayant des pensées positives possèdera une aura harmonieuse de couleurs pastel, alors qu'à l'inverse, la personne qui a des pensées négatives, aura des teintes foncées et des énergies lourdes (hormis couleurs nées d'un « état provisoire »).

De plus, si un chakra fonctionne plus faiblement qu'il ne devrait, notre aura s'en trouvera affaiblie, faisant ainsi apparaître un creux en face du chakra défectueux. À l'inverse, s'il possède un excès d'énergie, nous pourrons observer une bosse en face du chakra correspondant.

Nous pouvons, avec un peu d'entraînement, sentir avec nos mains les contours d'une aura. Certains, plus réceptifs que d'autres, les sentiront immédiatement sans avoir jamais pris conscience qu'il s'agissait d'énergie. Vous pouvez aussi ressentir l'aura d'un chien, d'un chat, d'une plante ou d'un arbre, ou même celle d'un objet inanimé. Vous constaterez que l'aura est toujours plus grande pour des êtres vivants que pour des matières inertes (qui possèdent elles aussi une aura). L'aura est perceptible par de bons voyants qui peuvent en décrire les couleurs, les volutes d'énergies tourbillonnantes, etc. Nous pouvons aussi trouver des corps étrangers placés dans l'aura, tels que de petits parasites astraux, des formes pensées, des pointes ou des flèches. Il arrive parfois qu'il y ait des personnes défuntes accrochées dans notre aura.

Il existe différents appareils capables d'avancées dans les énergies subtiles qui permettent de prouver que tout le système énergétique de l'homme : l'aura, les chakras, les méridiens d'acupuncture, l'énergie (le Chi) et bien d'autres choses encore, est une réalité vérifiable et tangible.

Il existe également au niveau technologique un procédé, découvert par accident en 1939, qui se nomme la photo Kirlian, nom provenant d'une découverte réalisée par l'électricien russe Semyon Kirlian qui a donné son nom à son procédé. Elle permet de prouver que l'aura de l'homme est une réalité vérifiable scientifiquement.

Comment sommes-nous constitués au niveau de l'invisible ?

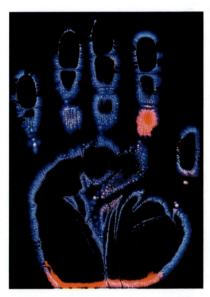

Il s'agit d'une photo de l'aura d'une main réalisée à l'aide d'une plaque photographique sur laquelle est envoyé un champ électrique puissant. Ce procédé fait apparaître un halo autour de l'objet posé sur la plaque, correspondant à son rayonnement aurique. Grâce à cela, nous pouvons confirmer qu'il n'y a pas que le corps physique qui émet un rayonnement énergétique, tout rayonne autour de nous, des plantes, des minéraux, des objets inanimés, ainsi que tout ce qui nous entoure.

Nous vivons dans un monde baignant constamment dans l'énergie.

De plus, il existe des appareils électroniques capables de filmer l'aura ou de prendre en photo nos méridiens énergétiques. D'autres, plus classiques encore, trouvent l'endroit précis du corps physique où est situé le point du méridien d'acupuncture (canaux permettant à l'énergie de circuler dans le corps physique). Certains de ces appareils repèrent nettement les zones de faiblesse du corps du patient avec une précision mathématique. Elles peuvent recharger les parties en état de faiblesse et vérifier le résultat si le point défectueux a retrouvé son équilibre.

Malgré la création de bien des appareils fiables prouvant matériellement l'existence de l'aura, des chakras et de l'énergie subtile de notre corps, nous sommes toujours au même point au niveau de la science officielle qui ne peut accepter une telle ouverture. Cela pourrait faire basculer tout l'édifice médical et remettre ainsi trop de choses en cause. On préfère en rester là, en interdisant implicitement à tout scientifique reconnu de faire des recherches hors des sentiers battus. Celui qui s'y risquerait, perdrait ainsi sa crédibilité, sa réputation et ce serait un frein pour la suite de sa carrière.

Développez vos facultés psychiques et spirituelles

Quand deux personnes sont profondément proches au niveau vibratoire, comme des amis ou des amoureux, leur fréquence énergétique étant « au même diapason » entraîne le fait que leurs auras auront tendance à fusionner.

À l'inverse, pour les personnes qui sont intérieurement opposées, nous constaterons que leurs auras auront tendance à se repousser.

Nos facultés psychiques et spirituelles à l'état latent

" Quand l'élève est prêt, le maître apparaît ."
VIEIL ADAGE.

" Lorsque l'homme supérieur rencontre la Voie, il l'embrasse fortement et ne la quitte plus.
Lorsque l'homme ordinaire rencontre la Voie, il l'adopte un moment puis l'oublie.
Lorsque l'homme inférieur rencontre la Voie, il éclate de rire et s'en moque.
Et s'il n'en était pas ainsi, la Voie ne serait pas la Voie. "
LAO TSEU *Tao Te King*

Que sont les facultés psychiques ou spirituelles ?

Les facultés psychiques ou spirituelles sont le prolongement et l'expansion de nos cinq sens. Elles permettent de percevoir ce qui est au-delà de notre corps physique, que ce soit sur le plan terrestre ou sur des plans astraux plus subtils.

La vue, l'ouïe, le toucher, l'odorat et le goût sont donc ainsi prolongés dans nos corps subtils.

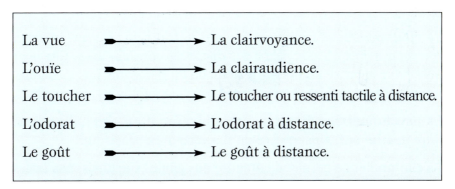

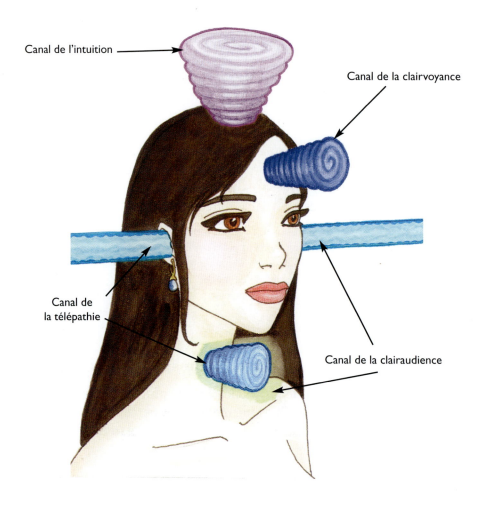

Quelles sont nos facultés psychiques ou spirituelles ?

La **clairvoyance** permet de voir dans le futur, le présent, même à travers des obstacles, et cela à des distances considérables. Elle peut aussi voir le passé de notre vie actuelle ou percevoir nos vies antérieures. Elle peut faire de même pour les plans subtils les plus éloignés.

La **psychométrie** permet de voir l'histoire d'un objet, d'un lieu, d'un monument, ainsi que ce qu'il a vécu avec précision.

La **clairaudience** permet d'entendre nos guides spirituels, nos anges ou nos défunts, ou encore toutes sortes d'entités diverses, de manière nette, comme s'ils se trouvaient à côté de nous physiquement.

La **médiumnité** est formée par la clairvoyance et la clairaudience réunies. Elle nous permet de recevoir des messages envoyés par des êtres provenant des plans subtils, qu'ils soient visuels, auditifs ou ressentis intérieurement. Il arrive aussi que certains médiums laissent volontairement une entité les incorporer afin qu'elle parle à leur place. Il peut s'agir d'un défunt, d'un guide spirituel, d'un ange, d'un être de niveau supérieur, ou de tout être voulant transmettre des messages à son patient.

Le **voyage astral** est la sortie du corps astral réalisée de façon consciente. Il permet de se déplacer sur des distances considérables, dans toutes les directions possibles de l'espace, dans notre univers matériel et cela à la vitesse de la pensée, c'est-à-dire de façon instantanée.

Le voyageur peut ainsi aller sur les planètes à la rencontre de toutes sortes d'êtres possibles, vivant organiquement ou constitués de matières plus subtiles. Il peut aussi se promener dans les immenses plans astraux et y rencontrer s'il le désire les êtres de lumière, les êtres de la nature, les guides spirituels, les anges, les défunts, etc.

L'**intuition** est une faculté totalement spirituelle. Elle est le signe que la personne qui la possède a déjà un certain niveau d'évolution. Elle permet de ressentir intérieurement et avec justesse ce qui l'entoure, que ce soit des personnes, des êtres ou des lieux. Elle aide à prendre la bonne attitude et le bon choix en toute circonstance.

C'est vraiment l'autoguidage spirituel à proprement parler. Les informations reçues proviennent principalement de la partie supérieure qui nous guide.

La **télépathie** est la faculté de recevoir ou de transmettre des pensées, sous forme d'images, ou de mots, à des personnes, des animaux ou des plantes, cela même à des distances très éloignées.

Le **magnétisme** est la possibilité de ressentir, de recevoir, de donner et de transmettre les énergies provenant de sources diverses à qui l'on veut, de près ou à distance.

La **radiesthésie** est la faculté d'obtenir des réponses à des questions posées à notre partie supérieure. Elles seront transmises par notre corps physique et amplifiées avec un pendule, des baguettes, un lobe antenne, ou tout autre support de notre choix. Elles peuvent aussi devenir perceptibles sans support, avec nos mains ou notre corps.

La **télékinésie ou psychokinésie** est la faculté de déplacer un objet par la seule force de la pensée.

Cette faculté consomme beaucoup d'énergie, nous ne nous y attarderons pas car elle demande beaucoup trop d'énergie vitale par rapport aux résultats obtenus.

La **lévitation** est la faculté de déplacer son corps physique par la force de la pensée. Elle demande encore plus d'énergie que la télékinésie et aspire beaucoup plus d'énergie vitale.

Chacun d'entre nous peut il développer ces facultés ?

Chacun d'entre nous, sans exception, possède ces facultés à l'état latent.

Ces facultés psychiques qui sont en fait des facultés spirituelles ou supérieures font partie du domaine de l'esprit. Elles sont à notre disposition dès à présent et font partie intégrante de nos corps subtils. Ce sont des facultés qui ne demandent qu'à être développées. Il nous suffit juste de les réveiller en les faisant travailler correctement. Il est important d'insister sur le fait que ces facultés ne sont pas réservées uniquement à des gens doués.

Nous remarquons, en travaillant de façon expérimentale, que nous retrouvons le même schéma que lorsque nous étions à l'école. C'est-à-dire que les élèves qui ne sont pas particulièrement doués au début du développement de leurs facultés, arrivent, avec un peu d'assiduité et de patience, à dépasser ceux qui étaient plus avancés qu'eux et qui restent sur leurs acquis.

Il faut savoir que la panoplie des facultés psychiques est assez large pour que chacun puisse y trouver ce qui lui correspond, selon ses choix les plus intimes.

Toutes les traditions nous enseignent que la totalité des informations utiles à notre développement spirituel nous sera révélée après la mort. Nous sommes plus que ce que nous croyons être. Le problème est que cela nous est promis pour plus tard, alors que nous pouvons développer ces potentiels dès maintenant. Cela nous permettra de vivre comme si notre vie se déployait. Nous pourrons ainsi voir des scènes de notre destinée que nous désirons connaître comme si nous y étions.

L'être spirituel que nous sommes sera effectivement *totalement* révélé après notre mort, de manière inéluctable. Nous serons tous, sans exception, confrontés à cette rencontre avec ce que nous sommes réellement.

Pour découvrir ces facultés, le seul moyen connu est de les expérimenter nous-même. C'est la meilleure approche qui soit. Lorsque nous aurons une vraie perception, nous n'aurons plus de doute possible tant celle-ci sera nette et précise. De plus ces perceptions resteront ainsi gravées dans notre mémoire et cela pendant des années. Le résultat de cet apprentissage est une énorme compensation quand arrive le moment où nous percevons la même chose que les autres.

En les développant dès maintenant, nous transformons notre vie en une vie spirituelle plus ouverte sur les plans supérieurs. Cela nous permettra d'être guidé au niveau spirituel et de guider les autres, de les aider dans leur décision de vie, ainsi qu'au niveau énergétique, et de faire autour de nous beaucoup de bien. À partir de ce moment-là, nous pourrons bénéficier d'une ouverture vers d'autres réalités matérielles ou multidimensionnelles, avec tout ce que cela peut entraîner comme conséquences positives sur notre vie et sur notre entourage.

PARTIE 2

COMMENT ÉVEILLER NOS FACULTÉS SUPÉRIEURES ?

« Il n'y a rien de caché qui ne sera découvert, rien de secret qui ne sera connu. »

LUC, 12.2

« Sans même quitter sa maison, on peut connaître tout ce qui existe sur terre et au ciel. Sans même jeter un coup d'œil par la fenêtre, on peut voir le chemin qui mène au paradis. Ceux qui sortent apprennent de moins en moins au fur et à mesure qu'ils voyagent. C'est ainsi que le sage peut tout savoir sans aller nulle part, tout voir sans regarder, ne rien faire et pourtant réussir (à atteindre son but). »

LAO TSEU, *Tao Te King*

« Ce que je fais d'autres peuvent le faire, ce que je vois d'autres peuvent le voir. »

RAYMOND RÉANT

Comment développer notre vision éthérique et aurique ?

" Le génie n'est rien de plus que la faculté de percevoir les choses d'une façon inhabituelle. "

WILLIAM JAMES

" Développer vos talents naturels. Gardez l'esprit ouvert au changement en tout temps. Accueillez-le à bras ouverts. Allez au devant de celui-ci. Ce n'est qu'en examinant et en réexaminant vos opinions et vos idées que vous pourrez progresser. "

DALE CARNEGIE

Qu'est-ce que la vision éthérique ?

La vision éthérique est le prolongement de notre vision biologique (avec nos yeux physiques).

La première chose à faire pour la découvrir est de voir les énergies sortant de nos doigts, une aura, ou un corps astral. Les élèves ne parviennent pas tous à percevoir dès la première fois les énergies, ils y arrivent facilement les fois suivantes. C'est comme si la vision physique s'affinait, laissant entrer dans le champ de perception de nouvelles choses plus subtiles, qui ne sont pas encore apparues dans notre champ de conscience.

Cette énergie est repérable avec nos yeux physiques car l'énergie éthérique est très dense, c'est la plus proche de notre corps physique. La raison pour laquelle nous ne percevons pas habituellement cette énergie est que nous n'y prêtons pas attention, il faut se mettre en condition pour la percevoir.

Pour la distinguer, il est nécessaire au départ de s'y arrêter, de plus elle est difficile à repérer lorsqu'il y a beaucoup de lumière. C'est pour cette raison qu'au début du siècle, les personnes avisées voulant prendre en photo un ectoplasme (matière astrale provenant de médiums) se mettaient dans une certaine pénombre, la lumière ne les éclairant que de manière indirecte. Dans le cas contraire, la lumière masque en partie ce qu'il faut percevoir.

Comment voir l'énergie éthérique de notre main ?

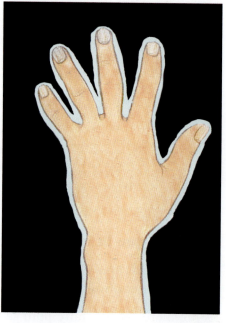

Nous devons donc pour réaliser cet exercice éliminer le maximum d'interférences, nous installant dans une pièce dont l'éclairage indirect diffus donnera un minimum de lumière. Cela nous permettra de voir plus nettement l'énergie.

Mettons notre main devant ce fond noir. Ce que nous constaterons au début nous donnera l'impression qu'il s'agit d'une ombre subtile, mais si nous observons attentivement, nous distinguerons autour de notre main une épaisseur de 2 à 3 mm de couleur gris bleu, qui apparaîtra de façon plus nette, au fur et à mesure que notre vision s'y adapte.

Si vous faites cet exercice avec des amis, vous remarquerez que certains d'entre eux distinguent cette énergie, comme s'ils l'avaient toujours vue.

Comment voir l'énergie éthérique de nos doigts ?

Plaçons nos deux index écartés à 3 cm environ, l'un en face de l'autre, devant ce fond. Observons le vide situé entre nos doigts, comme si nous fixions cet endroit précis avec le regard vague. Nous pouvons constater que l'énergie qui sort de l'extrémité de nos index est semblable à de la fumée de couleur gris-bleu. Vous remarquerez que l'énergie s'étire.

Si nous déplaçons lentement l'un des deux index, en laissant l'autre immobile, nous verrons l'énergie s'étirer, diminuant d'épaisseur au fur et à mesure que nous éloignons nos deux index l'un de l'autre. Vous pouvez ainsi constater que vos index sont toujours en contact l'un avec l'autre au niveau énergétique, puisque l'énergie les reliant est toujours visible.

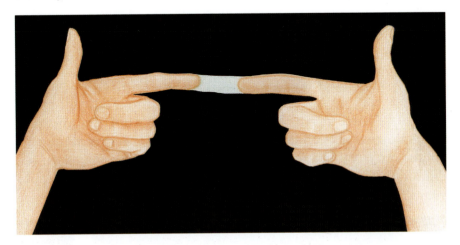

Au début cela nous semblera être une coïncidence, quelque chose de flou que nous avons du mal à distinguer.

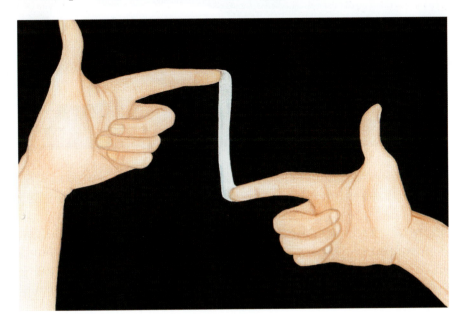

Développez vos facultés psychiques et spirituelles

Si nous refaisons cette expérience un peu plus tard, nous verrons que notre vision éthérique sera vraiment plus nette.

Cela aura tendance à vous surprendre car, si la première fois vous n'avez rien vu, il est fort probable qu'à votre second essai les choses soient radicalement différentes. Ces choses-là sont pourtant naturelles, il vous suffit d'y prêter simplement un peu d'attention pour pouvoir débloquer votre vision éthérique.

Comment vérifier la réalité de l'énergie éthérique ?

Plaçons nos deux mains en face l'une de l'autre, les paumes tournées vers nous, chaque doigt se trouvant en face du même doigt de l'autre main, à une distance de 3 ou 4 cm environ. Nous voyons que chaque doigt de nos deux mains se met en contact énergétique avec son correspondant de l'autre main (en dehors de notre pouce, car il est trop en décalage, nous obligeant à plier la main).

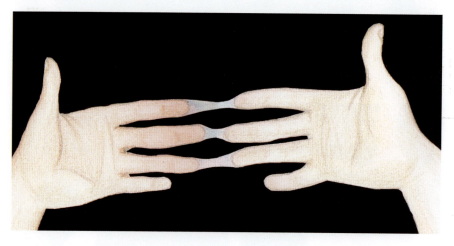

Nous allons faire le même exercice de déplacer une main, tout en laissant l'autre immobile, comme pour l'exercice précédent. Au début nous pouvons constater que l'énergie de l'index de la main droite est en contact avec l'index de la main gauche. Si nous descendons un peu notre main droite, nous remarquerons que notre index se connecte avec le majeur de la main gauche, tout en gardant encore le contact avec l'index de cette main.

Comment éveiller nos facultés supérieures ?

Nous voyons aussi que le contact entre les deux index s'amenuise, au fur et à mesure qu'ils s'éloignent l'un de l'autre. Si nous continuons à descendre notre main droite, nous verrons que le contact entre les deux index va disparaître et ainsi de suite pour les autres doigts, si nous continuons à descendre.

C'est ce qui nous prouve que nous n'avons pas à faire à un jeu d'ombres. Cela démontre aussi que l'énergie peut s'étirer jusqu'à une certaine distance, puis se rompre.

Si nous observons bien cette brume grisâtre, nous remarquerons qu'elle a de petits mouvements. De plus, il arrive souvent que l'on aperçoive de petits éclairs fugaces à l'intérieur de cette brume. Au début nous aurons l'impression d'avoir une illusion d'optique. C'est pour cette raison qu'il est préférable de faire cette expérience à plusieurs, cela permet de voir au même moment, les mêmes choses et de constater ainsi qu'il s'agit bien d'une réalité.

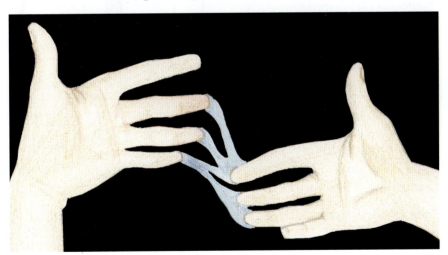

Comment voir le corps éthérique d'une personne ?

Si nous voulons voir le corps éthérique de quelqu'un, il faut placer cette personne debout à 3 ou 4 mètres de vous, dos à un mur blanc ou, selon votre choix, derrière un tissu noir mat. Cette personne ne doit pas être adossée au mur, comme le préconisent certains, mais doit être avancée à une distance de 1 mètre de ce mur, ceci afin d'éviter les jeux d'ombres.

Pour cette expérience, nous allons regarder le corps éthérique à quelques centimètres au-dessus de la tête du sujet, c'est l'endroit où il est le plus visible et le plus épais.

Il ne faut pas regarder un point précis mais avoir, comme pour les expériences précédentes, un regard vague. Vous verrez ainsi apparaître une épaisseur grise argentée entourant le sommet de la tête, qui varie à cet endroit précis d'environ 2 à 5 cm. Cette épaisseur change selon notre forme physique, car plus la couche est épaisse et plus la personne disposera d'énergie physique. Les gens vigoureux possèdent un corps éthérique de 5 cm d'épaisseur et parfois plus à cet endroit-là. En revanche, si nous sommes fatigués, nous pouvons avoir temporairement une épaisseur de 2 cm.

Si vous faites bien attention vous verrez la même chose tout autour du corps physique, puisque l'ensemble de notre corps éthérique dépasse notre corps physique sur les côtés, mais cette fois-ci, avec une distance d'environ 1 cm.

Comment voir l'aura d'une personne ?

Elle est décelable avec un peu d'entraînement par nos yeux physiques.

Pour ce qui est de la vision de l'aura, il faudra agir de la même manière en plaçant votre partenaire devant un fond blanc, si possible brillant. L'éclairage sera également indirect, un éclairage halogène conviendra parfaitement. Le but est de ne pas chercher à regarder mais de voir, sans forcer notre vision. Nous devons défocaliser notre vue, cela sans effort, comme lorsque nous essayons de voir un dessin en trois dimensions. Nous ne devons pas regarder un détail précis du dessin en trois dimensions, mais plutôt acquérir une vision d'ensemble, puis d'un coup une forme cachée apparaît.

Comment éveiller nos facultés supérieures ?

C'est exactement la même chose à réaliser lorsque nous voulons voir une aura. Pour cela nous devons regarder de préférence à l'extérieur du sujet, c'est-à-dire à environ 20 cm au-dessus de sa tête, comme si nous fixions un point fictif, laissant apparaître d'un coup l'aura de notre partenaire.

Au début une couleur apparaîtra autour de la tête à une distance allant jusqu'à 40 cm de côté. La couleur qui vous apparaît souvent en premier est la couleur de fond. D'autres couleurs apparaîtront au fur et à mesure que vous vous entraînerez.

De plus, si votre vision s'affine encore, vous pourrez voir comme des corps énergétiques étrangers qui n'ont rien à faire dans l'aura de votre partenaire.

Par ailleurs, vous pourrez voir des formes pensées sous forme de croix, de serres d'aigle, de pointes ou de flèches ou bien d'autres choses, apparaissant de manière sombre et marquant ainsi l'aura. Ces corps étrangers représentent souvent la matérialisation d'attaques verbales ou mentales qui ont été envoyées sur la personne, avec des intentions plutôt malveillantes.

Vous pourrez aussi voir la présence d'une maladie, sous forme astrale, qui n'est pas encore apparue dans le corps physique. Il faut savoir que la maladie se place en premier lieu dans les corps subtils, avant qu'elle n'apparaisse dans notre corps physique. Elle s'installe ainsi du corps le plus subtil vers le corps le plus dense jusqu'au corps physique. Il est donc normal que la maladie apparaisse dans l'aura, avant le corps physique.

Vous remarquerez aussi que certaines masses énergétiques apparaissent sous forme de trous blancs, il s'agit en fait de vides dans l'aura, montrant ainsi des manques d'énergie.

Vous pourrez également voir des masses informes et sombres correspondant à des sentiments que vous avez réprimés, abaissant ainsi votre qualité d'être.

Il arrive parfois qu'il y ait dans votre aura des parasites de l'astral se nourrissant de vos énergies, ou des entités défuntes, parfois de votre famille qui, non seulement sont rassurées en votre présence, mais qui se nourrissent aussi involontairement de vos énergies.

Pour les enlever nous verrons cet aspect pratique plus en détail dans le chapitre « Comment se nettoyer psychiquement et aider les autres ».

Comment développer notre clairvoyance ?

« Si les portes de la perception étaient décrassées, l'homme verrait chaque chose telle qu'elle est : infinie. »
WILLIAM BLAKE

« L'âme existe comme un être réel, indépendant du corps. Elle est douée de facultés encore inconnues à la science. Elle peut agir et percevoir à distance, sans l'intermédiaire des sens. L'avenir est préparé d'avance, déterminé par les causes qui l'amèneront. L'âme perçoit quelque fois. »
CAMILLE FLAMMARION

Qu'est-ce que la clairvoyance ?

La clairvoyance est la faculté de voir au-delà de notre vue physique, c'est-à-dire au-delà des distances, des obstacles, des plans subtils et cela dans le passé, le présent ou le futur. Pour que notre clairvoyance s'épanouisse, il faut ouvrir notre 3e œil (notre 6e chakra) qui est situé entre nos sourcils. Cela aura pour effet de nous permettre de voir ce que nous désirons, en dehors du temps et de l'espace.

La clairvoyance permet de percevoir ce qui se passe :

- à des distances considérables,

- à l'intérieur de la matière, comme par transparence,

- l'histoire d'un objet que l'on appelle la psychométrie,

- à travers des obstacles que l'on appelle la vision paroptique,

- dans une scène du présent,

- dans une scène du passé,

• dans une scène du futur,

• sur un autre plan subtil inférieur ou supérieur.

La psychométrie est un aspect de la clairvoyance qui se réalise au contact de l'objet pour lequel nous voulons voir l'histoire. Nous verrons ainsi les scènes dont il a été le témoin.

Il existe dans la clairvoyance plusieurs types de vision :

• la vision astrale,

• la vision causale.

Qu'est-ce que la vision astrale ?

La vision astrale est la clairvoyance.

La vision astrale va au-delà de la vision éthérique, qui est réalisée uniquement avec nos yeux physiques.

La vision astrale n'est pas assujettie à nos yeux physiques et peut donc se faire les yeux ouverts ou fermés. C'est cette vision qui permet de voir au-delà des obstacles, des distances, des plans subtils, cela dans le présent, le passé ou le futur.

Elle se réalise avec notre conscience qui va elle-même chercher l'information.

À l'inverse de notre vision physique qui ne peut voir qu'un ensemble de choses à la fois, selon un angle de vue donné, la vision astrale permet de voir ce que l'on veut, à la manière d'une télévision, où nous choisissons la chaîne voulue parmi une centaine de chaînes.

Nous pouvons voir des choses différentes, selon notre choix, sur un même sujet. Par exemple, l'extérieur d'une maison à une certaine distance, selon l'angle de vue choisi (haut, bas, côté droit, côté gauche, devant, derrière, dessus, dessous) ou l'intérieur des matériaux qui la composent. Nous pouvons enfin voir ce qu'elle a vécu, ainsi que l'histoire des matériaux séparément.

Si nous voulons découvrir tous ces aspects en même temps, ce serait comparable à une personne qui veut regarder toutes les chaînes de télévision en même temps sur un même écran. Il en résulterait un tel mélange que la personne ne distinguerait plus rien.

Si nous désirons cibler notre étude sur ce qui nous intéresse plus particulièrement, cette vision nous permet de sélectionner un détail qui nous intéresse, le faisant ressortir de son ensemble.

Nous pouvons aussi voir l'intérieur d'une pyramide comme si elle était transparente.

Cette vision peut être aussi très précise dans le domaine des vies antérieures, nous permettant de trouver, dans le cas d'une phobie, son origine, même si elle provient d'une autre vie.

Pour atteindre un tel niveau de perception, il faut que la clairvoyance soit propre, c'est-à-dire qu'elle ait été construite sainement avec un mental sain. Il ne faut pas que le mental interfère dans ce qui est perçu. Ce mental doit être exempt de toute pensée parasite au moment où s'effectue la clairvoyance.

La clairvoyance astrale possède aussi ses limites. Dans le cas où nous souhaitons avoir des informations sur notre futur, nous remarquons qu'il y a des interférences, car le futur *n'est pas encore totalement écrit*. Il est à l'état d'esquisse sur l'autre plan, mais n'est pas encore matérialisé sur notre plan physique. Tout peut être changé par la volonté de l'homme, car il est important de nous rappeler que nous sommes libres de nos actes. La clairvoyance dans le futur est donc modifiable par nos choix.

Nous pouvons à tout moment changer ce qui était prévu pour nous.

Dans ce contexte il faut savoir que, même si l'orientation de notre chemin de vie correspond à 80 % de choses déterminées, il nous reste 20 % de liberté qui nous permet de changer complètement d'orientation si nous le désirons et si nous nous en donnons les moyens.

La clairvoyance dans le futur est exacte à l'instant précis où la vision est reçue. Sachant que rien n'est arrêté, toute chose peut être modifiée.

Par exemple, quelqu'un ayant eu un entretien d'embauche positif le vendredi, demande à un voyant, le lendemain, si cet emploi lui est destiné. Ce voyant, après avoir vu par clairvoyance, lui répond qu'effectivement cet emploi est pour lui. À l'instant où il reçoit cette information, l'emploi lui est destiné.

Cependant, le dimanche le directeur rencontre son frère qui lui demande s'il pourrait prendre son propre neveu dans son entreprise. La place qui aurait dû être attribuée au jeune homme qui avait eu l'entretien d'embauche, est alors accordée au neveu du directeur de l'entreprise. Le poste qui était théoriquement prévu pour lui, a changé de destinataire.

Nous voyons que ce qui était vrai le vendredi et le samedi, et qui a été perçu par le voyant, ne l'est plus le dimanche à l'instant précis où le directeur a pris sa nouvelle décision.

Cela nous aide à constater que la clairvoyance dans le futur n'est pas sûre. Elle est simplement une aide qui permet d'avoir des indications pour un futur proche. Cependant, plus ce futur est éloigné dans le temps et plus il y aura de risques d'interférences extérieures.

Il est important de le comprendre car beaucoup de personnes sont déçues par les voyants, bien des choses annoncées n'arrivent jamais, alors que le voyant a bien perçu ce qui était inscrit sur l'autre plan, au moment précis où cela lui a été demandé. Le problème, c'est que la situation est toujours modelable.

La vision astrale est rattachée au plan astral. Ce plan n'est pas encore parfait et possède des lacunes. Il a la particularité d'être le lieu où toutes les pensées se manifestent, où l'inconscient collectif se déploie, où d'autres causes d'erreurs et de parasitages sont possibles.

Sachant que notre clairvoyance astrale est assujettie à ce plan, qui n'est pas totalement propre, nous nous trouvons avec les risques d'erreurs qui peuvent piéger celle-ci.

À titre d'exemple, il arrive parfois que la police fasse appel à des clairvoyants pour retrouver des personnes disparues. Ces clairvoyants se trouvent souvent confrontés à des perceptions multiples pouvant les dérouter, concernant le sujet demandé. Ils peuvent ainsi percevoir des scènes contradictoires, comme s'ils voyaient ces personnes à plusieurs endroits différents, les parasitant ainsi dans leurs perceptions. Le problème se passe au niveau du plan astral qui peut être influencé par la projection des pensées de personnes informées par les médias ayant diffusé cette information.

Cela a pour conséquence que bien des gens projetteront sur eux leurs pensées, leurs doutes, ainsi qu'une partie de leur imaginaire et penseront qu'ils ne seraient pas étonnés que Mme ou M. Untel ait pu faire cela. Par leurs pensées ils marqueront le plan astral, concernant ces disparus, de ce qu'ils ont supposé.

Sur le plan astral, la projection des pensées peut créer une image des personnes disparues en trois dimensions, donnant ainsi sur ce plan bien des reproductions fidèles de ces personnes. Ainsi, au lieu d'avoir une perception nette, avec une vision claire de l'endroit où se situent ces disparus et de ce qui s'est exactement passé, les clairvoyants se trouvent confrontés à un grand nombre d'interférences ne leur permettant que difficilement de retrouver ces personnes recherchées.

C'est pour cette raison qu'il est difficile de voir des personnes disparues après que les médias ont divulgué l'information les concernant. Il est préférable de faire appel à un clairvoyant avant que l'information ne soit divulguée. Ceci afin que ce dernier puisse repérer ces disparus, avant que le plan astral ne soit saturé et qu'il puisse distinguer les authentiques victimes et non leurs images que les gens ont projetées sur eux.

Faut-il avoir peur de la clairvoyance ?

Des gens qui ont vécu des traumatismes ont parfois peur d'ouvrir leur clairvoyance car ils craignent de revoir ces moments traumatisants. Il s'agit souvent d'un blocage inconscient. Il ne faut pas avoir peur de la clairvoyance car les clairvoyants ne verront jamais de scènes morbides ou malsaines, telles que des viols, assassinats ou d'autres choses horribles. Pour la simple raison que celui qui est malfaisant ne veut pas être vu lors de son méfait, créant de façon inconsciente autour de lui et autour de sa victime une aura d'ombre, empêchant quiconque de percevoir ce qui s'est passé.

Il faut savoir aussi que si quelqu'un veut cacher quelque chose, il crée inconsciemment une aura d'ombre autour de lui ou de ce qu'il veut cacher, empêchant le clairvoyant de voir la scène recherchée.

Les choses sont bien faites, si nous ne voulons pas être vus dans des moments intimes, nous ne serons pas vus dans ces situations.

Inconsciemment, nous mettons comme une aura de protection autour de nous. Heureusement que les choses sont bien faites, cela empêche ainsi toute tentative de voyeurisme astral.

Notre clairvoyance est l'extension au niveau subtil de notre vision physique et du regard que nous portons sur ce qui nous entoure.

Si notre regard sur ce qui nous entoure est déformé, consécutif à nos préjugés, incompréhensions, peurs et de ce qui nous limite, cela entraînera par extension au niveau subtil une faculté de clairvoyance qui sera tronquée sur ce qui est déformé dans notre regard.

Par exemple, si vous avez eu des problèmes personnels avec vos parents, il y a fort à parier que vous aurez quelques difficultés à voir par clairvoyance un problème concernant les parents de quelqu'un.

Il en est de même pour tout ce que le clairvoyant n'a pas résolu à titre personnel, entraînant ainsi des erreurs dans ses perceptions.

Cela pourra donner par exemple le graphique suivant, montrant ainsi les points de faiblesse à travailler.

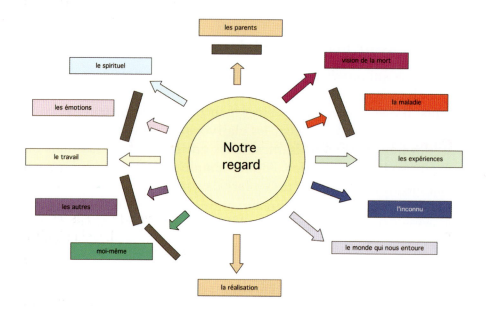

Il sera nécessaire de méditer sur ces différents aspects que nous n'avons souvent pas encore assimilés et intégrés correctement, afin de nous libérer des charges émotionnelles qui en découlent.

Cela peut se faire à travers la méditation sur la libération des mémoires du passé, ou de la libération des peurs.

En final, cela vous permettra d'obtenir une clairvoyance propre, exempte de tout parasitage personnel.

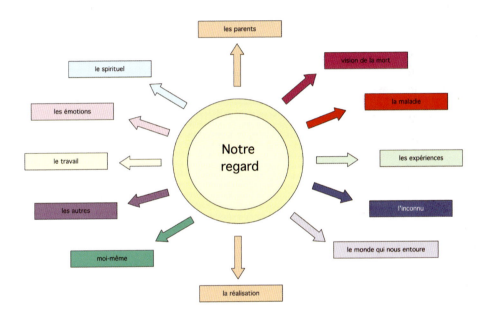

Comment développer notre clairvoyance ?

En tout premier lieu il vous faudra demander à votre guide qu'il vous aide pour l'ouverture de votre clairvoyance.

La clairvoyance se réalise principalement avec le corps astral. Rappelons qu'il se nomme aussi le corps émotionnel. Cela signifie que pour travailler correctement avec lui, il faudra travailler avec notre émotionnel, c'est-à-dire avec tout notre cœur.

En développant ainsi notre clairvoyance, nous la faisons sortir au grand jour, en la rendant active. Votre faculté était en fait en sommeil. Il faut donc faire des exercices pour l'éveiller mais pas avec une volonté trop intense, car cela ne lui correspond pas. Si nous forçons malgré tout, nous pourrons y arriver, mais ce ne sera pas le chemin le plus facile ni le plus direct.

Nous devons, pour l'éveiller, utiliser tous les moyens à notre disposition afin de réaliser le plus grand nombre d'exercices possibles, comme s'il s'agissait de jeux. Commençons par de petits exercices que nous pourrons vérifier par nous-même. Entraînons-nous d'abord dans notre environnement immédiat.

Par exemple, quand nous recevons un appel téléphonique, nous devons, avant de décrocher, essayer de deviner qui nous appelle et le motif de son appel. Laissons ainsi une ou deux sonneries avant de décrocher, le temps de percevoir l'information désirée. Si nous sommes dans la rue, essayons de deviner le véhicule qui va arriver, sa couleur, s'il y a une ou plusieurs personnes à l'intérieur et les décrire. Si nous mangeons dans un self-service, essayons de voir par avance quels seront les plats. Dans le cas où nous avons rendez-vous avec quelqu'un que nous ne connaissons pas, essayons de voir son visage, ressentir son caractère et découvrir ses centres d'intérêt.

Si nous faisons beaucoup d'erreurs au début, nous ne devons pas nous en étonner. Notre esprit n'a pas encore le réflexe de chercher une vérité, plutôt que de nous servir comme à son habitude quelque chose d'imaginaire. Cela signifie simplement que nous avons besoin d'un peu plus de stimulation pour que notre clairvoyance s'épanouisse, c'est pour cette raison qu'il ne faudra pas nous décourager.

C'est comme si nous voulions inculquer une nouvelle habitude à un enfant. Répéter la même chose un certain nombre de fois sera indispensable jusqu'à ce que nous obtenions ce qui est demandé.

C'est comme un réflexe que notre esprit n'a encore jamais eu consciemment. Nous devrons donc le stimuler par toutes sortes d'exercices, afin qu'il devienne tout simplement naturel. Le but étant d'obtenir une clairvoyance efficace, fonctionnant principalement quand nous le désirons et sur le sujet souhaité.

Vous sentirez à un certain moment votre troisième œil s'activer, il se manifestera de différentes façons, se mettant au début à vibrer de lui-même. Cela vous surprendra peut-être mais c'est une sensation que les personnes qui ont ouvert leur troisième œil et qui l'ont vécue, n'avaient jamais eue auparavant.

Un peu plus tard vous sentirez nettement comme si quelqu'un appuyait avec son doigt sur votre troisième œil. Ne soyez pas étonné, c'est une manifestation plus profonde que la précédente, montrant que votre troisième œil se met bien en action.

À un niveau plus avancé vous aurez l'impression d'avoir un trou à cet endroit précis et qu'un souffle passe à l'intérieur.

Au début, vous constaterez que les résultats sont peut-être timides, mais ils se consolideront au fur et à mesure de votre ouverture.

Votre clairvoyance apparaîtra en quatre phases :

1) Vous aurez une image fixe, comme une photographie.

2) Vous commencerez à voir une suite d'images fixes, se succédant lentement l'une après l'autre.

3) Vous verrez un film défiler devant les yeux.

4) Vous verrez une scène en trois dimensions dans laquelle il vous sera facile d'évoluer. Vous pourrez ainsi vous placer devant le sujet, ou changer d'angle de vue si vous le souhaitez.

Si votre clairvoyance s'est ouverte correctement, vous pourrez par exemple, demander de voir ce que vous désirez, à condition que cela soit permis.

Parmi les exercices de stimulation, il y a la psychométrie qui est une clairvoyance se réalisant au contact d'un objet nous livrant son histoire. Le psychomètre prendra donc une pierre ou un objet qui lui est confié pour voir l'endroit où il a été ramassé et qui l'a ramassé, ainsi que les événements particuliers qui se sont passés en sa présence.

En travaillant ainsi, la personne découvre la mémoire de l'objet qui lui a été confié.

Pour réaliser de telles expériences vérifiables, il faudra qu'un de vos amis en qui vous avez confiance vous confie un objet dont lui seul connaît l'histoire, ou une pierre qui a été ramassée à un endroit précis.

Ensuite prenez cet objet dans la main, serrez-le pour bien vous en imprégner. Fermez ensuite les yeux en attendant que des images apparaissent sur votre écran intérieur. N'hésitez pas à poser des questions telles que : « Je veux voir d'où vient cette pierre et qui l'a ramassée » ou « Qu'est-ce qui a été vécu par cet objet ? »

Ceci afin que votre esprit apprenne à vous répondre rapidement.

Acquérir la capacité de voir ce que l'on désire

Il est important en clairvoyance d'être bien sur le sujet désiré, sinon le fait d'avoir une clairvoyance qui nous impose ce qu'elle désire n'est pas intéressant.

Dans le cas où nous voulons voir de façon précise tel aspect important de notre dernière vie, nous risquons de voir toutes sortes d'autres choses ou d'autres vies, que nous ne désirons pas.

Il faut acquérir une clairvoyance où l'on peut percevoir ce que l'on veut, quand on le veut.

La vision à distance

Un autre exercice intéressant est de travailler la vision à distance. Pour cela commencez par quelque chose de vérifiable tel que la pièce voisine.

Asseyez-vous confortablement dans une pièce où vous vous sentez bien, soyez tranquille et détendu, tentant de voir les objets situés dans votre salon et votre salle de séjour, ou comment est rangé votre réfrigérateur, et de rechercher des détails que vous n'aviez pas remarqués précédemment. Même si nous pensons savoir où ils se situent, nous remarquerons que nous ne le savons qu'approximativement.

Ensuite déplacez-vous physiquement dans la pièce qui a été l'objet de votre expérience à distance pour vérifier l'exactitude de ce qui a été perçu.

Un autre exercice de vision à distance

Vous conviendrez avec votre ami d'un rendez-vous à une heure précise, de 15 h à 15 h 10 par exemple.

Il devra être à un endroit précis que vous ignorerez et fera si possible quelque chose de particulier, vous devrez donc voir en clairvoyance où il est situé et ce qu'il fait.

Cas d'une clairvoyance apparaissant subitement

Si vous avez une clairvoyance qui apparaît de façon inattendue, alors que vous n'étiez pas clairvoyant ou clairvoyante précédemment, cette clairvoyance brute devra être travaillée afin d'obtenir des perceptions propres exemptes d'erreurs.

Il est probable qu'au départ une telle clairvoyance montre des scènes morbides non désirées, qu'elle soit comparable à une télévision s'allumant d'un coup et diffusant des scènes d'horreur.

Nous avons tous entendu des personnes ayant tout à coup des flashs de clairvoyance montrant que la grand-tante Irma va mourir ou d'autres choses morbides. Bien des gens refusent leur clairvoyance quand elle apparaît de la sorte, bloquant cette ouverture à cause de la peur et du trouble qu'elle génère.

Pour recadrer votre clairvoyance, refusez ces images apparaissant anarchiquement sur votre écran intérieur et cherchez à avoir des réponses précises correspondant à des questions précises, afin d'affûter votre nouvelle faculté.

Il faudra également exercer votre clairvoyance de manière active, c'est-à-dire que c'est vous qui posez la question et qui attendez une réponse correcte, montrant ainsi à votre esprit que c'est vous qui êtes le maître et qu'il ne doit pas imposer ses informations lorsque vous ne l'avez pas demandé.

De plus, il est important que votre clairvoyance s'active uniquement au moment où vous le désirez, vous permettant de percevoir simplement ce que vous avez sollicité.

Dans le cas où votre clairvoyance ne donne pas encore les résultats escomptés, vous devez continuer à l'éduquer comme vous le feriez avec un enfant jusqu'au moment où elle répondra correctement à votre demande.

Comment éveiller notre clairaudience ?

« Il faut que quelque chose se taise pour que quelque chose soit entendu ».
AUTEUR ANONYME

« Préparons-nous à entendre l'espace crier. »
HENRI MICHAUX

Qu'est-ce que la clairaudience ?

La clairaudience est la faculté d'entendre les voix provenant de l'au-delà ou de plans supérieurs.

Il nous faudra en premier lieu, pour la développer, apprendre à distinguer la différence entre les pensées qui proviennent de :

- notre mental,
- notre intuition,
- notre clairaudience.

Ceci afin de repérer sous quel mode de pensée nous nous trouvons.

Comment repérer les pensées provenant du mental ?

Les pensées provenant du mental sont souvent des pensées lourdes, très terre à terre, nous sommes dans l'état mental que nous utilisons lorsque nous raisonnons, correspondant à l'état bêta au niveau de nos fréquences cérébrales.

Les pensées du mental s'accrochent au passé ou au futur, mais elles ne sont jamais dans le présent. La personne qui est dans son mental ne vit jamais vraiment à l'instant présent, elle est souvent angoissée d'avoir oublié quelque chose touchant au moment passé ou de prévoir autre chose touchant un futur proche.

Le mental a énormément besoin de se rassurer, de prévoir et d'anticiper. C'est une machine à penser qui ne s'arrête pas, dont les pensées partent en tous sens.

Quand nous sommes en mode intuitif, ou en clairaudience, nous vivons un lâcher prise, nous sommes dans une fréquence cérébrale supérieure qui se nomme l'état alpha.

Les pensées reçues dans l'état alpha sont beaucoup moins nombreuses mais plus fortes dans leur contenu intérieur. Elles sont souvent remplies d'amour, de paix et mettent la personne dans une joie intérieure. Dans cet état, elle a l'impression d'être plus légère, en paix avec elle-même. C'est comme si elle était vibratoirement ajustée sur son cœur, dans un état intérieur plus spirituel.

Avec l'habitude, vous verrez que la distinction entre le mental et la clairaudience ou l'intuition sera beaucoup plus facile à repérer.

La raison en est simple, les créations provenant de notre mental n'anticipent pas beaucoup, comme si notre mental avait seulement un développement de deux ou trois pensées d'avance, par rapport à ce que nous sommes en train de penser à l'instant même.

À l'inverse, lorsque nous entendons quelque chose par clairaudience ou par intuition cela provient souvent de très loin.

De plus, cela n'a souvent aucun rapport avec tout ce que nous pensons à l'instant même. Nous voyons comme si des messages extérieurs venaient à nous, malgré notre état mental du moment.

Par contre, il est plus difficile de distinguer si nous avons à faire à une clairaudience, ou à une intuition, parce qu'elles proviennent toutes les deux de nos parties subtiles supérieures.

Comment repérer les messages provenant de notre intuition ?

L'intuition provient directement de notre partie supérieure, cela peut être de notre âme, de notre moi supérieur, de notre corps causal ou quel que soit le nom que l'on donne à nos parties supérieures.

La voix de notre intuition nous arrive par le dessus de la tête, plus exactement par notre 7e chakra situé au niveau de la fontanelle (le chakra coronal).

Comment repérer les messages provenant de notre clairaudience ?

Les messages reçus par la clairaudience peuvent provenir de notre guide spirituel, de notre ange gardien, d'une entité supérieure, d'un défunt, ou d'une entité quelconque pouvant même être négative.

Ces informations sont perçues à travers notre chakra de la gorge, mais nous avons l'impression de l'entendre avec nos oreilles physiques. La plupart de ces voix parviendront dans notre cerveau, filtrées comme si c'était notre voix que nous entendons habituellement de notre tête. C'est comme si elles provenaient de notre mental, avec une différence au niveau de la profondeur des messages et de la paix qu'ils nous apportent.

De temps en temps il arrivera que nous entendions nettement une autre voix qui n'a rien à voir avec la nôtre, comme si quelqu'un nous parlait physiquement. Il s'agira dans ce cas à coup sûr de clairaudience.

Témoignage

Un jour, alors que quelqu'un m'appelait au téléphone pour être aidé, j'ai nettement entendu, juste après le coup de fil : « Serge, tu vas avoir affaire à forte partie ! » Cette parole était dite par Raymond Réant, dont j'ai reconnu nettement le style, la voix et aussi l'intonation.

J'ai compris, à travers ce message nettement entendu que, dans un tel cas, je devrais redoubler de prudence.

Comment poser une question en clairaudience ?

Pour cela il faut être détendu et disponible pour cet exercice. Débranchons notre téléphone et mettons ce qui peut nous perturber de côté pour ce moment privilégié.

Il nous faut en premier lieu nous relaxer pour nous mettre dans un état d'écoute intérieure, dépassant le niveau du mental, c'est-à-dire en nous mettant dans un état où le cœur domine.

Nous devons ensuite appeler télépathiquement la personne désirée, qu'il s'agisse d'un défunt, d'un ange ou d'un guide, situés sur l'autre plan. C'est comme si vous appeliez à voix haute cette personne, mais, cette fois-ci, vous l'appellerez avec votre pensée, en lui envoyant une pensée forte. Vous lui demanderez ensuite si elle peut vous transmettre un message.

C'est à cet instant-là, que vous devez être en état d'écoute intérieure et observer les signes que l'on peut vous envoyer.

Puis posez une question sur un sujet important qui vous concerne, en demandant à votre interlocuteur d'y répondre, mettez-vous à l'écoute avec patience. Dans le cas où la réponse ne vient pas de suite, vous devrez encore stimuler votre clairaudience.

Comme dit l'expression célèbre : « la fonction fait l'organe ».

C'est en exerçant votre clairaudience que vous la développerez, lui rendant ainsi la place de faculté supérieure à part entière, appartenant à l'être spirituel que vous êtes. Cette faculté sert pour votre guidage spirituel, ainsi que pour toutes vos décisions de vie.

Il faudra vous entraîner en posant encore des questions et en attendant des réponses jusqu'à ce qu'elles arrivent d'elles-mêmes beaucoup plus rapidement.

Voici quelques exercices pour activer votre clairaudience.

Je vous propose de choisir la position assise, le dos droit de préférence, dans un état de relaxation. Par contre, si vous préférez la position allongée, vous risquez de vous assoupir.

Posez-vous maintenant une question sur un sujet qui vous tient à cœur, tout en choisissant celle dont la réponse pourra être vérifiée un peu plus tard.

Pour la plupart d'entre vous qui favorisez la vue, avant l'ouïe, il faudra faire plus d'essais pour la clairaudience que pour la clairvoyance.

En temps normal, pour la majorité d'entre nous qui faisons prédominer notre vision physique, il sera évident que la clairvoyance aura tendance à apparaître en premier.

À l'inverse, ceux d'entre vous qui sont plus auditifs que visuels, auront tendance à voir leur clairaudience se développer avant leur clairvoyance.

C'est quelque chose que je constate habituellement au niveau expérimental chez les élèves de tous niveaux. La logique de notre vie physique continue généralement sur les plans plus subtils.

Exercices

Une des questions les plus importantes est : « Que dois-je faire dans telle situation ? »

N'hésitez pas à demander des messages à vos guides. Le but est d'arriver à percevoir leurs réponses afin d'atteindre avec eux une certaine complicité durant votre vie. Le principal étant de connaître la mission que vous avez reçue en venant sur terre.

Cela aura pour conséquence de vous aider à trouver le chemin le plus direct pour votre évolution spirituelle et pour celle de votre entourage vers la lumière mais n'empêchera pas que, lorsque vous aurez reçu un message d'un guide, il vous faudra le passer au crible afin de discerner s'il s'agit bien d'un message d'un « être de lumière ».

N'oublions pas qu'un peu de prudence sera toujours nécessaire vis-à-vis des êtres de l'autre plan, il y a aussi des entités négatives situées sur des plans inférieurs cherchant par tous les moyens à s'amuser à nos dépens, pouvant nous tromper au travers de messages erronés.

De plus les entités ne vous dérangeront plus lorsqu'elles verront que vous triez les messages reçus. Nous avons parfois à faire à ces entités basiques où tout est question de jeux. C'est pour cette raison qu'il faut toujours vérifier si les messages reçus portent des marques d'amour inconditionnel. C'est ainsi que l'on discerne ce qui provient des plans supérieurs.

Le tamis de vérification de ces messages doit toujours être notre cœur.

Vous remarquerez si c'est un message d'en haut par la paix intérieure qu'il procure. À l'inverse, si le message provient du bas, c'est-à-dire de plans inférieurs, vous ressentirez comme un trouble, vous sentirez que quelque chose ne va pas. Dans ce cas-là, faites confiance à votre intuition et rejetez purement et simplement ce message.

Soyez tout de même rassurés, ces ajustements ne se feront qu'à vos débuts. Quand vous aurez l'habitude de votre clairaudience, vous repérerez rapidement son origine.

Dans ce cas, observez les signes en écoutant ce que vous dit votre cœur. Rappelez-vous que votre partie intuitive peut ressentir et confirmer si le message reçu est vrai.

Si vous sentez qu'une partie de vous-même vibre à la réception de ce qui vient de vous être transmis, comme si vous sentiez une joie intérieure vous apportant une certaine légèreté, il est presque certain que vous recevez quelque chose provenant d'en haut. Vérifiez avec logique et avec votre cœur que ce qui est dit mène vers le bien et qu'il est dans la bonne marche des choses.

Sachez simplement que c'est à travers votre cœur que l'on vous guide de là-haut. Que tout est possible et que vous pouvez demander un signe pour avoir la confirmation que votre clairaudience est correcte.

De plus, sachez que ce qui est demandé avec le cœur, est souvent exaucé.

N'oubliez pas que vous pouvez demander des conseils pour votre santé.

Il faut tout de même faire attention de garder vos messages pour vous, surtout au début, tant que vous n'êtes pas assez sûr de vous et que vous n'avez pas assez d'expérience. À moins que vous ayez affaire à un ami intime ouvert sur ces sujets, ou à des proches en qui vous avez toute confiance.

Le doute provenant d'une personne sceptique de votre entourage peut en effet s'insinuer, ne laissant pas les perceptions s'épanouir correctement et annihilant dès le départ les prémices d'une belle faculté qui ne demandait qu'à s'ouvrir.

Au début de votre clairaudience il se peut qu'il y ait quelques erreurs ou ajustements à réaliser avant de trouver votre système de fonctionnement propre et sa vitesse de croisière. Cela fait partie du chemin de toute ouverture, rien ne se fait parfaitement du premier coup, ce constat a l'avantage de nous pousser vers plus de prudence et d'authenticité quant à nos conclusions et pour ce que nous transmettons aux autres.

Au risque de me répéter, n'hésitez pas à demander des messages. Vos guides n'attendent que cela.

En acquérant un contact plus étroit avec vos guides spirituels et vos anges gardiens, vous verrez s'ouvrir à un certain moment d'autres portes supérieures. Je vous le souhaite, très sincèrement, car c'est un des plus beaux cadeaux spirituels à demander, que nos « portes supérieures soient ouvertes », transcendant ainsi notre réalité de façon plus belle, plus axée sur une réalité plus grande et principalement sur l'essentiel.

Cela vous permettra d'aider l'humanité à un niveau supérieur en devenant un canal, par lequel les êtres de lumière passent, afin de guérir et de guider un grand nombre de personnes et en montrant le chemin à ceux qui cherchent.

En faisant ainsi, nous travaillons directement avec les sphères supérieures, nous permettant d'apporter et de guider vers la lumière ceux qui nous entourent.

Comment éveiller notre intuition ?

> « Le mental intuitif est un don sacré et le mental rationnel est un serviteur fidèle. Nous avons créé une société qui honore le serviteur et a oublié le don. »
>
> ALBERT EINSTEIN

> « Par intuition j'entends, non pas le témoignage changeant des sens ou le jugement trompeur d'une imagination qui compose mal son objet, mais la conception d'un esprit pur et attentif, conception si facile et si distincte qu'aucun doute ne reste sur ce que nous comprenons. »
>
> DESCARTES

> « Intuition. Force mystérieuse qui explique pourquoi des hommes sans pensées, sans culture et sans aucun bagage de connaissances que leur petite spécialité prennent spontanément la décision la meilleure. »
>
> JEAN-CHARLES HARVEY

Qu'est-ce que l'intuition ?

L'intuition est la faculté de recevoir des informations par une autre source que nos cinq sens.

Cette faculté ne dépend pas de notre logique cartésienne, mais semble fonctionner sur un autre mode plus subtil de réception de messages, provenant de plans supérieurs, et de connaissances sur ce qui est important pour nous.

C'est une faculté qui est totalement « spirituelle », car seules les personnes évoluées la possèdent. Quand je précise « personnes évoluées », je ne m'adresse pas aux personnes ayant une certaine intelligence du mental et de l'esprit, prouvant par cela qu'elles peuvent réussir dans bien des domaines, mais plutôt de celles qui ont acquis l'intelligence du cœur, c'est-à-dire une sensibilité leur permettant de ressentir ce qui est vrai en toute chose.

L'intuition est la faculté la plus intéressante de l'homme et la plus haute, car c'est celle du guidage spirituel. Elle nous guide sur tous les plans et dans toutes les situations. Ceux qui l'écoutent ont la particularité d'aller directement à l'essentiel.

Quelle est son utilité ?

Elle permet d'être guidé intérieurement sur les choix importants de notre vie, afin de prendre la décision adéquate. Elle permet aussi d'avoir des réponses sur les sujets qui nous intéressent, que ce soit sur des questions très terre à terre, ou sur les questions les plus élevées.

Nous pouvons constater à travers l'histoire que bien des inventeurs ont fait leurs découvertes au travers de leur intuition. Ce canal de réception d'informations est le même que celui de la créativité sous toutes ses formes.

Quand vous recevrez des informations provenant de votre intuition, il vous faudra toutefois l'écouter, même si votre logique cartésienne vous oriente dans la direction opposée.

Il y aura au départ de l'ouverture de cette faculté, un discernement à avoir pour vérifier si les messages reçus sont exacts. Quand vous aurez réalisé plusieurs essais et que vous constaterez que les résultats sont positifs, vous pourrez alors accorder votre confiance à cette intuition naissante.

C'est une aide qui n'est pas négligeable, car c'est la faculté spirituelle la plus utile dans la vie de tous les jours.

Elle affûte notre regard sur ce qui nous entoure, nous permettant d'éviter des erreurs et nous écartant de ce fait de certains dangers.

Elle permet de ressentir avec justesse les personnes qui nous entourent, nous aidant à distinguer ceux qui ont de mauvaises intentions et ainsi de nous en prémunir. Cela sera d'une grande aide pour éviter les personnes indésirables et ne pas perdre de temps avec les personnes incompatibles.

Témoignage

Il y a quelques années, alors que je travaillais en entreprise, une de mes collègues de travail, revenant d'une formation, me signala qu'elle avait vu notre nouvelle collègue, que nous ne connaissions pas encore et qu'elle était très bien et très sympathique.

Quelques jours plus tard, alors que je passais dans un couloir, on me la présenta. En m'approchant d'elle, je fis un pas en arrière en la saluant.

Après l'avoir saluée, je rentrais immédiatement dans le bureau rejoindre ma collègue en lui précisant : « Tu ne vois pas à qui tu as à faire ? Elle n'est pas du tout ce qu'elle montre, de plus, elle dégage énormément de négativité ! »

L'avenir montrera malheureusement combien c'était vrai, cassant ainsi la bonne ambiance et la complicité que nous avions eue pendant des années, nous montant les uns contre les autres.

Elle en arrivera à appeler les services sanitaires de la DASS pour qu'ils enlèvent les enfants de sa locataire, car elle ne pouvait pas lui payer ses loyers de retard.

Il semble que le mécanisme de l'intuition, permettant de ressentir les personnes, même si nous n'avons pas croisé leur regard, vient du fait que nous devenons conscient du mécanisme subtil de notre aura, qui s'accorde ou non avec l'aura des personnes qui nous entourent.

Cela a pour effet que l'aura se rétracte lorsqu'elle se trouve en présence d'une aura énergétiquement incompatible, laissant la personne intuitive dans un sentiment de malaise diffus, ou qu'elle fusionne en cas d'harmonie entre les personnes. Toutes les auras fonctionnent de manière semblable aux pôles + et - de l'électricité, par contre c'est le fait d'en prendre conscience qui fait que notre intuition se développe.

Cela correspond aussi à une plus grande sensibilité de l'aura, comme nous l'avions précisé dans le chapitre : les chakras et l'aura.

Nous voyons bien que notre intuition nous guide particulièrement dans le choix de notre entourage, nous montrant ainsi la distance exacte à avoir vis-à-vis des autres et nous gardant des mauvaises rencontres.

Il en est de même pour le fait de ressentir les lieux. Si nous nous trouvons dans un lieu chargé négativement, nous sentirons qu'il y a quelque chose qui ne va pas dans ce lieu. Le sachant il faudra ensuite s'en protéger afin de ne pas en subir l'influence néfaste.

Auras qui s'accordent

C'est souvent un peu plus tard que nous apprenons que le choix réalisé sous l'influence de notre intuition était le meilleur, même s'il était impensable au moment précis.

Comment se manifeste-t-elle ?

Auras qui se repoussent

C'est une faculté qui peut apparaître soudainement dans la vie d'une personne sans qu'elle la voit venir, tellement son apparition peut être rapide. Quelqu'un qui n'a jamais été intuitif peut donc le devenir, du jour au lendemain.

Cette faculté surgit dans notre vie sans que l'on puisse déterminer le moment précis de son apparition. Elle est d'un coup présente, apparaissant de façon discrète et naturelle, à un moment de notre évolution. C'est comme si elle avait toujours été là ! Lorsqu'elle est

présente, ses manifestations viennent de façon fugace et inattendue, créant ainsi la surprise.

> ### *Témoignage*
>
> Un jour, je cherchais une collègue qui m'attendait pour déjeu-
> ner dans le restaurant de l'entreprise où nous étions environ
> 400 personnes.
>
> Je me branchais sur elle, pensant : « Je veux voir précisément où
> elle se trouve. »
>
> Puis, ayant reçu la réponse, je tournai d'un coup la tête dans
> sa direction, me trouvant exactement en face de son regard,
> alors qu'elle était à une quinzaine de mètres environ. Sa
> surprise a été telle, qu'elle avait failli lâcher son plateau repas.
>
> Elle m'a demandé ensuite comment j'avais su qu'elle était
> précisément là. Je lui ai répondu qu'il s'agissait d'une coïnci-
> dence. Il arrive parfois que nous ne puissions aller plus loin au
> niveau de la profondeur d'une discussion avec une personne.
>
> Dans ce cas, cette personne était influençable, elle avait
> comme particularité de ne jamais rien garder pour elle et se
> valorisait au regard des autres, en racontant les informations
> de la vie de chacun, ce qui est plutôt dangereux dans le
> domaine du travail.

L'intuition nous avertit de plusieurs façons

1) En nous faisant ressentir que quelque chose ne va pas, c'est-à-dire
vis-à-vis de quelqu'un ou d'une situation que nous vivons, ou encore
d'un lieu où l'on ne se sent pas bien, sans pour autant savoir pourquoi.

2) En nous faisant pressentir les évènements avant qu'ils n'arrivent, pour certains ayant acquis un niveau d'intuition plus avancé.

Témoignage

Un jour, alors que ma famille était en vacances en Bretagne pour deux semaines et que je restais seul dans ma maison, ce jour-là j'avais laissé les volets fermés, comme cela m'arrivait parfois.

Je rentrais ce soir-là avec un ressenti particulier. Ce ressenti que quelque chose ne va pas et qui me poussait à être sur mes gardes, ressenti presque physique. Je me demandais : « Mais qu'est-ce qui m'arrive ? » J'avais l'impression d'être une pile électrique. J'étais ainsi vigilant, surveillant tout ce qui se passait, comme si mes sens étaient exacerbés.

Cet état m'empêchait de dormir. Puis j'entendis à 0 h 16 la sonnette du portail, sonnant longuement pour vérifier s'il y avait une présence dans la maison. Plusieurs personnes venaient pour cambrioler la maison.

Je répondis vivement à l'interphone, montrant que la maison était occupée, alors que tout était éteint en apparence de l'extérieur. J'entendis ensuite tout le groupe partir en courant dans mon passage.

Cet état ne m'est jamais arrivé ni avant ni depuis ce jour. J'avais apparemment ressenti, sans le savoir, que ces personnes avaient l'intention de cambrioler la maison.

J'avais probablement perçu l'empreinte invisible que les cambrioleurs avaient inconsciemment projetée sur la maison, comme quoi la maison serait victime d'un cambriolage pour cette nuit même.

Je l'ai perçu, mon intuition me mettant sur mes gardes, sans que j'en sache le pourquoi.

Nous voyons bien que l'intuition peut percevoir des choses de façon très inhabituelle.

Comment fonctionne-t-elle ?

Le mécanisme de l'intuition n'est pas très connu. Il semble que notre intuition soit le canal direct avec le corps causal, qui est ce que l'on appelle le corps de l'âme.

Plus nous évoluons spirituellement, plus notre vibration énergétique s'affine, nous permettant d'être plus proche de notre partie spirituelle.

Qui peut en bénéficier ?

Chacun d'entre nous peut devenir intuitif.

L'intuition s'impose alors à nous car elle fait partie du domaine de l'esprit en sa partie supérieure. Cela nous permet d'obtenir un ressenti plus fin sur les choses et de recevoir directement les messages intuitifs.

À l'inverse, les personnes qui ont choisi d'aller vers l'involution s'éloignent de leur partie supérieure et s'écartent ainsi de leur intuition.

L'intuition est une faculté qui s'insère naturellement dans un processus d'évolution personnelle et spirituelle.

Elle apparaît souvent à un certain stade de notre travail intérieur :

1) Après avoir nettoyé ce qui nous encombre, les pensées négatives, les préjugés, les idées toutes faites sur les autres, les schémas de vie erronés, ainsi que nos angoisses et peurs faussant notre regard sur les choses.

Toutes ces choses que nous subissons encore actuellement comme un poids inutile, créant un filtre qui empêche de percevoir les messages intuitifs.

2) Suite au nettoyage intérieur, vous aurez acquis une vision du cœur plus claire et objective sur les évènements de votre vie, ainsi que sur votre vision des autres.

Cela apportera un lâcher prise vous aidant à relativiser ce qui vous environne actuellement, ainsi que les évènements à venir.

Il suffit d'observer les gens qui nous entourent pour constater qu'en règle générale ceux qui sont portés sur les instincts les plus bas ne possèdent pas d'intuition. Si les personnes malsaines et profondément portées sur le mal étaient intuitives, elles se serviraient de leur intuition de manière redoutable sachant ainsi comment blesser plus profondément leurs ennemis. Leurs victimes ne pourraient pas leur échapper dans le cas où elles vivent à leur proximité. Elles seraient de plus attaquées sur leur point faible et subiraient bien des souffrances supplémentaires, plus subtiles et encore plus malsaines. Si elles recevaient des informations subtiles concernant les points faibles de ceux qui les entourent, elles n'en feraient qu'une bouchée, n'hésitant pas à atteindre négativement leurs victimes plus en profondeur. Si elles voulaient atteindre quelqu'un, rien ne leur échapperait. Les blessures de ce genre en seraient d'autant plus fatales.

Elles peuvent avoir du flair dans certains domaines et sentir certaines choses, mais n'ont pas une intuition authentique leur permettant de sentir et jauger ceux qui les entourent ou ce qu'il faut faire en toute situation.

Ceci n'est pas un jugement, mais une constatation que chacun peut faire en regardant simplement autour de lui.

L'intuition appartient aux gens ayant acquis une certaine sensibilité, à ne pas confondre avec la sensiblerie qui est plutôt maladive.

Les personnes intuitives ont tendance, grâce à leur intuition, à être plus ouvertes et vraies vis-à-vis des autres, mais aussi à aller plus rapidement en profondeur et particulièrement dans le domaine de l'amitié. Elles vont ainsi beaucoup plus vite au fond des choses. Elles sentent à qui elles ont affaire et apprennent à se mettre à distance correcte de ceux qu'elles côtoient, s'adaptant à chacun selon le ressenti qu'elles ont de la personne, apprenant par ce biais à la respecter davantage.

Cela a l'avantage de sentir avec plus d'assurance à qui nous pouvons nous confier et qui pourra vraiment devenir un ami. Ces personnes auront tendance, grâce à cette faculté, à être entourées de gens de confiance.

Le fait de posséder une bonne intuition n'évite pas certaines erreurs, parce que nous avons encore le réflexe d'écouter notre mental. Tous ceux qui vivent ces échecs, parce qu'ils ont de nouveau écouté leur mental, reviennent rapidement vers leur intuition. Ils évitent souvent de juger leur entourage, car ils savent bien ressentir les limites que certains possèdent.

Néanmoins, cette faculté pousse à l'exigence, invitant la personne qui la possède à être plus exigeante sur son entourage et cherchant à ne s'entourer que de gens avec qui elle vit un véritable partage et qui fait dire « il vaut mieux être seule que mal accompagnée ».

Les personnes de leur entourage auront tendance à se confier intimement à elle car elles sentiront que la personne est authentique et que l'on peut lui faire confiance.

D'autre part, ces personnes intuitives ont tendance, au début de l'expérimentation de leur faculté, à récupérer, en plus des informations, les charges émotionnelles négatives de leur entourage. Elles sont ainsi semblables à des éponges absorbant les négativités, les laissant dans un état de profonde fatigue. Elles doivent principalement apprendre à se protéger. C'est la contrepartie des personnes qui ressentent les autres.

Elles arrêteront ainsi l'aspiration d'énergie qu'elles subissent en programmant le fait qu'elles ne doivent recevoir que les informations et pas les charges émotionnelles.

De plus, elles pourront, si elles le veulent, envoyer de l'énergie provenant de l'univers vers ces personnes qui en ont besoin, plutôt que de se faire aspirer leurs propres énergies vitales.

Le résultat en sera bénéfique pour chacun, puisqu'elles ne seront plus vampirisées et les personnes qui étaient en manque d'énergie en recevront en plus grande quantité et elle sera adaptée à leur fréquence vibratoire.

Comment la développer ?

Il existe un moyen pour accélérer l'intégration de l'intuition. Pour cela il vous faudra travailler sur les attributs que possèdent les gens intuitifs. Ce sera votre support de travail, qui vous permettra de faire apparaître rapidement votre intuition de manière naturelle.

L'intuition n'échappe pas à certaines règles. Il faudra vous y adapter pour bénéficier vous aussi d'une intuition claire et juste.

1) Les personnes intuitives ont pour la plupart « fait un travail intérieur », c'est-à-dire qu'elles ont fait le ménage en elles-mêmes, autrement dit, elles ont fait la lumière sur ce qu'elles sont réellement ! Pour cela il faut admettre notre vérité, sans l'enjoliver et accepter ce que nous sommes vraiment.

Cet état de transparence intérieure est important, car l'intuition ne peut s'ouvrir si l'on garde en soi des zones d'ombre. C'est une faculté qui nous oblige à être propre intérieurement. Évitons donc de nous mentir à nous-mêmes. Vous remarquerez cette constante : les gens intuitifs ne supportent pas le mensonge, car ils ont tendance à le sentir et à en être mal à l'aise.

L'une des leçons du travail sur notre intériorité est de découvrir que se cacher derrière des mensonges n'apporte rien et de plus, ne rassure pas.

Apprendre à faire la lumière en soi nous pousse à voir dorénavant les choses avec plus de vérité et d'authenticité, d'autant que cette faculté acquise nous permet de sentir quand quelqu'un dit vrai ou faux. Pour ces personnes, il leur est d'autant plus facile d'être dans le vrai qu'elles y prennent goût, cela apporte un état de légèreté intérieur où elles se sentent bien. Elles ont alors du mal à s'en passer ensuite.

Il faut donc apprendre à devenir plus profond et chercher à être vrai avec soi-même et avec les autres.

2) Les gens intuitifs fonctionnent sur un état cérébral qui se nomme l'état alpha (rythme de nos ondes cérébrales de 7 à 14). Cela signifie que c'est le cœur qui les guide ou plus précisément leur ressenti intérieur. On atteint l'état alpha en mettant à la première place ce que ressent notre cœur, laissant notre raisonnement de côté pendant ce processus.

Nous pouvons être en permanence en « mode intuitif », c'est-à-dire penser avec notre ressenti intérieur, tout en utilisant notre raisonnement dès que nous en avons besoin. Ces deux modes de pensée ne vont pas l'un sans l'autre et sont complémentaires.

Le premier mode, « mode intuitif », permet d'appréhender correctement notre entourage, prenant la distance correcte avec chacun.

Le second mode, celui de la pensée raisonnante, nous permet de nous y adapter avec une logique et un raisonnement clair. Cela évitera bien des écueils. Vous remarquerez qu'à un certain moment, lorsque vous raisonnerez, votre intuition ne sera pas loin, et ce, même en phase de raisonnement.

Commencez dès maintenant à discerner comment vous vous sentez en présence de telle ou telle personne, en essayant de développer votre ressenti intérieur, avec le plus de précision possible.

Vous devez avoir la même approche avec les lieux, à savoir que vous devez ressentir si vous y êtes bien ou pas, si quelque chose vous pousse à y rester ou à fuir et d'en définir le pourquoi. Essayez de repérer ce qui vous dérange dans ces lieux, repoussant ainsi les limites de votre nouvelle faculté. Ceci afin d'obtenir une intuition encore plus développée.

3) Nous devons lâcher prise vis-à-vis du passé ou de l'avenir pour que notre intuition s'épanouisse. Il nous faudra penser autrement qu'avec notre mental qui s'occupe, ou du passé ou du futur, mais qui n'est jamais dans le présent.

Apprenez dès maintenant à être beaucoup plus dans le moment présent, prenant les choses comme elles viennent, sans chercher à les anticiper. Empêchez-vous de tout programmer afin de laisser agir votre partie supérieure. Vivez ce que l'on appelle « ici et maintenant ! »

Cette nouvelle attitude permet à notre intuition de se développer plus facilement car elle est une faculté de terrain et s'insère à l'instant même où nous la vivons, elle apporte une paix intérieure, prémices de l'état alpha.

4) Le deuxième aspect négatif du mental que nous devons éviter, est le fait d'angoisser en toute chose. C'est l'aspect maladif de notre mental qui essaie de tout maîtriser en anticipant en toute occasion, cela afin de se rassurer.

Le mental marche de pair avec la peur. Lorsque nous n'accordons plus d'attention à notre mental, en vivant dans le présent, nos angoisses disparaissent.

5) Nous devons faire le calme en nous et ne pas avoir de pensées tumultueuses, car c'est dans le silence intérieur que l'on entend mieux les messages qui proviennent de notre partie supérieure.

Faire la paix en soi et autour de soi, cela nourrit le cœur et lui permet de se mettre en état de recevoir les informations venant de ce qui nous entoure.

Un peu d'entraînement

Devant la photo d'une personne, essayez de ressentir à qui vous avez affaire. Il est important de ne pas la juger par rapport à ses acquis, ses expériences ou ses ressemblances avec des personnes connues.

Ceci afin de laisser l'intuition s'épanouir sans qu'elle soit piégée par des informations provenant de notre mental.

- Quand quelqu'un vous pose une question, apprenez à repérer à travers l'ensemble des réponses qui vous viennent en tête, quelle est la réponse de votre intuition.

- Essayez de ressentir au-delà d'une phrase que l'on vous dit, quelles sont les informations, non verbales, ressenties à travers l'intonation, la posture prise par votre interlocuteur, le contexte utilisé.

- Apprenez à voir et décoder les signes qui vous sont transmis au cours de votre vie. Cela vous permettra d'obtenir une complicité et une interaction beaucoup plus grandes avec vos guides spirituels.

Comment éveiller notre télépathie ?

" L'homme peut se prolonger dans l'espace de façon plus positive encore. Au cours des phénomènes télépathiques, il projette instantanément au loin une partie de lui-même, une sorte d'émanation, qui va rejoindre un parent ou un ami. "

ALEXIS CARREL (1873-1944) Prix Nobel de médecine
auteur de *L'homme cet inconnu*

" Que la voix en votre voix parle à l'oreille de son oreille. "

KHALIL GIBRAN

Qu'est-ce que la télépathie ?

Définition : télépathie (gr. *têle*, loin et *pathos,* affection). Transmission de pensée d'une personne à une autre sans communication par les voies sensorielles connues. *Le Petit Larousse*

La télépathie est la faculté psychique qui permet d'émettre et de recevoir à travers nos esprits (celui d'un émetteur et celui d'un récepteur), des pensées, des images, des sons et des ressentis.

Qu'il s'agisse de l'esprit d'un homme, qu'il soit vivant ou décédé, d'un animal, d'une plante ou autre.

Comment développer la télépathie ?

Pour développer la télépathie, la maîtrise mentale est un impératif obligatoire. Il faut obtenir la paix mentale pour avoir une réception correcte. Lorsque cette paix mentale est obtenue, vous pouvez commencer à vous brancher, avec l'accord d'un partenaire, sur ses pensées. Le but est d'apprendre à se mettre sur sa fréquence cérébrale. Il s'agit pour ce cas d'une question de résonance, il faut donc que notre esprit le soit avec le sien. De la même façon que nous cherchons une onde de radio dans la gamme des fréquences, il nous faudra la rechercher jusqu'à ce que l'on soit sur la fréquence voulue.

Apprenez à vous mettre en résonance avec tout ce qui vous entoure, ainsi votre esprit changera de fréquence à volonté.

Développez vos facultés psychiques et spirituelles

Comment développer la télépathie en utilisant une autre méthode ?

Une autre méthode qui semble être plus rapide à acquérir est en premier lieu de maîtriser la sortie astrale. (voir chapitre « Comment voyager en astral ? »)

Témoignage

Alors que je me trouvais dans une grande entreprise et que je discutais avec un stagiaire, je lui ai dit : « Alors quand pars-tu à Londres ? » Je n'avais pas fait attention, mais j'étais convaincu qu'il l'avait dit.

Il me rétorqua : « Mais comment le savez-vous, je n'en ai parlé à personne ? » Je lui ai donc répondu par une pirouette. Nous voyons parfois que de telles choses peuvent nous placer dans des situations cocasses.

Le but, quand la sortie astrale est maîtrisée, est de réaliser une sortie mentale (c'est-à-dire avec notre conscience et notre corps mental), car le fait d'incorporer une personne avec le corps astral correspond à une « possession », ce qui n'est pas permis.

Cependant, nous pouvons incorporer la tête de la personne en plaçant la tête de notre « corps mental » (avec notre conscience) à la place de la sienne. Il suffit pour cela d'envoyer le corps mental et d'empêcher le corps astral d'intervenir, pour se faire, il faut émettre l'intention que la coque psychique retienne le corps astral (voir le chapitre sur les protections psychiques).

Témoignage

Je décidais un jour de réaliser une expérience avec mon chien. Je fermais donc ma coque psychique pour empêcher mon corps astral de sortir, puis je me plaçais à l'intérieur de son corps avec ma conscience et mon corps mental.

Je voulais savoir à quoi il pensait. J'ai eu ainsi une grande surprise en découvrant l'amour qu'il portait à sa maîtresse, me disant que même si je lui donnais à manger jusqu'à la fin de ses jours, je n'arriverais jamais à la cheville d'un tel amour.

Cela m'a impressionné. Depuis je vois mon chien autrement, ressentant plus profondément ce petit être d'amour qu'il est.

Une petite histoire sur le fait de ne pas juger

Témoignage

Il y a des années, alors que j'étais en cours chez Raymond Réant, nous avions fait une clairvoyance sur un élève de l'équipe, M. Georges V., presque toute l'équipe voyait que M. Georges V. avait trouvé l'emplacement d'un trésor.

Ce qui était surprenant, c'est que chacun avait perçu ce fait qui nous paraissait invraisemblable, faisant penser à la science-fiction. Nous nous sommes tournés vers M. Georges V., qui nous a confirmé avoir trouvé un trésor.

Il nous a précisé qu'il y a autour de ce trésor des protections magiques. Que celui qui en était le propriétaire à l'origine avait installé toutes sortes de barrages sur l'autre plan, mettant en péril la vie de tout profanateur.

Il cherchait un moyen pour déjouer ces protections. Puis, à un certain moment il nous a fait comprendre qu'il était quelqu'un de bon, précisant que s'il avait le trésor à l'heure actuelle il distribuerait sans hésiter une pièce d'or à chacun.

Raymond Réant nous dit « Vous avez de la chance d'avoir dans votre équipe M. Georges V. ! » à la suite de quoi M. Georges V. précisa de nouveau qu'il était quelqu'un de bon. Sur ce, Raymond Réant rétorqua de nouveau que nous avions beaucoup de chance.

M. Georges V. recommença une troisième fois. Au fond de moi-même et sans le montrer je pensais : « Mais que fait Raymond ? Il ne voit pas que M. Georges V. est en train de se vanter ? »

Quelques jours plus tard j'ai téléphoné à Raymond Réant, qui m'a répondu : « Tu sais Serge, je lis dans les pensées et je sais très bien à qui j'ai affaire. »

Je peux vous assurer que même si vous êtes seul chez vous à cet instant-là, vous vous sentez tout petit.

Qui peut faire de la télépathie ?

Chacun d'entre nous peut développer la télépathie. Comme toutes les facultés psychiques, la télépathie est à la portée de tout le monde.

Comment fonctionne-t-elle ?

Il faut qu'il y ait un émetteur et un récepteur. Il faut qu'ils soient tous les deux sur la même fréquence, qu'ils soient relaxés et tous deux au moins en état alpha.

L'émetteur enverra une image à la personne qui la recevra. Au fur et à mesure des expériences, les deux cerveaux, ainsi que les deux esprits, auront plus de facilité à établir le contact, puis à converser.

Nous recevons en permanence des messages provenant de l'univers et nous y répondons sans en avoir aucunement conscience. Ces messages ne dépassent pas la barrière de notre subconscient.

Si nous voulons que cette faculté vienne un état conscient, il faudra travailler le principe de résonance avec ceux qui nous entourent, ainsi que le vide mental afin d'être disponible à toute réception.

Ses possibilités

La télépathie est le langage universel. Que vous alliez astralement dans quelques points de l'univers ou de quelques galaxies lointaines, vous comprendrez toujours le langage de l'autre, quel qu'il soit, à travers la télépathie.

Elle permet d'entendre et de recevoir des informations provenant d'un esprit. Elle peut ainsi aller jusqu'à connaître ce que pense l'autre.

Ses limites

Il existera toujours un danger de parasitage lors d'une expérience de télépathie avec un partenaire. Ce parasitage peut provenir de notre mental pouvant créer des interférences avec les pensées reçues d'un émetteur.

On peut ainsi capter d'autres pensées que celles de notre partenaire, qu'il s'agisse de personnes qui songent à nous à cet instant-là, ou de défunts pouvant être placés dans notre aura.

Est-ce que la télépathie est facile à acquérir ?

C'est la faculté qui me semble la plus difficile à acquérir, pour la simple raison que celui qui la reçoit doit être empreint d'une grande sagesse pour ne pas l'utiliser uniquement dans le but de savoir ce que les autres pensent de lui.

De même, si nous possédions pleinement cette faculté, nous pourrions faire bien des torts.

> *Témoignage*
>
> Lors de la Seconde Guerre mondiale, un Polonais du nom de Wolf Messing était très recherché, autant par les Allemands que par les Soviétiques, pour les pouvoirs qu'on lui attribuait.
>
> Les Russes envahissant la Pologne les premiers, récupérèrent cet homme. Staline le mit au défi de prendre à la banque un million de roubles. Wolf Messing se présenta à la banque avec des feuilles vierges qu'il tendit au préposé. Celui-ci les fit passer à son supérieur, pour vérification. Il y eut ainsi plusieurs personnes pour vérifier ces documents. Quelques instants plus tard, Wolf Messing sortait tranquillement de la banque avec la somme désirée.
>
> Il avait réussi à montrer aux employés de la banque, ce qu'il voulait qu'ils voient.

Plus facile pour les personnes proches

La télépathie est plus facile à réaliser avec les personnes qui sont proches de nous. Ces personnes étant déjà sur la même fréquence, il y aura moins de difficulté pour converser télépathiquement avec elles.

Nous constatons cela classiquement au sein des couples vivant un profond amour. Ils sont comme dit l'expression : « au même diapason ».

La télépathie avec les animaux

Si nous voulons faire de la télépathie avec nos animaux, il sera nécessaire, comme nous l'avons précisé, de nous mettre en résonance intérieurement avec eux.

Comme pour les plantes, nous connaissons des personnes qui ont ce que l'on appelle « la main verte », les plantes qui entourent ces personnes se sentent aimées et le leur rendent bien. De la même façon pour les animaux, ceux qui aiment beaucoup leur animal auront plus de facilité à converser avec lui.

La partie essentielle à réaliser est d'envoyer des images, pas des mots. Les animaux sont sensibles aux images.

Si l'on veut ainsi faire saliver notre chien, nous pouvons visualiser que nous lui donnons un os ou un gros morceau de chocolat qui serait caché à un endroit précis de la maison ou du jardin, l'important étant de visualiser qu'il le voit à l'endroit précis où il se trouve.

Vous pouvez ainsi envoyer le goût par télépathie, comme si vous mangiez ce chocolat avec satisfaction.

Pas de limite de distance

Il n'y a pas de limite de distance pour chacune des facultés psychiques, ainsi que pour la télépathie. Bien des expériences ont été réalisées avec succès avec des cosmonautes qui étaient sur des satellites tournant autour de la Terre.

Origine de la télépathie

Il est probable que l'histoire de la tour de Babel illustre la perte de la langue universelle, c'est-à-dire de la télépathie, correspondant à la descente de l'homme dans la matière lors de sa venue sur Terre.

Nous la retrouvons tout naturellement lorsque nous passons astralement sur l'autre plan.

La télépathie testée à grande échelle

Il faut rappeler que certaines expériences de télépathie, prouvant la réalité télépathique, bousculent les lois du hasard. Elles ont été effectuées au moyen des cartes de Zener par le professeur Louisa Rhine et ont été réalisées à grande échelle sur des milliers de personnes prises au hasard, n'ayant pas de compétences particulières dans ce domaine. Ces expériences ont été reconnues scientifiquement, car les résultats statistiques obtenus ont prouvé que le nombre de résultats positifs infléchissait les lois du hasard.

Il y a donc un phénomène réel qui n'est plus contestable.

Cependant, il semble que cela ait été inutile puisque les questions qui reviennent sont toujours les mêmes, comme si rien n'avait été expérimenté et ce, malgré des milliers d'expérimentations positives à travers le monde.

Cartes de Zener

Il faut souligner que les personnes sceptiques sont souvent des personnes bloquées n'ayant pas étudié les phénomènes qu'elles critiquent.

Conditions pour améliorer nos résultats

Nous voyons lors des cours de parapsychologie réalisés dans une ambiance conviviale que les résultats sont présents, chacun pouvant vérifier la véracité de ses facultés psi (ou facultés parapsychologiques) qu'il développe. Nous remarquons que lorsque certaines conditions sont présentes, ambiance chaleureuse, amitié partagée, respect, écoute, les élèves se sentent en confiance, dans un but commun d'expérimentation, ils sont davantage à l'écoute de leurs facultés, ne faisant plus attention au jugement des autres, favorisant ainsi l'ouverture et l'utilisation des facultés psi.

C'est lorsque l'élève a perçu le sujet voulu avec exactitude, et cela à plusieurs reprises, qu'il prend petit à petit conscience que tout ceci est réel, d'autant qu'il peut l'expérimenter dès qu'il le désire.

Comment éveiller notre médiumnité ?

> « Les adultes ont beaucoup à apprendre des petits enfants, car le cœur des jeunes enfants est pur et le Grand Esprit leur montre parfois des réalités qui échappent à leurs aînés. »
> ELAN NOIR, chef spirituel sioux

> « Ceux qui rêvent éveillés sont instruits de bien des choses qui échappent à ceux qui ne rêvent que la nuit. »
> EDGAR ALLAN POE

Qu'est-ce que la médiumnité ?

Un médium est un intermédiaire entre ce plan terrestre et d'autres plans plus subtils tels que les plans astraux, c'est-à-dire avec l'au-delà.

La médiumnité est la faculté de voir ce qui se passe sur l'autre plan. Le médium peut ainsi converser avec ceux qui sont décédés et transmettre ces informations aux personnes de leur famille restées sur terre.

Qui peut être médium ?

Chacun d'entre nous est déjà médium. Rappelons-nous simplement que le mot « médium » signifie le milieu, l'intermédiaire. Nous sommes tous en lien avec tous les plans. Cela se vérifie d'autant plus lors de notre sommeil où certains de nos corps subtils rejoignent leur plan subtil correspondant.

Nous sommes ainsi des êtres multidimensionnels.

Comment devenir médium ?

Si nous voulons développer notre médiumnité, il sera nécessaire de nous ouvrir à la clairvoyance et à la clairaudience.

Ces deux facultés psychiques donnent aux médiums la possibilité de voir et d'entendre les personnes, quel que soit le plan où elles se situent.

Quelles sont ses possibilités ?

La médiumnité autorise la perception des autres plans et leurs habitants, de la même façon que nous voyons le plan physique. Elle permet de ne pas être limité au seul plan terrestre. Elle permet également d'être en contact avec toutes les dimensions, ouvrant notre vie à bien des domaines immenses.

Quelles sont ses limites ?

Un médium est souvent quelqu'un qui a tendance à saisir des informations, des sentiments ou des charges émotionnelles qui appartiennent aux personnes qui l'entourent, sans forcément en être conscient. Cela peut avoir pour conséquence d'altérer provisoirement sa personnalité, dans le cas où cette personne ne fait pas nettement la différence entre ce qui est à elle, qu'il s'agisse de son ressenti, ses sentiments, etc. et ce qui ne l'est pas, risquant de s'attribuer des émotions qui appartiennent à d'autres. Cet aspect peut déséquilibrer mentalement un médium qui n'est pas assez solide intérieurement et qui n'a pas assez d'assise, ce qui est souvent en corrélation avec le fait de ne pas être assez ancré à la terre.

Le médium est souvent quelqu'un qui possède une très grande sensibilité. Il est par cet aspect beaucoup plus vampirisé au niveau de ses énergies que les personnes de son entourage.

Il sera donc nécessaire, si vous êtes médium, d'apprendre à bien vous protéger et de distinguer clairement la différence entre vos émotions à ne pas mélanger avec celles que vous percevez de votre entourage. Vous devrez par la méditation créer des frontières nettes, entre ce que vous êtes et ce que vous percevez, afin de ne plus subir l'influence même inconsciente des personnes qui vous entourent.

Pour ce qui est de la protection, voir le chapitre « Comment se protéger psychiquement ? »

Quelles sont les erreurs à éviter ?

Comment éviter de devenir un médium « éponge » ?

Un médium développant seul ses facultés psychiques peut, à ses débuts, faire quelques erreurs. Pour éviter cela, il est préférable de se faire accompagner par quelqu'un de fiable et plus expérimenté, surtout au départ. Cela permettra de rectifier les erreurs réalisées afin d'évoluer dans ces domaines avec des bases solides. Néanmoins, nous pouvons avancer seuls, à condition de rester branchés au niveau spirituel.

Il est cependant nécessaire que la personne soit stable et en paix intérieurement, afin de pouvoir ressentir avec discernement toute information provenant de l'autre plan qui serait erronée et de se faire piéger par des entités du bas astral.

Le médium doit toujours se protéger et repérer si les messages proviennent du bon destinataire. Il évitera ainsi bien des désagréments.

Apprendre à ne pas attraper de charge émotionnelle négative

L'important est d'ouvrir ses facultés avec prudence si la personne ne veut pas en pâtir autant au niveau de sa santé physique que mentale.

L'une des erreurs principales est de prendre, en plus de l'information recherchée, la charge émotionnelle qui y est attachée.

> ### Témoignage
>
> Il y a quelques années, alors que nous étions en équipe, j'avais confié une photo d'une personne qui était un peu chargée négativement. En touchant cette photo, une de mes élèves se mit à roter plusieurs fois pendant cette clairvoyance.
>
> Je lui demandai pourquoi elle avait une telle réaction.
>
> Elle m'apprit qu'à chaque fois qu'elle se trouvait en contact avec quelque chose de négatif elle avait ce phénomène. Elle avait commencé à s'ouvrir aux facultés psychiques en faisant partie d'un groupe de chamanisme. ↓

Je lui expliquai qu'il n'est pas bon de prendre autre chose que l'information demandée. Si son corps réagissait, c'est qu'elle prenait une partie de la charge émotionnelle négative de la personne concernée.

Je lui ai donc précisé que dans le cas où nous aurions affaire à quelqu'un de possédé, elle risquait une réaction beaucoup plus démonstrative.

Je lui ai enfin rappelé que nous ne connaissons jamais l'ampleur de la négativité de la personne en face de nous, avant de faire une clairvoyance sur elle.

Il est toujours risqué de prendre en nous, ne serait-ce qu'une infime partie de la charge négative.

Plus tard, je rencontrai d'autres personnes parmi mes élèves, qui avaient comme réaction de bâiller devant la présence de négativités.

Cette programmation à partir de laquelle nous prenons dans notre corps une part de la charge de l'autre est à supprimer. Pour cela, il faut se répéter plusieurs fois l'affirmation que : « Nous désirons recevoir uniquement l'information demandée et pas plus ». Il faudra s'en imprégner et se le répéter de temps en temps avant l'expérience, jusqu'à ce que ce message soit intégré dans nos corps subtils.

À quels dangers le médium peut-il être confronté ?

Certains médiums ont tendance à se laisser incorporer, faisant parler l'entité à travers eux. Le problème est que si le médium ne sait pas qui est cette entité, il risque, s'il a laissé « sa porte ouverte », à n'importe qui, d'en payer certaines conséquences pouvant aller jusqu'à la possession.

En effet, certaines entités provenant du bas astral ne pensent qu'à jouer. Il suffit qu'une bonne âme leur ouvre la porte pour qu'ils en profitent au-delà de ce qui est permis.

Médiumnité et écriture automatique

Certains médiums ont tendance à pratiquer l'écriture automatique, c'est-à-dire qu'ils laissent leur bras et leur main à la disposition d'une entité, qui peut ainsi écrire avec son écriture et son style à travers le médium, dans ce cas il n'est que prêteur.

Le danger est limité, mais il arrive parfois, très rarement, qu'une entité très malsaine prenne le bras avec violence et écrive, faisant presque tomber la personne, alors que la main continue à écrire.

LES ADOLESCENTS EN DANGER

Le « Oui ja »

Beaucoup d'adolescents attirés par l'irrationnel se servent du « Oui Ja », par curiosité, pour essayer de voir si l'au-delà est une réalité.

Le « Oui Ja » est formé d'une planche avec des lettres et des chiffres sur lesquels on déplace un verre ou une planche de bois. Par l'intermédiaire de cet « appareil » on rentre en contact avec les défunts, prétend le spiritisme.

Le problème est que le « Oui Ja » est un moyen par lequel les défunts, mais aussi les entités, se manifestent. Je précise entités, car ces êtres sont souvent primitifs. Les personnes utilisant le « Oui Ja » leur donnent le moyen d'avoir la mainmise sur elles. Nous risquons en l'utilisant de nous faire posséder par un être du bas astral dont le seul but sera de s'amuser avec notre corps physique qu'il habitera et de nous le restituer que peut-être plus tard…

Pour l'anecdote, le film *L'Exorciste* est tiré d'un fait divers réel dont le principal intéressé est un garçon qui utilise le « Oui Ja » en lien avec son « ami » qu'il nomme « le capitaine » qui prendra possession de son corps. On connaît la suite.

Dans le film c'est une jeune fille qui a été choisie plutôt qu'un garçon, afin de donner un aspect plus « croustillant » à ce film d'épouvante…

Affiche du film L'Exorciste

Comment une entité peut-elle parasiter la communication avec un défunt ?

Nous remarquons que, dans bien des cas, l'entité ne présente pas au départ son identité réelle afin d'endormir la confiance de ceux qui l'invoquent, allant jusqu'à donner des détails du passé de la personne appelée, n'ayant pas trop de problèmes pour répondre de façon précise à ce qu'attend cette personne, alors qu'elle n'a fait que prendre ces informations dans la pensée de celle-ci.

> ### Témoignage
>
> Une de mes amies m'avait raconté avoir effectivement utilisé le « Oui Ja ». Ce jour-là l'entité s'est présentée après un bon moment comme étant le diable. Elle a eu une peur terrible, car ne voyant quasiment pas d'un œil elle avait toujours craint de perdre l'autre. Il n'en fallait pas moins pour que l'entité ayant cette information en profite pour la terroriser. Rappelons-nous que plus il y a de peur qui est dégagée de la part des participants, plus l'entité se nourrit de cette énergie qui s'échappe de ces participants.

Ce que l'on ignore, c'est que lors d'une séance de « Oui Ja », le corps astral d'un participant, souvent le plus fragile, se déboîte légèrement à cause de cette mise en phase avec l'autre plan, laissant ainsi une brèche à toute entité pouvant prendre possession de son corps physique sans que celui-ci s'en rende compte, donnant ainsi à la personne qui le vit, la sensation d'être plus légère et de planer un peu. S'il n'y a pas de danger, il se réincorporera un peu plus tard de façon naturelle.

> ### Témoignage
>
> Il est déjà arrivé lors de séances de spiritisme qu'une jeune fille, faisant partie d'une bande de jeunes, essaie avec ses amis de contacter son père décédé. Une entité s'est donc présentée comme étant son propre père, prétendant que c'est bien lui qui leur répond, leur donnant plusieurs messages comme preuves.
>
> C'est lors de la 2ᵉ ou 3ᵉ séance que son père est venu du plan où il se trouvait pour leur demander d'arrêter, précisant que ce n'est pas lui qui leur répond, que ce qu'ils font est dangereux car ils ne savent pas à qui ou à quoi ils ont affaire.

Développez vos facultés psychiques et spirituelles

Le problème c'est que le corps physique est laissé vacant, à la disposition de l'être qui a été invoqué et qui voit parfaitement ce qui se passe.

Cette jeune fille croyant en toute sincérité converser avec son père était plutôt la proie d'une entité malsaine. Dans ce cas c'est le père, voyant le danger à distance, qui est intervenu pour avertir sa fille d'arrêter tout. Le père, pour venir les avertir, s'est mis lui-même en danger.

Ces entités du bas astral ont la faculté d'entendre télépathiquement ce que nous pensons, comme s'ils entendaient une radio, piégeant ainsi ceux qui les invoquent.

Les risques de possession

Le plus grand risque étant évidemment la possession qui peut se décliner de deux manières :

1) La possession d'un défunt autre que l'intéressé. Cette personne, ne voulant pas monter vers les plans astraux qui l'attendent, préfère ainsi rester attachée à la terre et profiter d'un corps chaud pour revivre comme s'il était encore sur terre.

2) La possession d'une entité du bas astral est plus difficile à appréhender, ce sont des êtres qui sont à l'affût de toute perte d'énergie humaine pour s'en nourrir, aux dépens de leur victime. Lorsqu'elles incorporent le corps d'une personne, elles en profitent, tirant leur victime vers le bas. Celle qui le subit se retrouve rapidement dans des hôpitaux psychiatriques.

Le problème est que les symptômes sont similaires à ceux de la démence. La personne aura beau appeler au secours, elle pourra parfois reprendre le contrôle de son corps physique, mais là où elle se trouve, qui pourra l'entendre ? Elle sera coincée dans son corps astral avec une entité qui piégera son corps physique, le dirigeant comme si c'était le sien.

Dans les hôpitaux psychiatriques, les infirmiers chercheront à la calmer, la mettant dans un état passif à coups de calmants. Cela ne résoudra aucunement son problème, laissant la victime dans un profond désarroi et dans l'incompréhension la plus totale.

Pourquoi y-a-t il plus de risques d'avoir une entité que le défunt demandé ?

Le « Oui Ja » est une des portes pouvant mener vers le bas.

Il ne peut appeler que ceux qui sont sur les plans vibratoires près de la terre, correspondant aux êtres du bas astral qui vibrent à des fréquences proches de nos niveaux physiques et n'ont pas de difficulté pour être sur notre plan qui leur est quasi similaire.

C'est pour cette raison que nous avons beaucoup plus de probabilité d'appeler une entité plus ou moins primitive qu'un être supérieur.

Pourquoi les défunts et les êtres de lumière venant de plans supérieurs viennent rarement ?

La curiosité n'est pas un motif valable pour appeler des personnes situées sur des plans supérieurs.

Le défunt se trouvant sur des plans supérieurs, d'une beauté, d'une harmonie, où les êtres baignent dans l'amour, n'a pas envie de descendre dans le plan de la matière ! Cela demandant un effort d'autant plus grand qu'il vient de plans à vibrations hautes. C'est une épreuve pour le défunt qui se trouve dans cet état de descendre dans des endroits que l'on pourrait qualifier de sales et de lourds en comparaison des plans supérieurs.

Sachons que ces défunts sont souvent occupés et ont des tâches particulières. Ils ne descendent donc à notre niveau qu'en cas exceptionnel, encore moins pour satisfaire la curiosité de personnes qui ne prennent pas cela très au sérieux.

Nous pouvons toutefois envoyer à nos défunts des messages télépathiques. Ils les recevront à condition que nous ayons des intentions pures et que nous ne les appelions pas pour un motif futile.

Il existe actuellement une méthode assez récente qui se nomme la TCI (transcommunication instrumentale) qui permet, au moyen de supports audio et vidéo, de capter des visages dans un téléviseur et d'entendre des sons avec les expressions propres au défunt. Ce procédé est sans danger.

Choisir les techniques psychiques les plus fiables

Il est impératif de changer de techniques si celles-ci ont des failles. Il faut être intraitable si nous voulons transmettre des vérités sur les êtres et les plans subtils qui nous entourent, cela afin d'éviter bien des erreurs.

Par exemple : Si quelqu'un part au combat avec un gourdin et qu'il trouve en chemin une arme plus efficace, il sera préférable pour lui de laisser tomber son gourdin pour prendre cette arme.

Il me paraît important d'agir de la sorte pour toutes les techniques que nous acquérons. Dans le cas où une technique vous semble trop lourde, sollicitant trop de temps et d'énergie, il est souhaitable de vous en séparer au bénéfice d'une technique plus efficace et plus rapide.

Comment être plus ancré sur terre ?

Un médium doit nécessairement être ancré, c'est-à-dire qu'il doit avoir les pieds sur terre, afin de ne pas partir dans toutes sortes de délires. Cela lui permettra de prendre du recul vis-à-vis de son entourage.

Les plans astraux sont immenses, la multitude des êtres de l'astral n'est pas dénombrable. Nous voyons bien que devant les plans astraux nous pouvons nous sentir parfois fragiles. Être ancré est important pour supporter la pression avec les autres plans. Pour être ancré, vous pouvez visualiser de l'énergie tellurique montant du centre de la Terre, rentrant par vos jambes et s'installant dans vos trois premiers chakras. Vous pouvez aussi visualiser votre corps astral se réintégrant dans votre corps physique, se replaçant correctement dans chaque membre, jusqu'à vous sentir « bien là ».

De plus, vous pouvez porter un quartz en pendentif avec une seule pointe qui sera orientée vers le bas, ceci afin d'activer les chakras de l'ancrage, c'est-à-dire les trois premiers chakras. Pour plus de détails pour cet exercice voir le chapitre « Comment se recharger en énergie ? ».

Vous avez aussi la possibilité de porter sur vous des pierres telles que des tourmalines ou autres, qui auront tendance à vous accrocher à la terre.

Pour un aspect plus physique, la danse ou tout sport sont d'excellents moyens de s'ancrer.

Comment voyager en astral ?

« Les expériences volontaires de sortie hors du corps sont à l'avant-garde de l'exploration humaine. »

WILLIAM BUHLMAN

« Ce noyau spirituel est si génial et irrésistible que la personne est une fois pour toutes plongée dans un mode d'existence entièrement nouveau. »

KENNETH RING

« Un tir de mortier explose près de moi, puis, tout ce dont je me souviens, c'est que je flotte au-dessus de mon corps, observant le chaos qui m'entoure. »

JIM M.

Qu'est-ce que le voyage astral ?

Le voyage astral ou dédoublement est la faculté de voyager consciemment hors du corps physique avec ce que l'on appelle notre corps astral. Il s'agit d'une faculté psychique et spirituelle qui est à l'état latent en chacun d'entre nous.

Ce corps subtil possède un éventail de possibilités beaucoup plus étendues que celles du corps physique.

Le corps astral permet donc de se déplacer consciemment dans l'espace, ainsi que dans les différents plans astraux. Il peut se déplacer et faire le tour de la terre, explorer le fond des océans, visiter d'autres galaxies.

Il détient beaucoup de noms différents qui correspondent aux attributs particuliers qu'il possède. Il se nomme le corps astral, le corps bio-plasmique, le double, le véhicule, le fantôme, le corps de rêve, le corps émotionnel, etc.

Si les choses sont bien faites sur le plan physique, c'est-à-dire sur le plan le plus dense, celui de la matière, elles sont de plus en plus parfaites à mesure que nous nous élevons vers des plans plus subtils.

Qui peut faire un voyage astral ?

Le voyage astral est réalisable par chacun d'entre nous. Il demande toutefois du courage et du temps, car dans ces domaines il faut être patient. Le fait de voyager astralement n'est pas uniquement le privilège d'initiés ou de personnes extrêmement douées.

Le résultat, quand la personne le vit, bouscule de façon définitive toute notre vision des choses, nous ouvrant des horizons insoupçonnés.

Dans la majorité des cas, il vous faudra le travailler, car tout demande de la pratique.

Nous pourrions comparer le voyage astral à un art martial, cela s'apprend et se maîtrise avec l'expérience, mais nous ne devenons pas ceinture noire en une semaine.

Pour se dédoubler consciemment il existe bien des méthodes différentes qui demandent de s'investir pour donner un résultat satisfaisant.

De plus, chacun d'entre nous le pratique pendant son sommeil, puisque notre corps astral quitte notre corps physique et se déplace dans les différents plans astraux ou dans l'espace.

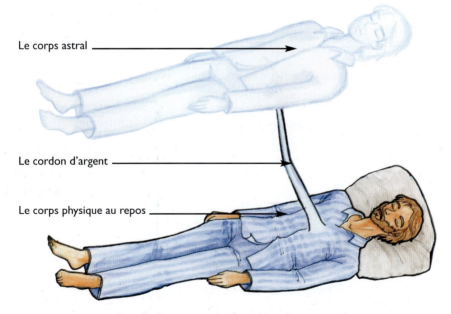

Sortie du corps astral pendant le sommeil

Le rêve et le voyage astral

Le rêve est dans la majorité des cas une sortie astrale. Le rêveur sort donc pendant son sommeil, mais cette fois-ci sans être conscient. Cette sortie n'a malheureusement pas d'intérêt à cause de la perte de conscience.

Ce n'est pas un hasard si l'un des noms du corps astral est « le corps de rêve », puisque c'est avec celui-ci que nous vivons la plupart de nos rêves.

Le problème de nos rêves c'est que leur contenu n'est pas fiable au niveau de l'objectivité. C'est pour cette raison qu'il est hasardeux de prendre nos rêves comme référence. En effet, nos rêves sont faussés par bien des interférences, comme notre état physiologique et notre état psychologique du moment, nos soucis, notre digestion, les problèmes vécus dans la journée, les besoins du corps, les angoisses, les charges émotionnelles accumulées sur notre aura, ainsi que par bien d'autres paramètres.

Nous avons aussi d'autres corps subtils qui peuvent se déplacer dans leurs dimensions respectives, tel le corps causal, pouvant ainsi rejoindre le plan causal et rapporter au cerveau des informations et des souvenirs provenant de son plan. Ils peuvent aussi être transformés par notre imagination. De plus, le cerveau filtre les informations reçues, ce qui rend les rêves peu fiables, car il est difficile de faire correctement un tel tri.

Lorsque nous rêvons, c'est notre subconscient qui dirige notre corps astral, comme pour le pilotage automatique d'un avion.

Cependant, lorsque nous travaillons le développement de nos facultés psychiques, nous reprenons « le pilotage manuel » pour guider le corps astral cette fois-ci consciemment.

Les dictionnaires oniriques donnent une explication symbolique sur ce que nous voyons dans nos rêves, ils sont souvent faussés par certains paramètres personnels.

En effet, dans la plupart des dictionnaires oniriques, le chien sera symbolisé comme un ami. Si nous prenons le cas où une personne a été mordue par un chien, le chien qui lui apparaîtra ne correspondra pas, pour cette personne, à l'archétype de l'ami.

Dans le cas contraire, le serpent, en tant qu'archétype, est souvent associé à un ennemi ou à quelque chose de négatif. Pour la personne qui est attirée par cet animal, le dictionnaire ne sera pas exact pour son cas, lui donnant ainsi, pour cet exemple, une interprétation totalement inversée.

Dans le cas de bien des personnes, les dictionnaires seraient à affiner. Les dictionnaires oniriques, pour être exacts, devraient être personnels et réalisés par les personnes elles-mêmes.

Quelle est l'utilité du voyage astral conscient ?

Le fait de voyager en dehors de notre corps physique transforme et étend notre vision du monde qui nous entoure, au point que notre vision de la mort prend, elle aussi, un nouveau sens. La personne qui vit une telle expérience n'a plus peur de la mort, car elle sait que la mort n'est qu'un passage et qu'il faut simplement s'y préparer.

De plus, la mort n'a pas l'apparence qu'on lui donne, ainsi bien des personnes ont peur de la mort suite à des films d'horreur qu'elles ont vus il y a longtemps, mais ils sont cependant restés gravés dans leur subconscient. Les images de ces films d'horreur auront tendance à déformer leur vision de la mort, sans qu'elles en soient conscientes, laissant ainsi la personne avec des images morbides et des informations erronées.

Le voyage astral prouve expérimentalement que nous sommes des êtres spirituels. Nous comprenons, grâce à cela, que le corps physique n'est qu'une enveloppe provisoire. À partir du moment où nous pouvons voyager astralement, notre champ d'exploration s'étend, s'ouvrant vers des domaines insoupçonnés. Le voyageur n'a plus besoin de croire si ce qu'il voit sur l'autre plan est vrai ou pas, car il sait dans son for intérieur qu'il s'agit de visions réelles et que les nouveaux mondes visités possèdent leurs propres règles. De plus, lorsque nous sortons avec notre corps astral, nous conservons la mémoire des paysages traversés, comme si nous les avions vus physiquement. Notre conscience est simplement passée d'un corps à un autre.

Ce qui a été vu est définitivement inscrit dans notre mémoire.

Nous nous rappellerons ainsi ce que notre corps astral a vu dix ans auparavant, que ce soit un paysage ou une scène vécue astralement. Nous les retrouverons comme si nous y étions physiquement à l'instant où nous voulons nous en souvenir.

Comment fonctionne notre corps astral ?

Notre corps astral est constitué de matière bio-plasmique qui représente le cinquième état de la matière, qui est autant liquide que solide, semblable structurellement à de la lave en fusion.

Lorsque j'emmène des élèves avancés en sortie astrale, chacun d'entre nous peut voir les autres membres de l'équipe. Ce que nous voyons est la réplique exacte de notre corps physique, vêtements compris. Cet aspect est très important car lorsque la personne voit pour la première fois avec les yeux du corps astral, elle intègre définitivement le fait que ce qu'elle est, est au-delà du corps physique. Cette prise de conscience, que nous pouvons voir et ressentir hors de notre corps physique, permet de nous recentrer sur ce que nous sommes vraiment.

Témoignage

Je proposais à trois anciens élèves de Raymond Réant, d'aller en sortie astrale sur la Lune.

Après leur avoir lu un article de journal sur la NASA, annonçant la découverte de glace sur la Lune, dans un cratère de 250 kilomètres, faite par les Américains, chacun d'entre nous était d'accord pour aller vérifier astralement la véracité de cette information.

Nous avons décidé de nous rendre à l'endroit précis où a été trouvée cette glace, préférant que chacun parte seul de son côté. Ceci augmentant nos chances de vérifier que nous arrivons bien à l'endroit concerné et décrit dans l'article, afin d'éviter toutes erreurs possibles.

Sur place, nous nous sommes tous retrouvés dans un cratère de la taille d'une petite maison.

Chacun d'entre nous a parfaitement vu le reste de l'équipe, au point de décrire l'endroit précis que chacun occupait sur place.

↓

Développez vos facultés psychiques et spirituelles

Nous avons tous remarqué que le sol était en pente à cet endroit et descendait vers le centre du petit cratère. Effectivement, plus bas, il y avait de la glace. Il ne s'agissait que d'une petite plaque de glace au sol d'environ 6 m^2, semblable à une flaque d'eau.

Au retour, nous avons partagé notre surprise de nous être tous retrouvés exactement au même endroit, alors que chacun était parti de son côté, cela permettant de prouver que nous étions bien sur le lieu précis où la glace a été découverte.

Ce qui prouve la réalité de la sortie astrale, c'est que lorsqu'une équipe se retrouve astralement dans un lieu dont vous n'avez pas décrit la particularité d'un paysage et que d'autres élèves vous le rappellent, vous voyez bien que ces élèves étaient dans les mêmes lieux que vous.

Nous voyons aussi qu'il s'agit d'une autre réalité, non vérifiable avec nos moyens techniques actuels.

De nos jours, nous ne pouvons pas appréhender la réalité des plans astraux au niveau scientifique. Bien que ces réalités existent, elles ne peuvent être vérifiables avec nos moyens techniques.

Dans l'avenir, il est probable que la science, dans l'éventualité où elle acceptera de s'ouvrir à la réalité des plans astraux, se devra de changer certains moyens d'évaluation avec ce qui est des niveaux subtils. Elle devra, dans ce cas, prendre l'outil adéquat, tel que de classifier tous les témoignages authentiques de personnes qui ne se connaissent pas, sur un même sujet.

Nous arrivons à ce que l'on pourrait appeler un nouveau paradigme, qui est une procédure méthodologique qui devient un modèle de référence, c'est-à-dire de créer un nouveau type de preuve : la preuve expérimentale (formée par un nombre important de personnes ayant perçu la même chose sur le sujet).

En effet, si mille personnes (qui ont été testées précédemment par des scientifiques) confirment qu'il existe telle réalité à tel endroit précis, n'importe où dans l'univers, cela pourrait commencer à former une preuve qu'il y a bien cette réalité à cet endroit.

Effectivement, plus il y a de personnes qui le perçoivent, sans être au courant de ce que d'autres ont perçu précédemment, plus nous pourrons ainsi considérer cela comme une réalité expérimentale, d'autant plus sûre qu'elle aura été vue par un grand nombre de personnes.

Cela prouve la véracité du phénomène.

De plus, nous n'avons pas affaire dans ce cas-là à de la télépathie, puisque la réalité avec laquelle nous sommes confrontés est immense. Personne ne peut prendre de telles informations avec autant de détails, tels d'immenses paysages, dans l'esprit d'un autre.

Comme nous l'avions précisé précédemment, chacun des membres de l'équipe voit les paysages selon ce qu'il a personnellement regardé, les autres peuvent avoir perçu des détails complémentaires ayant échappé au premier.

Les peurs concernant le voyage astral

L'une des principales peurs est que le corps astral peut ne pas revenir. Ce n'est pas possible, car il est lié par le cordon d'argent qui le ramène toujours au corps physique.

Certaines personnes pensent que l'on peut se perdre dans l'astral. Bien que les plans astraux puissent être immenses, il n'en demeure pas moins qu'il suffit de penser à son corps physique pour y revenir instantanément.

Le danger en voyage astral

Bien des gens parlent de toutes sortes de dangers possibles en sortie astrale.

Il nous faut relativiser ce sujet en apprenant à prendre des précautions. Si nous nous protégeons en voyageant astralement et que nous écoutons notre ressenti, il n'y a aucune raison pour que nous soyons en danger.

En effet, comme partout, nous pouvons nous blesser dans notre cuisine, notre salle de bains, notre escalier, dans la rue. Il n'y a pas d'endroit exempt de danger.

Comme en toutes choses, nous devons prendre nos précautions. Au niveau astral, avant de partir, nous devons mettre notre coque psychique autour de notre corps physique, afin d'éviter tout risque d'incorporation.

Notre corps astral a des possibilités beaucoup plus larges que celles de notre corps physique.

Nous pouvons toujours faire des rencontres bonnes ou moins bonnes, mais le corps astral sent le danger 2 à 3 minutes à l'avance, ce qui est suffisant pour avoir le temps de partir sans inquiétude.

Il est important, avant de réaliser une sortie astrale, de maîtriser un peu son mental. C'est-à-dire que si vous êtes sorti astralement et que vous pensez à quelque chose de très négatif, vous allez vous retrouver sur le plan vibratoire correspondant à la négativité émise. Ce lieu vibratoire correspondra à ce que l'on appelle le bas astral.

C'est pour cette raison que dans le passé, lors des initiations, les initiés parlaient de « vaincre le gardien du seuil ». Cela signifiait qu'il fallait domestiquer notre mental afin qu'il ne se mette pas à avoir des angoisses ou à penser à des choses négatives à ces moments-là, de crainte de se retrouver face à ses peurs.

Rappelons-nous que les plans astraux sont des plans où toute création mentale prend forme. Il faut avoir un mental propre.

Dans le cas contraire où nous n'avons pas maîtrisé raisonnablement notre mental et que nous avons des pensées qui fusent en tous sens, nous risquons de nous faire peur avec nos propres phobies et nos créations mentales négatives.

LES POSSIBILITÉS DU CORPS ASTRAL

Les déplacements

Le projeteur ou l'expérienceur (appellations données à ceux qui pratiquent le voyage astral) se sent totalement libre et léger, lorsque la sortie astrale est totale.

Son corps subtil étant affranchi des contingences terrestres, il n'est pas soumis à la pesanteur.

Cette liberté lui ouvre ainsi des horizons insoupçonnés. Il peut se déplacer dans les espaces infinis à la vitesse de la pensée, et se rendre en un instant de l'autre côté de l'univers sans jamais se perdre, car le corps physique, étant relié au corps astral par le cordon d'argent, reviendra toujours.

Les obstacles

La matière n'est pas un obstacle pour lui puisqu'il est de consistance plus subtile. Il passe donc sans problème au travers, il est constitué d'atomes plus subtils et beaucoup plus espacés entre eux, ce qui lui permet de franchir facilement nos murs physiques.

De même, il peut se trouver dans une pièce totalement obscure et y voir comme en plein jour.

Il a aussi la possibilité de percevoir à travers les obstacles comme s'ils étaient en verre, permettant ainsi, s'il le désire, de voir les fondations souterraines du lieu où il se trouve.

Le corps astral peut supporter des températures extrêmes, sans pour autant en être affecté. Il n'a pas besoin d'oxygène pour respirer et peut ainsi rester infiniment dans l'espace.

Dimensions possibles que peut prendre le corps astral

Il est aussi constitué de matière astrale ayant les caractéristiques de maniabilité, d'élasticité, pouvant s'étirer sur des distances immenses et peut ainsi prendre une autre forme si le projeteur le désire.

Témoignage

Lors d'un cours de développement des facultés psychiques, alors que nous avions fait un tour sur la Lune, M. Pascal G. m'a dit sa surprise : « C'est bizarre, j'ai vu un homme grenouille ! »

Je lui ai répondu avec un sourire de satisfaction que c'était moi, en effet j'avais adapté mon corps astral en prenant cette forme à l'insu des élèves, afin de voir si certains le remarqueraient.

Développez vos facultés psychiques et spirituelles

Le corps astral peut aussi créer mentalement quelque chose qui se matérialise immédiatement.

> *Témoignage*
>
> Lors d'une autre sortie avec d'autres personnes, alors que nous étions en train d'arriver lentement sur la Lune, M. Francis B. m'a fait part de son étonnement d'avoir vu de la couleur rouge, sans avoir réussi à distinguer ce dont il s'agissait.
>
> J'avais pour le cas décidé de descendre en parachute rouge, sans le préciser avant notre expérience.

Il peut aussi prendre la taille immense. Dans ce cas ses atomes s'écartent.

Il a la possibilité de se contracter jusqu'à pouvoir rentrer dans un flacon de laboratoire.

Bien des expériences de dédoublements ou de sorties astrales contractées ont été réalisées, pendant des années, par Raymond Réant en collaboration avec des scientifiques.

> *Témoignage*
>
> Un jour, alors que j'étais attablé dans un restaurant d'entreprise avec des collègues qui parlaient entre eux de sujets qui ne m'inspiraient guère, j'ai décidé de faire une expérience rapide de sortie astrale contractée. J'ai ainsi réduit mon corps astral que je projetais dans mon verre.
>
> Le but était de prendre un bain dans mon verre d'eau, afin de ressentir l'eau avec le corps astral et de voir mon entourage de cet angle de vue. Ce que je fis immédiatement. À cet instant, un de mes collègues laissa la discussion avec les autres, pour s'adresser à moi.
>
> J'arrêtai immédiatement mon expérience en l'oubliant et en lui répondant. Dans la minute qui suivit, alors que j'avais totalement oublié mon expérience, je pris le verre et je bus. ↓

Comment éveiller nos facultés supérieures ?

> À cet instant précis j'ai nettement senti que j'accomplissais une roulade en arrière, faisant bouger de façon surprenante mon corps physique comme s'il vivait cette roulade au risque de tomber en arrière avec ma chaise.
>
> Je compris après, bien que ma conscience soit revenue instantanément, que j'avais oublié mon corps astral réduit dans le verre et que je l'avais avalé. Cette sensation me confirma de manière fortuite que j'étais bien sorti astralement. Mon corps astral reprit naturellement sa taille, ainsi que sa place, dans mon corps physique.

Le corps astral peut aussi se contracter au niveau atomique. Aussi surprenant que cela puisse paraître, nous y sommes allés en équipe, certains d'entre nous ont même vu Mme Michèle G. assise sur un atome. Elle nous confirma qu'elle voulait tester le fait de s'asseoir sur un atome en mouvement.

Nous voyons bien que les possibilités du corps astral sont loin d'être encore toutes découvertes.

Ses limites

Le corps astral possède toutefois deux limites.

- Il ne peut se déplacer que dans le présent, pas dans le passé, ni dans le futur, car il est constitué d'atomes, comme notre corps physique, puisque nous pouvons le ressentir avec nos mains physiques.

- Il est limité à sa propre qualité vibratoire.

Dans le cas où le voyageur astral n'est pas assez évolué spirituellement, la vibration de son corps astral ne sera pas assez élevée pour pouvoir monter vers les plans de l'astral supérieur. C'est-à-dire que nous ne pouvons nous élever que vers les plans qui sont égaux ou inférieurs à notre fréquence vibratoire, à plus forte raison pour les plans plus subtils, tels que le plan causal, qui ne pourra être atteint qu'avec le corps causal.

Le voyage astral peut se faire sous plusieurs formes différentes

Témoignage

La sortie astrale aveugle, où le corps astral se déplace comme un somnambule, est une sortie hors du corps qui n'a aucun intérêt puisqu'elle n'est pas consciente. Ce type de sortie empirique est plutôt rare. Je n'ai jamais connu d'autres cas de ce type en 15 ans d'expérience.

Il y a une quinzaine d'années, une de mes amies, Mme Brigitte F., me signala avoir entendu des bruits de pas de femme se déplaçant sur son parquet.

Quand je lui ai demandé comment elle pouvait savoir qu'il s'agissait d'une femme, elle me répondit qu'elle entendait nettement le bruit du talon touchant le plancher et que cela correspondait aussi au bruit d'un pas féminin.

Elle verra ensuite en clairvoyance, qu'il s'agit bien de notre amie, Mme Florence H., qui apprenait à ce moment-là à sortir de son corps, faisant partie de notre équipe. Elle avait comme particularité que son corps astral se déplaçait vers les personnes auxquelles elle pensait, sans qu'elle en soit consciente.

Quelque temps plus tard, Mme Brigitte F. m'appela pour un de ses enfants qui avait vu la veille au soir une présence qui le terrifiait, en plein milieu de son lit. Cet enfant avait environ trois ou quatre ans.

Elle m'appela, ainsi qu'un autre membre de notre équipe, pour savoir de qui il s'agissait.

M. Gérard F. et moi-même avons donc fait ce soir-là une clairvoyance pour voir, qui était cette personne dérangeante. Nous ne pouvions joindre cette personne en voyage astral car dans ce cas précis il s'agissait d'un événement s'étant produit la veille. ↓

Tous les deux nous avons vu nettement Mme Florence H. se déplaçant dans la maison de Mme Brigitte F., en chemise de nuit et en aveugle.

Mme Florence H. avait comme particularité d'apparaître de couleur grise, sans aucune autre couleur, ses yeux regardant dans le vague, le visage était également gris, ce qui donnait une impression désagréable, faisant penser à une sorcière et ne manquait pas de faire peur aux enfants.

Ce déplacement est comparable à du somnambulisme astral, mais cette fois-ci au niveau astral.

Mme Florence H. n'ayant aucun ressenti de l'absence de son corps astral et de ce qu'il faisait, elle réalisait des sorties aveugles avec son corps astral, mais sans en être consciente. Il lui avait suffi de penser à Mme Brigitte F. pour que son corps astral s'y rende tout seul.

Quelques jours plus tard, en début de nuit, alors que j'étais allongé prêt à m'endormir, je perçus intérieurement qu'il se passait quelque chose d'anormal. Je me levai aussitôt et je sentis, à cet instant précis, tous mes poils de bras, ainsi que mes cheveux, se hérisser.

Je pensai à ce moment-là à mes enfants. Tout en me déplaçant près de mon lit, pour voir si tout allait bien, je vis comme une lueur blanche qui apparaissait autour de moi, ressentant à l'instant même que je traversais quelque chose de semblable à de l'énergie statique. Je réalisai après coup que je venais de traverser physiquement une présence fantomatique, un fantôme.

Après avoir vu, par clairvoyance, de qui il s'agissait, je constatai à nouveau que Mme Florence H. faisait un petit passage chez moi. Il lui suffisait, comme pour le cas de Mme Brigitte F., qu'elle pense à moi pour que son corps astral vienne me rendre visite.

Développez vos facultés psychiques et spirituelles

Les choses revinrent dans l'ordre quand Mme Florence H. utilisa sa coque psychique pour empêcher son corps astral « de faire des fugues » sans qu'elle en soit consciente.

Quand Mme Florence H. eut plus d'expériences de la sortie astrale, ces événements ne se reproduisirent plus.

À ce jour, après 15 ans de cours, je n'ai jamais vu de cas similaires. Il n'en reste pas moins qu'il vaut mieux être prudent, en étant accompagné, du moins au début des sorties astrales, afin d'éviter de partir sans conscience, faisant ainsi des dégâts, par exemple peur aux enfants de moins de sept ans, car ceux-ci « voient ».

De plus, si quelqu'un a peur, il peut attaquer le corps astral avec l'intention de le blesser, ce qui est possible avec l'intention de le faire. Cela aura pour effet de ramener une blessure énergétique qui sera perceptible dans le corps physique.

C'est pour cette raison qu'il est difficile de transmettre cette technique de la sortie astrale si la personne n'est pas accompagnée pendant au moins deux ou trois ateliers, afin de pouvoir l'assister, en cas de besoin.

La forme de sortie dont nous entendons le plus parler est le voyage astral « classique » où toute la conscience est projetée dans le corps astral, le corps physique étant immobilisé. Elle est impressionnante car toute la conscience est projetée avec l'ensemble de notre ressenti physique. C'est comme si une personne était hors de son corps avec toutes les sensations et ressentis de son corps physique. Précisons que dans le cas où cette personne est sujette au vertige, elle devra dépasser sa peur pour s'aventurer plus loin. En cas de peur, le corps astral revient immédiatement dans le corps physique.

De plus, comme l'écrivait en 1926 un projeteur, sous le pseudonyme d'Yram : « Tout d'abord, avant de vous livrer à cet exercice, je crois qu'il est bon de vous assurer que votre forme matérielle est bien restée à sa place. Supposez un instant que vous soyez en somnambulisme et que vous habitiez le sixième étage. La courbe que vous décrirez dans l'espace sera peut-être gracieuse, mais le dénouement manquerait de charme. »

La sortie astrale complète

Les techniques enseignées par les projeteurs astraux, telles que celles d'Yram, de Robert Monroe, William Buhlman, Robert Bruce, Sylvan Muldoon, Robert Crookall, Keith Harary, Douglas Baker, pour ne signaler que les plus prestigieux, ou celles d'autres projeteurs, sont des techniques où le projeteur perd totalement la conscience de son corps physique pendant la projection.

Le corps se paralyse entièrement pendant le phénomène, laissant la conscience partir avec le corps astral. La conscience est totale dans cette sorte d'expérience. Cette sortie est d'autant plus impressionnante qu'elle ressemble au phénomène de la mort. Le corps physique, croyant qu'il meurt, envoie dans le corps astral le maximum d'énergie éthérique. Les battements du cœur s'accélèrent, des vibrations emplissent tout le corps physique projetant d'un coup le corps astral.

Dans cet état, il nous est impossible de bouger notre corps physique. Tout revient en place lors du retour du corps astral, on reprend conscience de notre corps physique dans un court laps de temps.

Le corps doit donc être allongé, car il se paralyse à un certain moment du phénomène, pouvant tomber s'il est en position assise.

La sortie astrale progressive

Le voyage astral que je pratique est moins ludique puisque la conscience est partagée avec le corps physique, cela entraîne cependant des ressentis physiques plus réduits. Il permet d'être physiquement conscient dans un lieu, tel un repas avec des invités, et d'assister au même moment à une scène se passant de l'autre côté de l'univers. Ce voyage peut être vécu à tous les moments de la journée et en toutes circonstances. Ces sorties peuvent être furtives et se réaliser rapidement, permettant de pouvoir en faire beaucoup plus.

C'est un voyage astral que je nommerai « débrayable », car le physique et l'astral peuvent être autonomes, l'un vis-à-vis de l'autre, et la conscience va de l'un à l'autre à la vitesse de la pensée. Cette sortie du corps astral est immédiate pour ceux qui ont l'habitude de sortir de cette manière. Par contre, au début de notre apprentissage astral, la conscience rejoint le corps astral progressivement.

Au départ nous aurons ainsi conscience de nos sorties à 40 %, puis à 70 %, cela jusqu'au moment où nous serons habitués. Il arrive toutefois que certains élèves deviennent conscients de leurs sorties immédiatement. Parfois les débutants n'ont pas l'impression de sortir astralement lors de leurs premières tentatives. Ils ressentent souvent dès le début que le corps astral se déplace, mais leur conscience n'a pas été projetée à l'intérieur. C'est plus tard et avec plus d'expérience que la conscience sera rassurée et basculera ainsi dans le corps astral.

De la même façon qu'un néon est autant allumé qu'il est éteint, donnant l'impression d'être constamment allumé, notre conscience, n'ayant pas l'habitude d'être projetée à l'état de veille dans le corps astral, alterne entre les deux corps à la vitesse de la pensée. Ce phénomène se passe quand la personne débute, lui donnant l'impression qu'elle n'a pas bougé du corps physique. Après quelques essais, la conscience parvient plus facilement à rester avec le corps astral, laissant de côté le corps physique.

Le but final du voyage astral est de pouvoir aider les autres

Vous verrez qu'après avoir fait bien des voyages astraux pour vous-même, vous apprendrez à aider spirituellement et astralement les autres.

Au départ, cette nouvelle porte qui s'ouvre dans notre vie nous pousse à aller en tout sens. J'ai vécu cela, il y a des années, avec une équipe de personnes avancées et motivées. Nous avions ainsi fait, pendant environ deux ans, le tour des planètes environnantes et bien d'autres choses.

Même si ces voyages sont extraordinaires et qu'ils laissent des images de paysages de toute beauté dans notre mémoire physique, il n'en demeure pas moins qu'un jour nous avons besoin de passer à autre chose de plus utile.

Comme le dit très justement le projeteur de l'astral Yram, notre conscience est gourmande et réclame beaucoup plus.

La sortie astrale n'est pas un jeu, « c'est la voie royale » pour l'évolution spirituelle de l'être.

Elle aide les personnes au niveau de la guérison, dans le cas où elles portent dans leur corps subtil des charges psychiques importantes.

Témoignage

Un de mes amis, M. François R. me demanda si je pouvais l'aider pour quelqu'un qui était dans le coma. Il me précisa que cette personne avait 46 ans et qu'elle était dans le coma depuis deux jours.

Nous avons donc décidé d'aller aider cette personne. Je demandai l'autorisation nécessaire intérieurement, afin d'agir de façon correcte. En arrivant devant elle j'ai exceptionnellement incorporé son corps physique (il n'est permis d'incorporer quelqu'un avec son corps astral qu'uniquement dans ces cas-là) et j'ai visualisé que je réactivais tous ses chakras, ceci afin que l'aura se densifie de nouveau empêchant ainsi le corps astral de s'évader. Dès que son aura eut repris consistance, j'allai rechercher son corps astral que je replaçai dans son corps physique.

Au retour j'appelai M. François R. pour lui signaler que j'étais tombé sur une petite dame qui avait les cheveux en brosse et qui devait avoir au moins 65 ans.

Je lui expliquai que je n'avais pas compris puisqu'il m'avait dit qu'elle avait 46 ans. Apparemment il s'agissait d'un quiproquo, il m'assura qu'elle avait autour de 65 ans. Cela m'a confirmé que malgré une information erronée j'étais avec la bonne personne, d'autant qu'une heure plus tard, elle sortait du coma.

Elle permet de libérer les défunts bloqués entre deux plans et qui ne peuvent s'élever.

Développez vos facultés psychiques et spirituelles

Elle nous donne la possibilité d'aider les personnes qui subissent des attaques occultes et ainsi de les en débarrasser.

Elle permet bien d'autres choses, car son potentiel est immense, ouvrant sur tous les domaines concernant les plans supérieurs.

C'est pour cette raison que l'aide que nous pouvons apporter aux autres nous emplira de joie et de paix intérieure.

Pour ceux qui se trouvent sur un plan inférieur, cette aide les libère vraiment et ainsi leur famille spirituelle peut les retrouver, comme ceux qui se sont enfermés dans leurs préjugés, entraînant sur ce plan astral la création d'un enfermement véritable, qu'ils soient loin de la lumière et qu'ils aient besoin d'aide pour qu'on les y amène.

Cela peut se faire de bien des façons. Il y a beaucoup de personnes décédées sur l'autre plan, qui ne savent pas comment s'élever vers les plans supérieurs.

La meilleure façon de connaître ces phénomènes et d'en vérifier la réalité est de les tester par soi-même. L'expérimentation personnelle fait grandir notre regard sur les choses.

Comment sortir de son corps ?

Il existe bien des moyens pour sortir astralement. Les techniques proposées pour y parvenir sont des méthodes que je qualifierais de « techniques lourdes ». En effet, j'ai travaillé sur bien des méthodes de sortie astrale en ayant des résultats minimes et décevants par rapport à l'effort réalisé. En cherchant autour de moi, j'ai rencontré d'autres projeteurs de l'astral qui avaient fait les mêmes constatations que moi.

Cependant, la technique d'envoi du corps astral qui permet une sortie immédiate de ce corps oblige, surtout à nos débuts, d'être suivi par quelqu'un d'expérimenté. L'important étant de sortir correctement. Il n'y a aucun intérêt à vivre dans des affabulations ou à réaliser des sorties aveugles.

Pour sortir astralement, il vous suffit de sentir le poids de votre corps physique à un endroit précis pour que le corps astral s'y rende, le problème au départ étant qu'après avoir débloqué le phénomène de sortie, votre corps astral peut partir sans que vous en ayez conscience. C'est comme si vous éduquiez un jeune chiot, il faudra au commencement de son dressage le domestiquer en lui apprenant ce que vous attendez de lui.

Il est préférable d'être assisté par quelqu'un de plus expérimenté, ne serait-ce qu'au début de vos essais, pour que tout se passe bien.

Au fur et à mesure de vos sorties, vous serez de plus en plus conscient de votre corps astral. Puis, après un certain temps, vous commencerez à voir à travers ses yeux. Cette sortie permet ainsi de partir quand vous le voulez, mais le fait que la conscience soit transférée totalement dans le corps astral demande plus de temps.

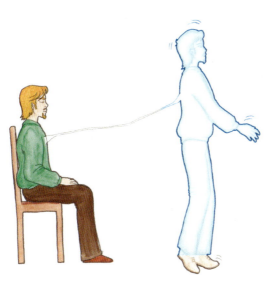

Transfert du poids du corps physique pour sortir le corps astral

Les autres techniques, c'est-à-dire les sorties complètes, demandent des années de travail pour quelqu'un qui n'a jamais abordé le sujet, elles ne permettent d'arriver qu'à un résultat aléatoire, sans être vraiment sûr que la personne puisse sortir astralement quand elle le souhaite. Ces techniques se réalisent uniquement le corps allongé, car il se paralyse comme pour un état de sommeil profond. Elles ne peuvent pas se réaliser en position assise, le corps risquant alors de tomber.

Exercices à réaliser avec son corps astral

Comme pour l'exercice de clairvoyance, vous pouvez réaliser cet exercice, mais cette fois-ci avec votre corps astral.

Si vous êtes dans une pièce vous pourrez voir comment sont placés les objets dans la pièce suivante. Vous connaissez leur emplacement habituel mais dans le détail vous verrez que c'est bien flou, tentez donc l'expérience comme si vous vous promeniez juste à côté. La vérification sera ainsi immédiate.

Il est toujours prudent de s'entraîner sur des choses vérifiables avant de passer à des choses qui le sont moins.

Il est aussi préférable de se faire contrôler afin de ne pas partir sur des affabulations. J'ai moi-même été suivi pendant cinq ans par Raymond Réant, qui a lui-même été testé par des scientifiques et cela pendant une vingtaine d'années.

La phase suivante sera donc d'envoyer votre conscience dans le corps astral. Pour cela, vous apprendrez à ressentir ce corps astral de manière de plus en plus subtile. Vous essayerez ensuite d'ouvrir vos yeux astraux à un endroit et de voir à partir de cet endroit où le corps astral est placé.

C'est cette phase qui demande le plus d'entraînement et de temps.

Incorporation d'un arbre avec son corps astral

Nous pouvons, avec notre corps astral, incorporer un arbre, avec son accord, pour savoir ce qu'il ressent, pense et voit. En envoyant notre corps astral devant l'arbre, nous devons l'adapter pour qu'il se déploie en pénétrant dans l'arbre, dans le tronc, les racines et les branches.

En faisant cela nous ressentons en profondeur ce qu'est la vie d'un arbre, mais cette fois-ci de l'intérieur.

Comment éveiller nos facultés supérieures ?

C'est une expérience qui transforme notre vision de la nature vers une vision plus haute encore, plus profonde et plus intime, nous entraînant vers un respect encore plus grand envers elle et ses mystères.

Comment ressentir les énergies qui nous environnent ?

> « La communauté scientifique mondiale reconnaît maintenant qu'une structure d'énergie invisible doit forcément exister. »
> DAVID SECKEL, cosmologiste, université de Californie

> « L'être humain doit pour survivre, apprendre à connaître, et à reconnaître, toutes les énergies qui l'animent et s'en servir en conscience. »
> IVAN LEVÊQUE, géobiologue énergéticien

Il est important pour notre corps physique de devenir plus réceptif à son environnement énergétique. Nous ne le percevons pas, pour la simple raison que notre ressenti n'est pas encore assez fin. Notre gamme de perception, ne serait-ce qu'au niveau du toucher, n'est pas assez étendue. Pourtant il faut juste prendre conscience de cette énergie, pour cela il faut être à l'écoute de son énergie aurique au niveau de nos mains. Lorsque nous avons acquis une perception plus subtile, il n'y a pas de perte, même si nous ne pratiquons plus, il suffira de tester nos mains pour constater qu'il n'y a pas de régression. Ce qui est acquis est acquis.

Témoignage

Un de mes élèves, M. Jean L., qui ne sentait quasiment pas les énergies, au point que ses deux mains se touchaient presque lorsqu'il essayait de les percevoir, me disait : « J'ai l'impression que je sens l'énergie », se demandant si ce n'était pas une coïncidence.

Cela lui semblait être au départ quelque chose de très flou.

> En effet, lorsque nos mains sont très rapprochées l'une de l'autre, nous avons une sensation de chaleur de nos mains.
>
> En refaisant l'exercice, cette sensation s'impose de façon plus nette au point que l'on peut capter l'énergie avec les mains de plus en plus écartées l'une de l'autre, se faisant face et avec un écartement maximum.
>
> Pour revenir à cet élève qui n'éprouvait rien de significatif fin juin, je le reverrai début septembre, il me montrera sa satisfaction de ressentir nettement les énergies avec ses mains écartées l'une de l'autre au maximum.

Cette étape est d'autant plus importante qu'à partir du moment où nous avons accès à ces énergies, les mains écartées au maximum, cette étape franchie, nous pouvons passer aux exercices réclamant plus de sensibilité énergétique. Cela peut être en travaillant sur l'énergie émise par un être vivant, comme par exemple son aura, ou son corps astral.

Il est préférable de choisir pour ces exercices quelqu'un en qui vous avez confiance et qui est ouvert sur ces domaines-là.

Lorsque l'on est au tout début de ses recherches, le doute est encore présent, comme sous-jacent. Il n'en faut pas beaucoup pour déstabiliser un ressenti encore bien fragile.

Observez la progression de votre sensibilité par des exercices de plus en plus subtils.

1er exercice – Ressentir la différence entre les pôles positif et négatif d'une pile

Placez le centre de votre paume de main en face de la partie positive d'une pile électrique, ensuite faites de même avec le côté négatif.

Sentez-vous votre main repoussée côté positif ou attirée côté négatif ? Vous devez faire de même pour l'autre main.

2ᵉ exercice – Ressentir l'énergie provenant de matières différentes

Prenez dans votre main une pierre que vous laisserez au milieu de votre paume, vos doigts refermés sur elle, sans serrer fortement. Essayez de ressentir les attributs énergétiques de la pierre à travers votre propre ressenti et vos énergies personnelles.

Posez-vous ces questions :

- Cette matière est-elle froide, chaude, tiède ?

- Me pique-t-elle la main ?

- Est-elle agréable, lourde ou légère ?

- Est-ce que j'aime cette sensation qu'elle apporte ou non ?

- Cette matière me paraît-elle vivante ou morte ? Insignifiante ou noble ?

- M'aspire-t-elle mes énergies ou m'en donne-t-elle, ou est-elle totalement neutre ?

Rappelez-vous que chacun d'entre nous peut avoir un ressenti différent selon le développement de certains de nos chakras plus ouverts que d'autres, ainsi que selon notre aura unique, donnant pour chacun d'entre nous des ressentis spécifiques.

Faites de même avec un morceau de bois, un objet en verre, une cuillère en métal, un objet en plastique, du carton, etc.

Prenez votre temps avant de donner votre diagnostic car vous constaterez avec l'expérience que les sensations arrivent souvent de manière progressive.

Certaines sensations ne seront perceptibles qu'au bout d'une minute et demanderont parfois plus de temps pour se manifester, comme s'il s'agissait de couches de sensations qui apparaîtraient au fur et à mesure.

3ᵉ exercice – Percevoir l'énergie d'une onde de forme

Mettez en face de votre main, à 10 cm environ, la pointe d'un couteau. Observez le ressenti dans votre main. Attendez ainsi 30 secondes environ.

Vous pouvez agrémenter cet exercice en dessinant doucement un cercle avec votre couteau, cela à une distance de 30 cm de votre paume, comme si vous écriviez avec un crayon dirigé vers le centre de votre paume.

4ᵉ exercice – Ressentir l'énergie émise par un appareil électronique

Tester votre ressenti énergétique avec votre téléphone mobile, à une distance de 4 à 5 m environ, pour percevoir les énergies négatives qu'il émet.

Pour cette expérience, vous vous tiendrez debout, pieds joints, les mains le long du corps, les paumes orientées vers le téléphone mobile que vous aurez posé sur une table. Vous vous fixerez mentalement sur votre cible, comme s'il n'y avait plus qu'elle et vous penserez fortement : « Je veux ressentir la fréquence énergétique émise par cet appareil ». Vous ferez ensuite de tout petits mouvements de va-et-vient, d'une amplitude de 2 cm maximum avec vos mains, pour déceler si vous êtes dans le champ énergétique émis par celui-ci.

Pour cet exercice, je vous conseille au départ de fermer les yeux. Vous ne ferez attention uniquement qu'au ressenti de vos paumes de mains.

Si vous remarquez que vous êtes déjà dans le champ d'émission de votre mobile, ressentant vos mains qui vous piquent, reculez votre corps en faisant les mouvements de mains jusqu'au moment où vous ne sentirez plus ces picotements.

Cela voudra dire que vous êtes sorti de sa zone d'émission. Vous pourrez ainsi constater, de façon expérimentale, le rayon d'action de votre téléphone mobile.

Vous pouvez recommencer cet exercice, en avançant de l'extérieur à 5 m environ, puis en rentrant dans cette zone. Faites de même pour votre télévision, puis votre ordinateur allumé et éteint.

5ᵉ exercice – Ressentir l'énergie que vous donnez ou que vous recevez

Allez vous asseoir en face de votre partenaire, vous serrant la main comme si vous vous disiez bonjour.

- **1ʳᵉ étape** – Je donne de l'énergie et je la sens sortir de mon corps.

L'exercice consistera à ressentir le fait de donner de l'énergie à votre partenaire à travers votre poignée de main. Vous devez pour cela visualiser l'énergie sous forme d'un liquide sortant de votre bras pour aller dans le sien, puis se répandre dans son corps.

Votre partenaire de son côté apprendra à ressentir l'énergie arrivant dans son corps.

- **2ᵉ étape** – Je reçois de l'énergie et je la sens venir dans mon corps.

Cette fois-ci les rôles sont inversés, c'est votre partenaire qui vous enverra de l'énergie et vous devrez la sentir venir en vous.

Votre partenaire de son côté apprendra à transmettre l'énergie sortant de son corps.

- **3ᵉ étape** – J'aspire l'énergie de mon partenaire et je la ressens dans mon corps.

Pour cet exercice, vous allez visualiser que vous aspirez l'énergie de votre partenaire. Il ne devra mettre son attention que sur le ressenti de l'énergie que votre main aspire au travers de la sienne.

- **4ᵉ étape** – Mon partenaire prend de l'énergie et je la ressens sortant de mon corps.

Pour cet exercice, votre partenaire doit visualiser qu'il vous prend de l'énergie.

Vous devrez ressentir qu'il vous retire de l'énergie à travers sa main. Cet exercice est intéressant, pour repérer qu'avec une poignée de main on peut vous prendre de l'énergie.

Rappelez-vous que ce n'est qu'une expérience et qu'il ne faut pas s'en servir avec de mauvaises intentions, car dans ce cas le choc en retour vous reviendra bien vite.

Les étapes 3 et 4 vous apprendront à ressentir dans votre corps le phénomène de vampirisation, afin de mieux le reconnaître et de vous en prémunir.

• **5ᵉ étape** – Exercice de vérification de votre nouveau ressenti.

Votre partenaire ne vous dira pas ce qu'il va faire. Il aura trois possibilités :

1) Il donne de l'énergie.

2) Il la prend.

3) Il ne fait rien, uniquement tendre sa main.

C'est à vous de ressentir ce qu'il fait et de le lui préciser quand vous l'avez ressenti. Prenez un peu plus de temps pour être bien sûr avant de donner votre diagnostic, car la majorité des facteurs d'erreurs provient de la précipitation à donner un diagnostic rapide et souvent pas assez vérifié.

Vous pourrez ensuite inverser les rôles. Si vous avez envie de vous perfectionner, n'hésitez pas à faire ces exercices jusqu'au moment où ces ressentis seront acquis définitivement.

6ᵉ exercice – La découverte de vos énergies ou l'effet ballon

Le premier exercice qui augmentera considérablement votre ressenti énergétique est celui que vous ferez en rapprochant vos mains, paumes ouvertes l'une en face de l'autre.

Écartez vos mains l'une de l'autre puis rapprochez les mains, avec un petit va-et-vient de 2 cm, jusqu'à sentir une résistance. Cette résistance est certes très subtile mais ce n'est qu'un point de départ, car au fur et à mesure que vous ferez ce petit geste votre ressenti va s'accroître.

Cela s'appelle *l'effet ballon* ou *effet ressort*. Vous constaterez, en faisant ainsi de petits « va-et-vient », qu'il y a une résistance qui repousse vos mains comme si vous aviez la sensation subtile de serrer un ballon à gonfler, invisible.

Au tout début, vous ressentirez cela avec les mains distantes de quelques centimètres. Si vous avez un peu de mal à percevoir ces énergies, ne vous découragez pas car il suffit de refaire cet exercice quelques secondes, de temps en temps, pour que les choses avancent et cela de manière définitive. Au fur et à mesure que vous prendrez contact avec l'énergie subtile de vos mains, votre perception s'imposera de manière de plus en plus nette au point que, ce qui n'était que « ténu », « pas très net » ou « coïncidence », deviendra une évidence dans votre vie.

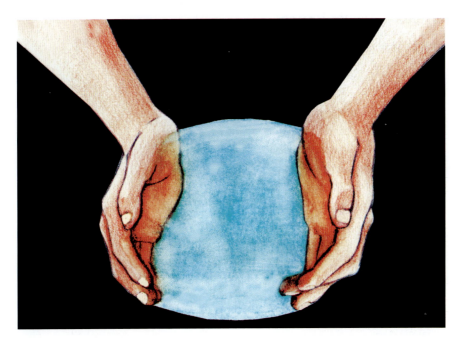

De plus vous remarquerez que vous aurez le même ressenti avec vos mains beaucoup plus espacées.

Certains d'entre vous capteront cette énergie, les mains très écartées, dès le premier essai. À partir du moment où vous ressentirez les énergies avec les mains écartées au maximum, cette nouvelle étape va petit-à-petit vous ouvrir à ce monde d'énergies qui vous entoure.

Lorsque des personnes sensitives perçoivent l'énergie de leurs mains, elles perçoivent comme un obstacle, la chaleur, l'électricité, les vibrations ou même tout à la fois. L'énergie ressentie ressemble à l'énergie statique d'un écran de télévision lorsque l'on passe la main à quelques centimètres de l'écran.

Développez vos facultés psychiques et spirituelles

Au début, il est conseillé d'effectuer cet exercice les yeux fermés, afin de porter toute son attention au ressenti des mains.

En final, vous constaterez très bien cet effet ballon avec vos bras écartés au maximum.

7ᵉ exercice – Ressentir les contours de l'aura

Il est nécessaire d'être deux pour réaliser cet exercice.

La première personne se tiendra debout, pieds joints, les yeux fermés, essayant de ressentir uniquement son équilibre, ainsi que son état énergétique neutre, sans qu'il y ait aucune action extérieure, cela pendant environ une minute, afin de bien s'en imprégner. Dès qu'elle a ressenti son équilibre, ainsi que l'énergie de son corps et qu'elle est prête, elle précise à sa partenaire qu'elle peut avancer vers elle. Sa partenaire, qui attendait pendant cette phase, commencera à avancer de 4 à 5 m de distance, afin de percevoir au toucher la partie extérieure ovoïde de son aura. Elle avancera donc sans faire de bruit, afin que sa partenaire ne puisse repérer où elle se situe.

Avec ses mains elle fera de légers mouvements de va-et-vient, d'une amplitude de 1 ou 2 cm environ. Il faut que ses mains soient à la verticale et placées en face, à la hauteur du visage de sa partenaire. Le but étant de trouver avec ses mains une résistance, semblable à une bulle ovale, située autour de la personne. Arrivée à environ 40 cm de sa partenaire, elle sentira clairement que ses mains touchent un mur énergétique qui est son aura.

124

Cette distance correspond en règle générale à la distance classique d'une aura.

La première personne devrait ressentir une pression, comme si quelque chose pénétrait de manière presque volatile dans son environnement proche. Au départ, ce ne sera pas très probant, mais deviendra rapidement de plus en plus net.

Étant arrivé à ce stade, votre perception des énergies sera accrue, au point que vous sentirez dorénavant au toucher la limite aurique de la personne de votre choix.

8ᵉ exercice – Ressentir les émanations de l'aura à une vingtaine de mètres

Vous pourrez ensuite tester votre ressenti avec un partenaire qui se tiendra pieds joints, à une vingtaine de mètres de l'endroit où vous serez. Vous partirez tout doucement de ce point, en avançant vers lui les deux mains orientées dans sa direction, avec le même mini-mouvement de mains que dans l'exercice précédent, jusqu'au moment où vous ressentirez nettement le mur énergétique. Lorsque vous buterez contre ce mur, observez votre partenaire et vous verrez qu'il a du mal à ne pas partir en arrière. C'est comme si on le poussait physiquement. Ce que vous ressentirez comme résistance correspondra à ce que j'appellerai des émanations de son aura.

Pour les plus avancés, vous pouvez faire la même expérience mais au lieu de ressentir la partie dense de l'aura, vous pouvez essayer de ressentir les effluves de l'aura.

Pour cela, faites cette expérience en partant à environ 20 m de distance de votre partenaire, en vous concentrant uniquement sur la zone de rayonnement de son aura.

Il arrive souvent que l'on ressente nettement un obstacle à plusieurs mètres de notre partenaire. Cela confirme que vous percevez tactilement le rayonnement émis par son aura. Cette expérience vous montrera que vous avez progressé et que vous sentez mieux les énergies, car vous aurez réussi à capter des énergies encore plus subtiles que celle d'une aura.

Votre partenaire, quant à lui, vous préviendra qu'il ressent, les yeux fermés, une poussée vers l'arrière, cela à une vingtaine de mètres

Développez vos facultés psychiques et spirituelles

avant que vous soyez dans son aura. Vous serez peut-être surpris par l'étendue du rayonnement d'une aura.

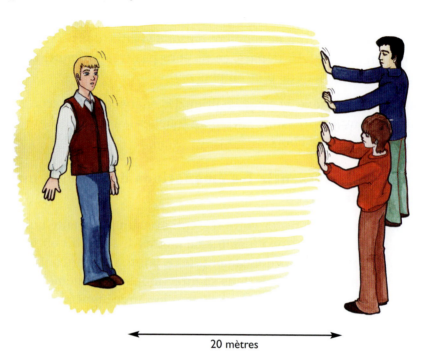

20 mètres

Cet exercice fonctionne bien, au point que celui qui est pieds joints, voit son corps physique se déséquilibrer et tomber en arrière.

9ᵉ exercice – Ressentir les bosses et les creux de l'aura

N'hésitez pas à toucher les contours d'une aura avec vos mains, pour en sentir les aspérités, les bosses et les creux.

Les bosses correspondent à une activité excessive d'un chakra ou d'un organe, quant aux creux ils démontrent que le chakra ou l'organe correspondant manque d'énergie.

Comment éveiller nos facultés supérieures ?

À un stade plus avancé de votre ressenti énergétique, vous percevrez dans vos mains d'autres sensations qui viendront au fur et à mesure de vos avancées dans ce domaine.

Vous pourrez, en avançant la main suivre les contours de l'aura d'un partenaire, en remarquant aussi la présence de tous les corps étrangers s'y trouvant.

Vous ressentirez ainsi si l'énergie touchée est chaude, froide, ou tiède. Un peu plus tard, vous repérerez s'il s'agit d'une énergie positive, c'est-à-dire douce et agréable au toucher, ou bien s'il s'agit d'une énergie congestionnée, qui se manifestera par des effets de piqûres ou de brûlures dans vos mains.

10ᵉ exercice – Ressentir l'énergie provenant de nos chakras

Vous placerez vos mains au-dessus de votre partenaire qui sera allongé sur le dos.

Vous essayerez de percevoir tactilement ses chakras, ainsi que l'énergie distincte émise par chacun d'eux. Vous commencerez par son premier chakra, montant d'un chakra à l'autre pour terminer au 7ᵉ.

Si vous êtes arrivé à un ressenti avancé, vous capterez le sens de rotation de chacun des chakras de votre partenaire. Il vous faudra repérer pour chacun d'entre-eux, comment il tourne : dans le sens des aiguilles d'une montre ou dans le sens contraire.

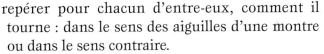

Il est nécessaire de demander à votre partenaire où se situe son nombril pour trouver plus facilement le 2ᵉ ou le 3ᵉ chakra, car selon les vêtements portés on peut avoir des difficultés à les situer.

Ceci est indispensable, car nous pouvons penser être sur le 2ᵉ ou 3ᵉ chakra, constatant que ce chakra est faible, alors que nous aurons placé nos mains

Développez vos facultés psychiques et spirituelles

entre deux chakras, ce qui ne donnera pas du tout le même ressenti et encore moins la bonne conclusion.

11ᵉ exercice – Ressentir la différence vibratoire en passant votre main au-dessus d'un corps physique ou exercice de « la main scanner »

Repérez la qualité de l'énergie que vous ressentez dans votre main en la passant au-dessus des épaules de votre partenaire. Est-ce que ça pique ? Est-ce froid ou chaud ? Est-ce agréable ou désagréable ? Cette sensation fait-elle mal à la main ou pas ?

Remarquez ainsi les endroits de son corps pour lesquels vous avez constaté quelque chose de particulier au niveau de votre ressenti.

Recommencez à scanner le corps de votre partenaire en repassant vos mains au-dessus des zones que vous avez scannées précédemment, pour constater si vous retrouvez le même ressenti.

On appelle cela la *main scanner*. Ce ressenti permet de trouver les zones du corps qui souffrent d'une déficience énergétique. Ce sont en général les zones du corps où les personnes ressentent de la douleur.

12ᵉ exercice – Ressentir le corps astral de votre partenaire

Comme signalé dans le chapitre « Comment voyager en astral ». Votre partenaire fermera sa coque psychique autour de son corps physique afin d'être protégée. (voir chapitre les protections psychiques)

Dans un second temps, elle projettera par l'imagination le poids de son corps physique, ce qui aura pour effet de placer son corps astral à l'endroit prévu.

Ce moyen d'agir permet de piéger le corps astral.

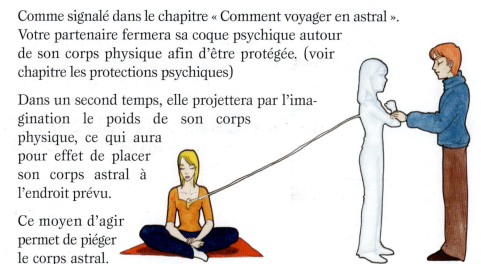

Le problème est qu'au début de votre expérimentation votre conscience ne s'y trouve pas encore (pour plus d'informations voir le chapitre : Comment voyager en astral).

Un autre exercice possible à réaliser avec un partenaire est que l'un sorte astralement, plaçant son corps astral avec les pieds astraux joints sur une feuille de papier que vous aurez placée sur le sol, à un endroit précis de votre maison.

Pour cela, vous poserez par terre une feuille de papier qui sera votre cible et sur laquelle votre corps astral ira se poser. Vous devrez ainsi visualiser lors de l'exercice, pour celui qui envoie son corps astral, que ses pieds astraux se trouvent bien dessus.

Le but étant d'apprendre à ressentir au toucher le corps astral de votre partenaire.

Votre partenaire avancera sa main en direction de votre corps astral, que vous aurez placé sur la feuille. Il devra sentir une résistance, d'autant plus grande que sa sensibilité tactile sera développée.

Cela vous permettra de vérifier si votre corps astral est bien sorti à l'endroit prévu. Si votre vision n'est pas encore au point, vous aurez au moins le loisir de toucher un corps astral car ce corps est en partie matériel. Il est formé d'atomes, les mêmes que nous avons dans notre corps physique et il se ressent facilement au toucher.

13e exercice - Ressentir l'aura de nos animaux domestiques

Après avoir travaillé sur l'aura des hommes, vous pourrez faire de même pour vos animaux.

Vous constaterez que leurs auras sont moins denses que les nôtres.

14e exercice - Ressentir l'aura des arbres et des plantes

Vous pouvez affiner votre ressenti en travaillant avec la nature, particulièrement avec les arbres, pour percevoir leur énergie et pour vous recharger énergétiquement.

Évitez toutefois **le noyer** qui, comme le précisent certaines traditions, a plutôt tendance à vampiriser fortement celui qui se repose à proximité.

Vous pouvez également vous entraîner en choisissant toutes sortes de plantes de votre choix, dont vous ressentirez l'aura.

15ᵉ exercice – Ressentir l'énergie émise par les minéraux

Vous pourrez ensuite percevoir le champ énergétique émis par les minéraux, tels que des cristaux de roche, par exemple.

Testez ainsi la différence au niveau des énergies entre des cristaux de roche ou quartz masculins, c'est-à-dire ceux qui sont totalement transparents, ayant une énergie beaucoup plus puissante et plus directe.

Comparez leurs énergies émises avec celles des cristaux de roches féminins qui sont laiteux, en partie ou totalement de couleur blanche, pouvant être entièrement opaque à l'intérieur, ou encore avec des quartz roses. Tous ces cristaux de roches féminins envoient une énergie puissante, mais diffusée avec douceur.

Amplifier votre ressenti tactile est possible en laissant votre main deux à trois minutes au-dessus d'un agglomérat de quartz. Vous stimulerez ainsi le chakra de votre main si vous appuyez sur votre

paume avec le pouce de la main opposée, en faisant de petites rotations, cela pendant une trentaine de secondes. N'oubliez pas de faire de même pour l'autre main.

Enfin pour activer le ressenti énergétique de vos mains frottez-les rapidement l'une contre l'autre, cela pendant 20 secondes environ.

16ᵉ exercice – Ressentir l'énergie émise par les objets inanimés

Vous pourrez ensuite ressentir le champ énergétique d'objets inanimés de grande taille, comme des murs de maisons, des meubles, ou des objets de taille plus raisonnable telle qu'une chaise, un livre.

Vous pourrez sentir l'énergie globale d'une maison prise en photo, pour savoir si elle correspond à vos énergies.

17ᵉ exercice – Ressentir l'énergie de personnes prises en photos

Vous pourrez vous entraîner à ressentir les photos de personnes célèbres, pour repérer ainsi les différentes qualités d'énergie.

Rappelez-vous qu'il ne faut pas juger. Le seul but ici, est d'apprendre à repérer les énergies plus subtiles ou moins subtiles, sans coller sur chaque personne testée telle ou telle image car, dans ce cas-là, votre attitude ne sera pour le moins guère spirituelle, vous poussant à juger les autres.

Testez énergétiquement vos bijoux, pour savoir s'ils sont chargés et s'ils ont tendance à descendre, malgré vous, votre niveau énergétique.

Rappelez-vous que tout objet peut devenir sujet d'expérience.

18ᵉ exercice – Ressentir le champ énergétique des aliments

Vous pourrez repérer la taille du champ énergétique d'aliments crus, pour ensuite tester leur taille, une fois cuits. Ont-ils perdu de l'énergie lors de la cuisson ? Cette expérience est intéressante pour découvrir si nous nous alimentons correctement.

Il est important que nos aliments possèdent un champ vital énergétique fort. N'oublions pas que nous nous nourrissons aussi de l'énergie des aliments que nous absorbons. Dans le cas des micro-ondes, leur particularité est de détruire le champ énergétique des aliments, les rendant comme vidés de toute énergie.

Vous pouvez magnétiser votre eau. Avant cela il sera nécessaire de connaître la limite aurique de l'eau, ceci afin de constater la taille de son aura, à l'origine. Après magnétisation, vous pourrez constater l'augmentation de son aura. Cette dynamisation de l'eau sera bénéfique pour votre corps, nourrissant et amplifiant ainsi votre aura.

Il en est de même pour le coton hydrophile que vous pouvez magnétiser dans le cas d'une plaie.

19ᵉ exercice – Percevoir l'énergie des lieux

Pour apprendre comment ressentir un lieu, vous devrez vous référer au chapitre « Comment nettoyer un lieu perturbé ? ». Dans ce chapitre vous apprendrez à vous mettre en position des trois V afin de percevoir les énergies du licu avec tout votre corps et ses qualités personnelles.

Vous pourrez faire la même chose dans une église, particulièrement dans les églises romanes, en prenant discrètement cette position près de chaque colonne et en avançant doucement vers le chœur.

Vous ressentirez des énergies de plus en plus subtiles au fur et à mesure de votre avancée, pour arriver au point culminant situé au niveau du choeur.

20ᵉ exercice – Percevoir vos mains astrales et ce qu'elles touchent

Comme nous l'avons précisé dans le chapitre sur nos corps subtils, nous avons à l'intérieur de notre corps physique, un corps astral.

Nous pouvons ainsi faire sortir nos bras et mains astraux de nos membres physiques, en les visualisant, avec l'intention de traverser le sol.

Si vous les visualisez correctement en faisant cette action, vous ressentirez nettement dans les bras et les mains la fraîcheur du sol sur lequel vous vous trouvez. Vous pourrez ainsi étendre ce ressenti en touchant les murs à distance, puis en les traversant.

Également, vous pourrez choisir de ressentir du froid en traversant votre congélateur avec votre main astrale, ou le chaud en traversant votre four, dans le cas où il est allumé (ces perceptions tactiles seront retransmises dans les membres correspondant de votre corps physique).

N'oubliez pas en final de réintégrer votre bras astral à la bonne place, la main astrale bien emboîtée dans la main physique, sans oublier de replacer chaque doigt de façon correcte.

Comment éveiller nos facultés supérieures ?

Une expérience inédite

Nous avions découvert une expérience amusante qui permet de ressentir à distance, si la personne se trouvant en face de nous est une femme ou un homme au niveau énergétique.

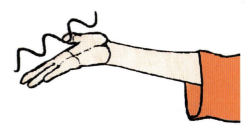

Ressenti des énergies féminines

En faisant attention au ressenti de nos mains, nous avons constaté que les énergies féminines et masculines étaient non seulement différentes, mais repérables assez facilement au point que la majorité des personnes qui les ont expérimentées avaient les mêmes ressentis.

Il suffit pour cela de se placer pieds joints et de nous relier à la personne désirée, pour ensuite ressentir une ondulation énergétique semblable à un effet de tôle ondulée, correspondant aux énergies féminines.

Développez vos facultés psychiques et spirituelles

Il faut faire attention car ce ressenti ne s'étale pas dans toute la paume.

À l'inverse la vibration masculine sera semblable à une plaque plate couvrant toute la paume.

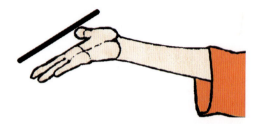

Ressenti des énergies masculines

L'expérience peut ainsi se vérifier à volonté, permettant de passer d'une personne à l'autre en trois minutes au maximum. Il est préférable de le faire en équipe avec de préférence des personnes ouvertes et sensitives.

Une expérience qui ouvre sur bien des possibilités

Un arbre féminin

Un arbre masculin

Après avoir expérimenté sur les élèves, j'ai proposé que l'on cherche à ressentir si un arbre est mâle ou femelle.

La surprise était au rendez-vous puisque la majorité des élèves avaient les mêmes sensations que celles faites sur nous-mêmes, avec l'effet tôle ondulée (ne couvrant pas la main si nous sommes devant un arbre féminin) ou au cas où il serait masculin un ressenti vibratoire qui se plaque sur toute la paume.

Nous nous sommes ainsi vérifiés mutuellement, constatant parfois qu'un arbre pouvait avoir comme nous les hommes, un aspect féminin plus fort, tout en ayant un aspect masculin bien présent.

Comment développer notre magnétisme ?

> « Et Jésus dit … quelqu'un m'a touché, car j'ai reconnu qu'une force était sortie de moi… Elle (la femme), devant tout le peuple déclara pourquoi elle l'avait touché et comment elle avait été guérie à l'instant. »
>
> LUC 8 45-47

> « L'énergie suit la pensée. »
>
> MAXIME ÉSOTÉRIQUE

Qu'est-ce que le magnétisme ?

Le magnétisme est l'utilisation de nos énergies, de celles de l'univers ou autres, que nous mettons à la disposition des autres, afin de les recharger au niveau des énergies. Il fait partie de notre potentiel énergétique. Ce n'est pas à proprement parler une faculté psychique.

Le magnétiseur ne guérit pas, mais il met son énergie à la disposition de son patient afin que le corps de celui-ci se guérisse de lui-même.

Qui peut être magnétiseur ?

Chacun d'entre nous possède du magnétisme. Il nous suffit d'apprendre à le développer et à le maîtriser. Il y a des personnes qui ont plus de magnétisme que d'autres, mais tout le monde peut augmenter sa puissance magnétique avec un peu de pratique. C'est un travail qui est à la portée de chacun. Ce n'est pas un don, certains sont plus doués que d'autres, mais comme je l'ai précisé vous y arriverez aussi, avec beaucoup d'assiduité.

Ses possibilités

Le magnétisme permet de recharger énergétiquement une personne ou un groupe.

Il offre la possibilité de donner de l'énergie à un organe, à telle région du corps physique ou à un corps subtil spécifique.

Cette action peut se réaliser de près, c'est-à-dire que vous travaillerez sur le corps physique de votre patient, ou à des milliers de kilomètres, comme si votre patient était présent. Si votre patient est sensitif, il sentira votre action, même à une très grande distance. Le résultat sera exactement le même que si vous aviez agi sur place.

Rappelons-nous que lorsque la batterie de notre voiture est « à plat », nous faisons appel à une autre voiture pour recharger la batterie afin que celle-ci redémarre. De la même manière, notre corps physique a besoin d'un apport d'énergie pour se recharger lorsqu'il est affaibli.

Pour développer notre magnétisme, il sera nécessaire d'acquérir en premier lieu un minimum de ressenti des énergies émises par notre corps physique ou par ce qui nous entoure.

Ses limites

Nous ne devons en aucune façon nous insérer dans la vie de ceux qui ne nous le demandent pas, même pour les aider. Chaque personne est libre de ses actes, nous devons avant toute action demander l'autorisation de nos guides spirituels. Nous devons leur préciser que, si ce que nous faisons ne doit pas être, les énergies dépensées seront réutilisées à de bonnes fins.

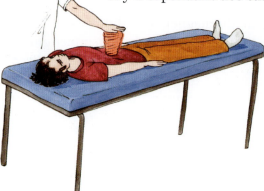

Il y a cependant des cas où nous sommes obligés d'agir, par exemple pour un bébé qui ne pourra pas nous dire s'il est d'accord ou non, ni où se situe sa douleur.

Nous arrivons sur un autre principe qui est la « non-assistance à personne en danger ». Pour cette raison il nous faudra agir avec notre conscience, en nous reliant spirituellement et en demandant à ceux qui sont au-dessus de nous, d'ajuster notre action, ou de l'annuler, si cela n'a pas de raison d'être.

De plus, lorsqu'on nous accorde la quantité d'énergie nécessaire au taux vibratoire de la personne qui en a besoin, il est fort probable qu'on nous permette d'agir sur ce patient, d'autant plus que ces énergies nous ont été données.

N'oublions pas que si nous ne devons pas aider cette personne, parce qu'elle a cette expérience à vivre ou une leçon à comprendre en venant sur terre, nous constaterons que nous ne pourrons rien pour elle. Cela signifiera tout simplement que cela ne nous est pas permis.

Il faut savoir que pour magnétiser ses patients, le thérapeute qui a développé son magnétisme tout seul peut, par méconnaissance, donner uniquement de son énergie.

Le problème est que s'il le fait continuellement, il peut pendant des années s'affaiblir au point de risquer sa propre vie. La raison en est simple, nous ne devons pas donner en permanence de nos énergies vitales.

Nous baignons dans un monde d'énergies, il faut prendre les énergies de l'univers qui nous les propose en abondance pour les mettre à la disposition de l'autre. De plus en donnant de l'énergie provenant de l'univers, le magnétiseur remarquera qu'il se recharge en même temps qu'il la transmet à son patient.

Ses obstacles

Lorsque nous rencontrons des corps étrangers astraux dans le corps de notre patient, il est impératif de les enlever avant tout acte de magnétisation. Qu'il s'agisse de pieux astraux, de formes pensées, d'entités de l'astral, de défunts ou encore d'énergies congestionnées, nous devons dans tous les cas les enlever pour pouvoir recharger proprement la personne qui le demande.

Il en est de même pour les fuites énergétiques qui doivent être colmatées.

De la même façon, si nous remplissions un jerrican d'essence percé, ce jerrican ne sera jamais vraiment plein, il faudra sans cesse le remplir, ce qui n'est pas d'un grand intérêt.

Comment fonctionne le magnétisme ?

Magnétisation d'une patiente

Il suffit de vouloir donner son énergie en plaçant ses mains au-dessus du corps de celui qui vous le demande, pour sentir l'énergie sortir de vos mains vers les zones de son corps qui en ont besoin. Le corps du sujet absorbera naturellement l'énergie émise par vos mains, sans pour autant que celui-ci y fasse forcément attention.

Toutefois, il est important pour tout magnétiseur de ne pas donner trop de son énergie vitale, mais d'être branché spirituellement pour que l'énergie à transmettre soit, non seulement reçue en abondance, mais aussi adaptée à la vibration de la personne qui en a besoin.

Quand il n'y a plus d'aspiration d'énergie, il semble évident que le corps a reçu la quantité d'énergie nécessaire. Il n'y a plus rien à faire ensuite. Le corps du demandeur se remettra ensuite de lui-même.

PASSONS À LA PRATIQUE AVEC QUELQUES EXERCICES PROGRESSIFS

1er exercice

Pour vérifier votre développement en magnétisme, vous pouvez acheter deux petits carrés d'herbe verte vendus dans des jardineries.

Le premier servira de témoin et vous ne l'utiliserez pas.

Le second profitera de votre magnétisme. Il est important qu'ils soient tous les deux arrosés avec la même quantité d'eau et qu'ils bénéficient d'un même éclairage.

Mettez vos mains au-dessus du carré d'herbe à magnétiser et visualisez que de l'énergie sort de vos mains sous forme de lumière éclairant l'herbe et allant jusqu'aux racines, cette visualisation amplifiera votre action magnétique. Voyez ensuite le résultat à atteindre comme s'il était déjà réalisé, c'est-à-dire visualisez l'herbe ayant atteint la taille désirée.

En agissant ainsi vous activerez votre action magnétique de façon plus rapide et avec plus de résultats, cela ne devrait pas vous prendre plus de cinq minutes par jour.

Après quelques jours de magnétisation, vous verrez nettement la différence de hauteur entre l'herbe que vous avez magnétisée, qui sera plus grande, et l'herbe sur laquelle il n'y a eu aucune action.

Cela sera un bon point de départ pour vous donner confiance dans votre nouveau potentiel, vous pourrez ainsi constater et vérifier que vous avez bien eu une action réelle sur l'herbe.

Après cet exercice vous pourrez passer à des exercices un peu plus difficiles, nécessitant davantage d'énergie.

2e exercice

Il s'agit de magnétiser un œuf que vous casserez et que vous déposerez sur une assiette. Faites la même magnétisation que pour l'exercice précédent, à raison de cinq minutes maximum pendant trois jours.

Quand votre œuf au plat sera comme momifié, c'est-à-dire qu'il aura durci, passez à l'exercice suivant.

3e exercice

Il faudra magnétiser un fruit. Prenez par exemple une orange. Faites une magnétisation avec la visualisation de cinq minutes maximum sur cette orange et cela pendant sept jours.

N'oubliez pas qu'il est toujours nécessaire de vérifier son action en prenant un témoin, cela doit être une autre orange sur laquelle vous n'avez effectué aucune action, que vous mettrez de côté.

La raison pour laquelle il faut éloigner les deux oranges l'une de l'autre, est qu'il peut arriver que le magnétisme effectué sur la première orange puisse être aussi reçu par la seconde qui en bénéficierait, comme si nous avions à faire dans ce cas au principe de la résonance entre les deux oranges.

De plus, il y a une confusion fréquente de la part de certains magnétiseurs qui pensent que le magnétisme a une action déshydratante sur le fruit traité. En fait le magnétisme stérilise, détruisant toute présence microbienne, empêchant ainsi le fruit de pourrir. Le fruit stérilisé se déshydrate au fur et à mesure du temps, de façon naturelle, donnant comme résultat un fruit sec et vide, ayant perdu presque tout son poids.

4ᵉ exercice

Le but de cet exercice sera de magnétiser un morceau de viande. Faites votre magnétisation à raison de cinq minutes maximum et cela pendant quatre jours.

Le résultat final vous donnera un morceau de viande dure, faisant penser à un morceau de bois.

5ᵉ exercice

Il s'agira pour cet exercice de prendre un œuf dans sa coquille. Cette fois notre action prendra plus de temps puisqu'il faudra le magnétiser à travers la coquille. Il sera nécessaire de réaliser la même opération à raison de cinq minutes par jour et cela pendant 10 jours.

Le temps que l'œuf se déshydrate malgré la coquille demandera du temps. Il faudra être patient pour constater le résultat final. Vous le sentirez sous la forme d'un corps solide à l'intérieur de la coquille.

6ᵉ exercice

Il s'agit pour ce cas de magnétiser un poisson.

Pour cette opération il vous faudra le magnétiser pendant environ 10 minutes par jour, les trois premiers jours, puis 5 minutes les jours suivants, pendant une semaine.

La raison pour laquelle il faut plus de temps de magnétisation pour le poisson est qu'il ne se conserve pas longtemps. Il faut donc être très rapide. Le plus simple est de le laisser au réfrigérateur et de le sortir pour le magnétiser.

Il sera préférable ensuite de le laisser se déshydrater tranquillement au réfrigérateur, si vous préférez le laisser à l'extérieur, il sera nécessaire de le protéger des insectes en le plaçant sous une cloche à fromage ou une grande passoire. Enfin vous devrez attendre que l'odeur disparaisse pour le placer où vous le désirez.

Le temps qui vous a été donné pour chaque exercice est une moyenne, chacun ayant sa propre puissance magnétique, ainsi que sa propre capacité de visualisation.

Peut-être constaterez-vous que le support à magnétiser a déjà reçu la dose d'énergie nécessaire. Il ne tient qu'à vous de le ressentir et prendre la bonne décision pour arrêter l'exercice.

Comment tester notre progression magnétique ?

Nous allons réaliser un petit instrument permettant de vérifier notre progression énergétique.

Pour confirmer vos nouvelles dispositions vous devez essayer ce que l'on appelle le *petit moteur de Tromelin*, que vous confectionnerez avec du papier aluminium de cuisine, une aiguille qui aura sa pointe orientée vers le haut et une rondelle de bouchon en liège.

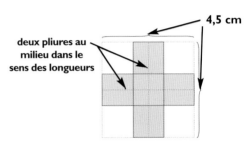

Le plus facile serait de couper un carré de 4,50 cm de côté pour ensuite enlever quatre petits carrés de 1,50 cm.

Il vous faudra enlever les quatre carrés extérieurs de couleur blanche de 1,50 cm de côté, puis ensuite plier l'aluminium au milieu dans le sens des deux longueurs pour que l'épingle puisse se placer à l'intersection des deux croisements. L'aluminium plié devra juste être posé au niveau du croisement des 2 pliures sur l'épingle. Vous obtenez ainsi un équilibre précaire qu'il ne faudra pas influencer avec votre respiration, un courant d'air, ou un mouvement rapide de la main.

Il ne vous reste plus qu'à l'expérimenter en plaçant vos deux mains, à droite et à gauche du moteur et de visualiser l'hélice qui se met à tourner. Vous pouvez aussi visualiser votre énergie sortant de la main gauche et se dirigeant vers la main droite, faisant ainsi tourner l'hélice dans un certain sens.

Il est possible de changer la direction de l'énergie pour faire tourner l'hélice dans l'autre sens. Cela vous permettra ainsi de tester votre puissance magnétique, pour augmenter votre flux d'énergie ou pour le ralentir, que ce soit avec la main droite ou avec la main gauche.

Donner l'énergie qui correspond à la personne

Il est important de donner de l'énergie correspondant à la personne qui vous le demande. Son corps peut, par exemple, avoir besoin uniquement d'énergie tellurique.

Témoignage

Il y a quelques années, nous étions toute une équipe à travailler sur une jeune femme qui était en permanence épuisée. Nous avions envoyé beaucoup d'énergie sur cette personne, sans résultat.

Après m'être branché à distance pour ressentir son corps en moi, je constatais que ses énergies étaient comme instables et flottantes au niveau de sa poitrine.

Comment éveiller nos facultés supérieures ?

> Ayant eu ce ressenti, je compris que l'énergie que nous avions envoyée correspondait à de l'énergie cosmique et qu'en fait elle avait besoin d'énergie tellurique, pour remplir le bas de son corps d'une énergie dense, sur laquelle l'énergie cosmique plus fluidique se poserait.
>
> Nous avons donc travaillé sur ce qui pouvait empêcher l'énergie tellurique de monter le long de ses jambes pour alimenter ses trois premiers chakras et nous avons perçu des blocages astraux au niveau de ses chevilles. Après les avoir éliminés, les énergies telluriques ont repris leur place, laissant les énergies cosmiques se placer à leur tour sur les énergies telluriques et devenir stables.

Comment se brancher sur les énergies de l'univers ?

Il est, comme nous l'avons déjà précisé, préférable de donner l'énergie provenant de l'univers, plutôt que d'utiliser son énergie propre, cela pour deux raisons :

- L'univers met à notre disposition des énergies en quantités infinies.
- Ces énergies peuvent être demandées déjà adaptées à la fréquence des énergies vitales du patient.

C'est-à-dire que le corps du patient doit adapter la fréquence de l'énergie du magnétiseur à la sienne. Cette opération demande de l'énergie et entraîne une certaine fatigue pour s'intégrer correctement.

Développez vos facultés psychiques et spirituelles

Pour cela, il faut toujours se relier au niveau spirituel avant de magnétiser quelqu'un. Pour se brancher spirituellement, il faut s'intérioriser au niveau du cœur, comme si vous plongiez au plus profond de vous, dans l'amour sans condition.

Cela fait, visualisez-vous et ressentez-vous vous étirant jusqu'au ciel, comme si une partie de vous-même atteignait les plans supérieurs pour vous y brancher. En agissant ainsi, à partir de la visualisation et de votre ressenti, vos corps subtils comprennent la demande formulée et y répondent en la réalisant.

Vous verrez ensuite qu'en faisant descendre les énergies de l'univers sur votre patient, votre corps physique se régénère au passage de cette énergie qui le traverse.

Vous constaterez que vous ne ressentez aucune fatigue, mais le plus intéressant est que vous serez en meilleure forme après le transfert énergétique et vous pourrez envoyer de l'énergie à plusieurs personnes en même temps. Cela sans ressentir la moindre fatigue, puisque ce n'est pas votre énergie.

État énergétique de l'aura du patient

Il est important avant de commencer tout travail de faire « le bilan énergétique » de votre patient. Cela vous permettra de constater son état énergétique initial et d'avoir un suivi sur l'efficacité de votre action et ainsi de pouvoir comparer de manière plus objective la différence entre son état avant tout soin et après.

Nous voyons dans l'aura n°1 et l'aura n°2, que les auras de ces personnes possèdent des bosses et des creux.

Une bosse dans une aura signifie que la personne a un surplus d'énergie dans cette partie-là, ce qui correspond à un chakra trop ouvert.

Aura n°1

Aura n°2

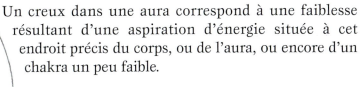

Un creux dans une aura correspond à une faiblesse résultant d'une aspiration d'énergie située à cet endroit précis du corps, ou de l'aura, ou encore d'un chakra un peu faible.

Il faudra dans le cas d'une bosse mettre l'énergie en surplus dans d'autres parties du corps qui en manquent, en prenant cette énergie avec la main en cuillère pour la redistribuer à l'endroit concerné.

Dans le cas d'un creux, il faudra amener l'énergie en surplus dans le corps pour combler ce creux.

Le travail du magnétiseur, dans ces cas-là, sera donc de donner de l'énergie à l'endroit des manques, c'est-à-dire au niveau des creux de l'aura. Il devra aussi répartir les surplus d'énergie apparaissant sous forme de bosses, en les évacuant et en les répartissant sur le reste du corps.

Aura n°3

Le résultat final de votre soin devra donner une aura ayant une forme parfaitement ovoïde, semblable à l'aura n°3.

Magnétiser quelqu'un à distance

Nous retrouvons le même principe que lorsque nous nous trouvons face à un patient, cette fois-ci il nous faudra le visualiser comme s'il était physiquement présent.

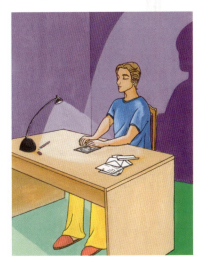

Aussi curieux que cela puisse être, les résultats obtenus sont exactement les mêmes. Cela se vérifiera d'autant plus si la personne sur laquelle nous agissons est sensitive. Elle le ressentira immédiatement sans pour autant savoir à quelle heure nous avons commencé à travailler sur elle.

Nous pouvons ainsi agir à partir d'une photo. Ce qui permet de travailler sur la personne qui le demande, même si nous ne l'avons jamais rencontrée physiquement, et de pouvoir ainsi établir le contact énergétique avec elle.

Vérification du soin

Après avoir travaillé sur votre patient, vous devez constater que son aura est plus forte, plus vive et plus dense. Ses chakras doivent aussi avoir une vibration plus puissante. La personne doit se sentir rechargée. Le visage doit être comme rajeuni et plus coloré.

De plus, il est nécessaire d'observer votre patient après toute séance, avant qu'il ne vous quitte, car certains ont tendance à tituber. Ils peuvent ainsi avoir des vertiges, suite au fait qu'ils ont reçu trop d'énergie. Devant un tel cas, il est nécessaire d'évacuer le surplus d'énergie de votre patient en visualisant l'excédent sortant par les pieds.

Vous devez à la fin de chaque soin penser à couper énergétiquement avec votre patient. C'est quelque chose d'important. Cela peut se faire juste après qu'il vous ait quitté. Pour cela, vous pouvez faire glisser la paume des mains l'une contre l'autre, cela deux fois, comme si vous les caressiez, de façon énergique en affirmant mentalement que vous coupez toute émission d'énergie, car le soin est terminé.

Dans le cas contraire, vous risquez de dispenser encore de l'énergie à vos dépens, cela même si votre patient est parti depuis un bon moment.

Moyen de vérification

Lorsque votre ressenti est acquis, vous pouvez scanner le corps de votre patient en visualisant votre main astrale agrandie afin de repérer s'il y a un parasite de l'astral.

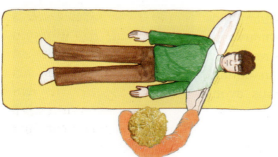

Cet exercice est excellent pour vérifier la présence d'énergie congestionnée dans le corps de votre patient.

Les clefs spirituelles de la guérison

La maladie n'est que l'aboutissement final d'un problème qui n'a pas été résolu au niveau des plans subtils et qui apparaît dans le corps physique.

Rappelons-nous que dans la médecine chinoise, qui date d'environ 5 000 ans, le médecin est rémunéré lorsque le patient est en bonne santé. Il s'accorde donc par toutes sortes de rééquilibrages subtils à garder son patient en bonne santé.

Dans le cas contraire, si le patient est malade, on considère que le travail n'a pas été bien fait, sinon la maladie n'aurait pas dû apparaître. Dans ce cas le patient ne règle pas les soins, le temps de la maladie.

Il est essentiel de savoir que, pour qu'il y ait un rétablissement définitif suite à une maladie ou à un problème énergétique, il faut que la leçon spirituelle correspondant à cette maladie ou à ce problème soit assimilée.

Dans le cas où la leçon spirituelle n'a pas été comprise, il est probable que la maladie réapparaîtra, que ce soit sous une forme ou sous une autre, mais vous constaterez que, même si le problème semble avoir disparu, la personne qui le vit est encore dans la même problématique.

La leçon de la maladie peut provenir d'une peur, d'une programmation psychologique ou autre chose, bloquant ainsi toute une circulation énergétique, mettant la personne concernée en situation de faiblesse vis-à-vis de sa maladie.

Il faut aussi comprendre qu'il y doit y avoir une guérison spirituelle, c'est-à-dire une guérison en profondeur, répondant de manière définitive à la partie spirituelle de la maladie.

Certains magnétiseurs débutants ne se font pas payer. Il faut toutefois qu'il y ait un échange, soit avec de l'argent ou du troc, ou par un échange de service, cela n'a pas d'importance. Ce qu'il faut éviter, c'est le soin unilatéral, c'est-à-dire que l'action n'aille que dans un sens. Ceci ne correspond pas au juste fonctionnement des choses ; si nous recevons, nous devons donner. Que ce soit de donner à quelqu'un d'autre n'a pas d'importance, mais cela ne doit pas aller uniquement dans une direction. C'est une loi de l'univers, tout n'est qu'échange.

Comment développer notre radiesthésie ?

> " Tout ce qui vit n'est qu'oscillations, rythmes et résonances. "
>
> QUIQUANDON

> " Nous vivons dans un océan de radiations que nous ne percevons pas : des effluves invisibles émanent de toutes choses, il ne s'agit que de déceler leur existence en constituant soi-même un détecteur vivant. Une fragile antenne permet de capter plus aisément les radiations cachée : c'est la fameuse baguette du sourcier. Je ne suis qu'un chercheur de vibrations et c'est tout. "
>
> ABBÉ BOULY créateur du mot : Radiesthésie.

Qu'est-ce que la radiesthésie ?

La radiesthésie est une méthode permettant de détecter la présence d'objets, de maladies, etc., d'obtenir des mesures, ainsi que la réponse à des questions, par l'intermédiaire des mouvements d'une baguette ou d'un pendule.

Choisir son pendule

Il existe toutes sortes de pendules, qu'il s'agisse du pendule des bâtisseurs, du pendule égyptien ou autres, cela n'a pas trop d'importance, prenez-le tout de même précis, évitez si possible les pendules en forme de boule, car vous aurez du mal à repérer quelque chose de très précis sur un graphique.

Si vous n'en avez pas, en attendant de trouver celui qui vous conviendra, prenez quelque chose ayant le poids d'un gros écrou et suspendez-le au bout d'un simple fil.

Le principal pour le pendule est qu'il soit bien équilibré. Regardez-le lorsqu'il est droit et posez-vous ces questions :

- Est-ce que la chaîne n'est pas trop grosse par rapport au poids du pendule ?
- Penche-t-il plus à droite qu'à gauche ?

S'il n'y a pas de problème d'équilibre, écoutez votre cœur pour le choisir. En règle générale, c'est le pendule qui vous choisit.

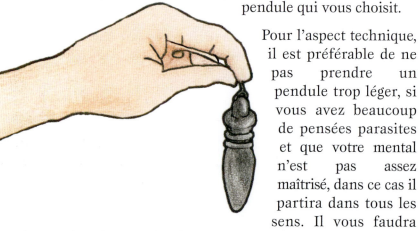

Pour l'aspect technique, il est préférable de ne pas prendre un pendule trop léger, si vous avez beaucoup de pensées parasites et que votre mental n'est pas assez maîtrisé, dans ce cas il partira dans tous les sens. Il vous faudra donc le prendre plus lourd, cela évitera aux pensées parasites d'influencer votre pendule.

Choisir un langage commun avec votre pendule

Dans le langage radiesthésique, on appelle cela : créer sa convention.

Cela signifie qu'il nous faut avoir une clé pour décoder les messages transmis par le pendule, elle se nomme une *convention*. Une convention sert à reconnaître les réponses du pendule, si c'est un *oui*, un *non* ou un *je ne sais pas*. Certaines personnes se laissent guider par leur pendule pour choisir leur convention. Il arrive parfois que leur pendule change de temps en temps la convention avec les sens de rotation correspondant au oui, au non et au je ne sais pas, sans qu'ils sachent pourquoi. Devant de telles incertitudes et une convention qui peut se révéler sujet à erreur du jour au lendemain, je vous conseille, si vous le voulez bien, de prendre une convention qui soit définitive.

De plus, certaines conventions aléatoires ne s'adaptent pas correctement à tous les types de graphiques radiesthésiques.

Vous imposerez de vous-même cette convention à votre esprit, en vous répétant que le "oui" sera une rotation allant dans le sens des aiguilles d'une montre, que le "non" sera une rotation en sens inverse et "je ne sais pas" à un aller et retour du pendule, semblable à un trait droit.

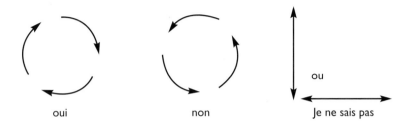

oui   non   Je ne sais pas

Sachez que cette convention est celle que prennent la plupart des radiesthésistes du monde entier, vous permettant en l'utilisant de vous relier plus étroitement à cet égrégore mondial.

Qui peut devenir radiesthésiste ?

Chacun d'entre nous peut devenir radiesthésiste, à partir du moment où nous posons une question en radiesthésie, nous mettons de côté notre mental.

Comment devenir radiesthésiste ?

Il suffit d'apprendre à être à l'écoute de son corps. Le but étant de rendre notre corps semblable à une antenne, capable de ressentir ce qu'on lui demande.

À partir du moment où notre corps s'est affiné au niveau de son ressenti tactile, tout devient possible. Que nous prenions un pendule, des baguettes ou quelque instrument que ce soit, ils ne serviront en fait qu'à amplifier ce que notre corps physique ressent.

Comment développer notre ressenti radiesthésique ?

Il est important d'acquérir un mental qui soit en partie maîtrisé. Nous devons, quand nous posons une question en radiesthésie, ne pas anticiper la réponse intérieurement, ne serait-ce qu'avoir une petite pensée qui influence une réponse plutôt qu'une autre.

Si nous n'avons pas encore atteint cet état de neutralité, il nous faut à tout prix le travailler, c'est la base de tout travail objectif au niveau de chacune des facultés psychiques que d'être neutre.

L'essentiel au niveau de la radiesthésie est d'apprendre à notre corps à devenir comme une antenne, c'est-à-dire que nous devons ressentir, sans pour autant penser.

En augmentant vos ressentis, vous constaterez que votre corps physique répond correctement aux questions posées, avec plus d'exactitude et de rapidité. Le travail à effectuer sera donc axé sur l'acquisition d'un plus grand ressenti.

Comment fonctionne la radiesthésie ?

Notre corps physique reçoit des informations provenant de nos parties supérieures et semble pouvoir répondre à toutes sortes de questions le concernant ou non. Il suffit d'en poser une pour constater qu'il répond correctement à des questions allant bien au-delà de ce que nous connaissons.

Le pendule, ainsi que tous les instruments radiesthésiques, ne servent ainsi qu'à amplifier la réponse que notre corps nous transmet sous forme de micro-mouvement.

Quand vous aurez acquis un certain niveau de sensibilité, vous pourrez vous en passer et vous servir de votre ressenti tactile pour obtenir ces mêmes réponses.

Ses possibilités

La radiesthésie permet de répondre à des questions au moyen d'un instrument amplifiant les réponses de notre corps. Nous pouvons ainsi poser des questions sur des sujets, qu'ils soient connus ou inconnus.

Il peut être utilisé pour trouver dans un lieu quelque chose qui est caché, de déterminer s'il existe une source dans un champ et à quelle profondeur. Savoir si tel aliment est compatible ou non avec le corps ?

Il en est de même pour travailler sur une carte. Pour retrouver une personne disparue, la radiesthésie prend toute son ampleur, alors que dans un tel cas, la clairvoyance ne peut pas situer facilement quelqu'un se trouvant au milieu d'une forêt.

Elle nous aide dans nos choix de tel produit, de tel livre, de tel médicament, ou autre chose qui nous est nécessaire ou néfaste.

Ses limites

Les limites de la radiesthésie proviennent principalement de notre mental pouvant fausser la réponse, ce qui laisse parfois dans le doute le radiesthésiste débutant. Lorsqu'il sera confirmé avec des expériences réalisées, ce problème disparaîtra de lui-même.

Pour se servir de la radiesthésie, il est nécessaire d'être objectif. Lorsqu'il s'agit de voir pour ses proches, s'ils vont réussir leur examen par exemple, nous ne pouvons plus être objectifs, faisant ainsi pencher la balance du côté désiré.

Comment procéder ?

Il vous faudra tenir le fil ou la chaîne de votre pendule entre le pouce et l'index, d'une longueur d'environ 7 cm. Avec l'expérience vous ajusterez la longueur à votre convenance. Rappelez-vous que plus le fil est long, plus la réponse du pendule sera lente à venir, à l'inverse, plus la longueur du fil sera courte, plus la réponse sera rapide.

Vous pouvez commencer par faire tourner votre pendule dans le sens horaire pour vous dire intérieurement que c'est « oui ». Faites ensuite tourner votre pendule en sens inverse, précisant intérieurement que c'est « non ». Lancez-le, lui faisant faire des va-et-vient en ligne droite, en précisant intérieurement s'il s'agit du « je ne sais pas ». Lorsque votre convention a été répétée au moins trois fois, vous pouvez considérer qu'elle est acquise.

Vous pouvez maintenant poser des questions. Pour cela, vous lancez le pendule en ligne droite en lui donnant un mouvement neutre. Cela permettra d'obtenir une réponse plus rapide.

Vous pouvez aussi poser la question en ne donnant aucun mouvement au départ. Le meilleur moyen est d'essayer et de trouver ce qui vous correspond le mieux.

Développez vos facultés psychiques et spirituelles

Moyen de vérifier la différence entre la réponse radiesthésique et celle de notre mental

Nous allons faire cet exercice sans pendule. Vous placerez votre main le long de votre corps, les doigts dans la même position que s'ils tenaient un pendule. Posez une question pour laquelle la réponse est oui. Observez maintenant et ressentez l'amplitude du micro mouvement correspondant à la réponse de votre corps. Refaites cela à plusieurs reprises afin de repérer exactement l'amplitude du mouvement.

Maintenant effectuez un test en faisant la plus petite rotation possible avec vos doigts en pointe. Vous constaterez que ce n'est pas possible de simuler un mini-mouvement. Votre mouvement sera saccadé, il y aura une amplitude beaucoup plus grande que le mini-mouvement de votre corps.

Comment connaître votre polarité ?

En règle générale, la polarité énergétique de l'homme est inversée par rapport à celle de la femme, c'est-à-dire que l'homme a une polarité positive au niveau de son côté droit et négative au niveau de son côté gauche. La femme a pour sa part le côté positif à sa gauche et son côté négatif à sa droite.

Polarité de l'homme

Il faut savoir que toute règle souffre d'exception, vous rencontrerez parfois des cas particuliers, c'est-à-dire que vous pourrez trouver dans votre entourage un homme ou une femme pouvant avoir des polarités inversées.

Pour connaître où se situe votre polarité positive et négative, vous devez vous munir d'un pendule.

Maintenez le pendule au-dessus de l'autre main ouverte pour tester la polarité.

Polarité de la femme

Ensuite posez la question : « Est-ce que cette main est ma main positive ? »

Faites de même pour l'autre main avec la même question.

Vous devez ainsi obtenir une réponse positive dans l'une des mains, qui doit se vérifier par une réponse négative dans l'autre.

Comment faire de la radiesthésie sans pendule ?

Vous pouvez rassembler vos trois doigts comme si vous teniez un pendule. Demandez ensuite de recevoir la réponse « oui ».

Avez-vous senti le micro-mouvement ? Dans le cas où vous ressentez la réponse, vous n'êtes plus obligé d'utiliser le pendule.

Vous pourrez ainsi poser des questions, comme si vous aviez un pendule.

Une nouvelle méthode radiesthésique

Prenez la position assise et placez simplement vos deux mains en coupe, suspendues au-dessus des genoux à la même hauteur l'une que l'autre.

Créez votre convention, c'est-à-dire que votre main droite donnera la réponse « oui » et votre main gauche la réponse « non ».

Posez simplement la question, par exemple : « Est-ce que je suis un homme oui ou non ? »

Vous sentirez pour le cas où vous en êtes un que votre main droite devient beaucoup plus lourde que votre main gauche, dans le cas contraire c'est votre main gauche qui deviendra plus lourde.

Refaites ce test autant de fois que vous le désirez.

Vous pourrez ainsi constater que par cette méthode simple, vous obtenez des réponses rapides.

Développez vos facultés psychiques et spirituelles

Une expérience sur la motivation en radiesthésie

Témoignage

Je demandai un jour à mes enfants de cacher huit petits anneaux en plastique dans le jardin, leur précisant qu'il ne fallait pas qu'on puisse les voir.

Je commençai donc ma recherche avec mon pendule. Je les trouvai sans trop de difficultés, vérifiant méthodiquement l'emplacement avant de déplacer une branche précise.

Cela m'a permis de constater à quel point on pouvait obtenir de la précision avec un pendule. Après avoir trouvé du premier coup les six premiers anneaux en plastique, je commençai à me lasser, ce qui eut pour effet de me donner des réponses floues.

Je trouvai ainsi plus difficilement le septième anneau et finalement le huitième anneau au prix de plusieurs essais.

Mes résultats étaient en totale corrélation avec ma motivation. Lorsque ma motivation n'y était plus, la recherche devint laborieuse.

Comment utiliser les baguettes ?

Vous pouvez créer vous-mêmes vos baguettes en prenant une tige en laiton ou si vous n'en avez pas deux cintres feront l'affaire. Ils devront mesurer 45 cm. Vous les plierez à 15 cm pour la partie verticale, laissant ainsi les 30 cm restants pour la partie horizontale. Il faudra tenir les baguettes de manière à ce que leur mouvement soit totalement libre.

Si vous avez du mal à les tenir sans les serrer, vous pouvez placer les parties verticales correspondantes aux poignées dans des pailles (servant à boire).

Il faudra ensuite les tenir droites à la hauteur des seins, en faisant attention que la partie horizontale soit bien parallèle au sol.

Comment éveiller nos facultés supérieures ?

C'est un repérage important, car vous constaterez qu'au début, généralement, nous ne les tenons pas correctement.

Puis posez-vous par exemple la question : « Est-ce que le chakra du cœur de mon partenaire fonctionne bien ? ».

Restez intérieurement sur cette question en vous la répétant de temps en temps pour ne pas perdre votre cible.

Puis vous avancez vers lui jusqu'au moment où vous voyez les baguettes qui s'écartent ou se ferment.

Vous avez ainsi l'état d'ouverture du chakra, ainsi que son rayonnement.

Dans le cas où il s'est ouvert du côté droit et fermé du côté gauche, il est probable qu'il y ait un pieu à cet endroit précis.

Enlevez-le et observez avec les baguettes s'il y a un changement.

Sinon gardez encore votre question du départ et reculez doucement, afin de voir si en repassant sur la limite, les baguettes auront la même réaction qu'à l'aller.

 ou

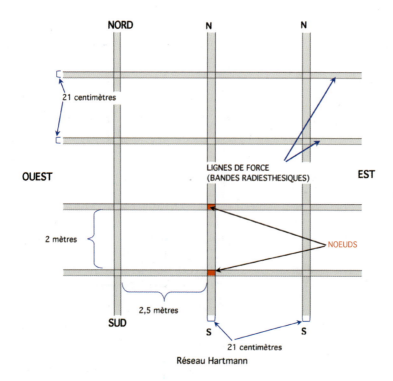

Réseau Hartmann

Qu'est-ce qu'un réseau Hartmann ?

Le réseau *Hartmann* est à un réseau tellurique couvrant toute la Terre.

Il a la forme d'un quadrillage énergétique invisible mesurant 2,50 m et orienté vers le sens nord-sud et de 2 m dans le sens est-ouest. Il possède une épaisseur de 21 cm formant aux quatre croisements ce que l'on nomme des nœuds.

Ces nœuds placés à l'aplomb d'une nuisance énergétique, qu'il s'agisse d'une rivière souterraine, d'une faille sèche, d'une cavité avec de l'eau stagnante ou de passage d'énergie tellurique négative, font remonter et amplifier ces nuisances souterraines à la surface du sol, empoisonnant la vie de ceux qui vivent à son aplomb.

D'autres réseaux existent qui seront développés ultérieurement.

Comment ressentir avec ses mains un réseau Hartmann ?

Lorsque vous aurez affiné votre ressenti tactile, vous pourrez commencer à ressentir le réseau *Hartmann* avec vos mains.

Il faudra pour cela avancer lentement droit devant vous avec les bras le long du corps, les paumes de mains orientées devant vous. Il faudra également faire de petits va-et-vient avec vos mains, d'une amplitude de 1 à 2 centimètres. Vous vous concentrerez ensuite sur votre intention de ressentir avec vos mains le réseau Hartmann. La cible étant déterminée, vous garderez votre intention et vous constaterez à un certain moment que vos mains semblent buter sur un mur invisible mais palpable. Il est important de repérer l'endroit précis que vous avez trouvé en plaçant au sol plusieurs stylos ou autres pour matérialiser l'emplacement du réseau.

Vous pouvez ainsi reculer et recommencer la même opération un mètre plus à droite ou à gauche de l'endroit où vous vous situez. Ceci pour vérifier que le réseau continue bien.

Vous pouvez ensuite vous placer à l'endroit précis que vous avez délimité, puis faire un pas en avant, pour vous retourner ensuite à 90°, vous retrouvant face aux stylos. Ceci dans le but de percevoir l'autre côté du mur pour en déterminer l'épaisseur précise.

Vous constaterez, si vous avez réussi, que son épaisseur est de 21 cm.

Comment ressentir les effets du réseau Hartmann sur le corps astral ?

Faites simplement l'expérience de ressentir un endroit neutre avec le corps physique, pour cela mettez-vous dans la position des 3 V (voir le chapitre : Comment nettoyer une maison ou un lieu perturbé ?)

Lorsque vous avez ressenti cet endroit neutre, placez-vous maintenant physiquement à l'endroit où vous avez trouvé l'épaisseur de 21 cm, c'est-à-dire sur le mur. Vous ressentirez comme si vous montiez une marche. Repassez maintenant à l'endroit où vous étiez avant. Vous aurez la sensation de descendre une marche, cette fois-ci.

En fait, le réseau Hartmann est un réseau tellurique, c'est-à-dire qu'il monte de la terre. C'est pour cette raison que si nous nous plaçons dessus, il a tendance à faire ressortir légèrement notre corps astral au-dessus de notre corps physique, donnant ainsi cette sensation de légèreté et l'impression de monter d'une marche.

Développez vos facultés psychiques et spirituelles

Vous avez la possibilité de vérifier si le réseau Hartmann est cosmique ou tellurique. Pour cela il faut placer ses deux mains, paumes orientées vers le bas, au-dessus du mur, faisant ainsi de petits mouvements de va-et-vient d'une amplitude de 1 à 2 centimètres.

Faites de même dans l'autre sens, à l'aplomb du mur, placez les paumes orientées cette fois-ci vers le haut. Faites de petits mouvements de va-et-vient dans ce sens.

De quel côté, vers le bas ou vers le haut avez-vous eu plus de pression ?

Même si cette nuance est subtile, vous constaterez qu'il y a plus de pression à appuyer les mains, paumes vers le bas, que vers le haut, car les « murs » formés par le réseau Hartmann sortent de la terre.

Il s'agit bien d'un réseau tellurique à l'inverse du réseau *Curry* qui semble être un réseau d'énergie cosmique.

Le réseau Curry est un réseau diagonal dont les murs sont épais de 40 cm.

Il existe encore d'autres réseaux, tels que le grand réseau diagonal, les réseaux Peyré, Romani, Palm, le grand réseau global.

Comment ressentir avec ses mains une rivière souterraine, ainsi que le sens du courant ?

Vous pouvez procéder de la même façon pour détecter une rivière souterraine.

Il faudra pour cela, comme pour la recherche de réseau Hartmann, avancer lentement devant vous avec les bras le long du

Comment éveiller nos facultés supérieures ?

corps, les paumes de mains orientées devant vous. Il faudra faire de petits va-et-vient avec vos mains d'une amplitude d'un à deux centimètres.

Vous vous concentrerez sur votre intention de ressentir avec vos mains la rivière souterraine. Vous garderez votre intention et vous ressentirez à un certain moment que vos mains semblent buter sur un mur invisible et froid.

Comme pour l'exercice précédent, vous repérerez l'endroit précis que vous avez trouvé en plaçant au sol plusieurs stylos pour matérialiser le lit de la rivière.

Développez vos facultés psychiques et spirituelles

Vous pouvez ainsi reculer et recommencer la même opération un mètre plus à droite ou à gauche de l'endroit où vous vous situez, et continuer pour suivre le trajet émis par la rivière. Ceci pour vérifier quelle est la position de cette rivière sur le terrain que vous désirez.

Vous pouvez ensuite vous placer à l'endroit précis délimité par les stylos, puis faire quelques pas en avant, pour vous retourner ensuite à 90°, vous retrouvant face aux stylos. Ceci dans le but de percevoir la largeur précise de la rivière. Placez-vous ensuite à l'aplomb de la rivière et mettez-vous en position des 3 V. Que ressentez-vous ? Si votre ressenti est affiné, vous avez peut être constaté l'aspect glacial de la rivière. Lorsque nous faisons cet exercice en équipe, les élèves sont unanimes pour confirmer ce ressenti glacial.

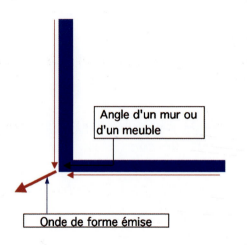

Enfin voici un exercice complémentaire qui vous permettra de repérer de quel côté l'eau de la rivière coule, vers votre droite ou vers votre gauche.

Pour cela il faut visualiser votre main astrale sortant de votre main physique, plongeant dans la rivière, faisant ainsi de petits mouvements de va-et-vient d'une amplitude de 1 à 2 centimètres dans un sens puis dans l'autre.

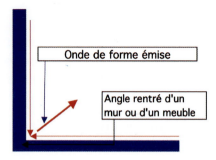

De quel côté avez-vous senti plus de pression ? Et à l'inverse, comme si votre main astrale était entraînée toute seule. C'est la direction vers laquelle vous avez senti le plus de pression qui vous prouve que l'eau arrive de ce côté et que votre main pousse à contre-courant.

Qu'est-ce qu'une onde de forme ?

Une onde de forme est une énergie émise par un objet à partir de sa forme.

Si nous avons des angles de meubles très pointus et que nous nous asseyons dos face à un de ces angles, nous pourrons, si nous y restons longtemps, commencer à ressentir une petite douleur.

Si nous sommes sensitifs, nous ressentirons plus facilement et plus rapidement cette douleur, ce qui aura comme avantage de s'en éloigner.

Pour être objectif, il faut connaître le ressenti de notre main avant tout test, alors nous pouvons faire la différence en passant notre main sur un angle rentré ou sorti du mur.

Le fait de ressentir rapidement ce qui nous est néfaste est vraiment la meilleure protection qui soit, car cela évite bien des soucis nous avertissant dès le début de ce qui nous arrive.

PARTIE 3

LA MAUVAISE UTILISATION DE NOS FACULTÉS SUPÉRIEURES

" Ne commence rien dont tu puisses te repentir dans la suite. Garde-toi d'entreprendre ce que tu ne sais pas faire, et commence par t'instruire de ce que tu dois savoir. C'est ainsi que tu mèneras une vie délicieuse. "

PYTHAGORE

" Le plus grand combat, c'est le combat contre soi-même ! "

VIEIL ADAGE

" C'est le dedans qui est la cause du dehors. "

EMMET FOX

" J'ai appris que dans la vie tout est lié et que si l'on a fait du mal à quelque chose, on a fait du mal à tout le reste. "

AUTEUR ANONYME

Les attaques psychiques

" Gémir sur un malheur passé, c'est le plus sûr moyen d'en attirer un autre. "

WILLIAM SHAKESPEARE

" Ne fais pas à autrui ce que tu ne voudrais pas que l'on te fasse. "

CONFUCIUS

" Se venger c'est se mettre au niveau de l'ennemi. Pardonner c'est le dépasser. "

FRANCIS BACON

" L'enfer est l'état d'une âme qui est incapable de sortir d'elle-même, centrée absolument sur elle-même, le sombre et mauvais isolement, c'est-à-dire l'impuissance finale d'aimer. "

N. A. BERDIAEFF, *The Destiny of Man*

Qu'est-ce que l'envoûtement ?

L'envoûtement est un empoisonnement psychique envoyé à distance sur une personne.

Bien des gens ignorent combien ce phénomène est une réalité répandue. Malheureusement, beaucoup de personnes malfaisantes agissent apparemment en toute impunité. Je précise bien *apparemment*, car rien ne reste jamais impuni. Si la personne malfaisante n'en subit pas les conséquences dans cette vie, elle le paiera dans l'entre-deux-vie ou dans la vie suivante. Nous récoltons toujours ce que nous semons, tôt ou tard. C'est une loi spirituelle, ce que nous faisons aux autres, nous le faisons à nous-même.

Comme si notre univers était un monde clos.

Comment fonctionne-t-il ?

L'envoûtement est un empoisonnement psychique effectué par une personne ou un groupe de personnes sur une ou plusieurs victimes.

Nous avons affaire dans ce cas de manœuvre à une pollution, une attaque faite pour détruire, salir ou même tuer quelqu'un par voie psychique. Il faut savoir que celui qui utilise ce moyen agit comme un criminel.

L'empoisonnement se répand par voie vibratoire vers la victime et sur tout ce qui porte son empreinte énergétique. Il se déverse donc sur sa famille, ainsi que tout ce qui lui appartient de matériel.

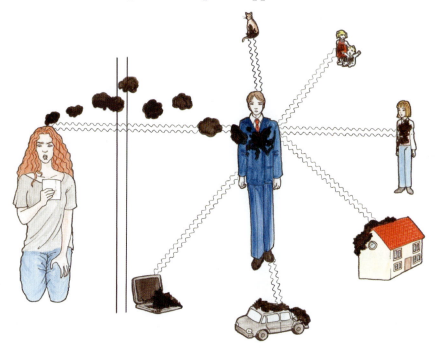

Trajet de la négativité

Les différents stades d'envoûtement par ordre de gravité :

1) Une personne vivante agissant par télépathie sur une personne vivante.

2) Une personne vivante agissant au moyen d'une forme pensée sur une personne vivante.

3) Une personne vivante agissant au moyen d'un support chargé sur une autre personne vivante.

4) Une personne vivante agissant avec son corps astral sur une personne vivante.

5) Une personne défunte agissant par télépathie sur une personne vivante.

6) Une personne défunte agissant en attaquant astralement une personne vivante.

7) Une personne défunte agissant en possédant le corps physique d'une personne vivante.

8) Une personne vivante envoyant des entités du bas astral sur une personne vivante.

9) Une entité du bas astral attaquant une personne vivante.

10) Une entité démoniaque attaquant une personne vivante.

1) Une personne vivante agissant par télépathie sur une personne vivante.

Témoignage

La mère d'un de mes amis, Mme Odile P., m'avait raconté qu'un jour, alors qu'elle était au théâtre et qu'elle s'y ennuyait, elle a voulu s'amuser et s'est concentrée sur le spectateur devant elle, fixant un endroit de son cou. Elle avait fait cela pendant un moment. Ce spectateur, après cette expérience, n'a pas arrêté de se gratter à cet endroit précis.

2) Une personne vivante agissant au moyen d'une forme pensée sur une personne vivante.

Témoignage

Il y a quelques années, lorsque j'étais encore élève de Raymond Réant et que j'étais en vacances depuis trois semaines, je ne comprenais pas pourquoi j'étais épuisé, n'arrivant pas à me recharger énergétiquement.

Nous avions fait le trajet retour de nuit, des Pyrénées vers Paris, et nous étions arrivés vers cinq heures du matin.

Développez vos facultés psychiques et spirituelles

Je venais juste de me coucher, étant entre la veille et le sommeil, je vis nettement à cet instant, à l'emplacement de mon chakra du cœur, comme un poulet qui se débattait. Je fus surpris tant la vision était nette. Ce poulet avait la particularité de ne pas avoir de tête. J'avais pourtant la ferme conviction qu'il avait pris mes énergies et qu'il était la source de ma fatigue.

Malgré ma faiblesse momentanée, je fis de mon mieux pour le détruire. Quelques jours plus tard ma femme demanda à Raymond Réant s'il pouvait voir d'où ce poulet venait et si je l'avais bien détruit. Après quelques jours, il me répondit qu'il ne fallait pas chercher d'où cela pouvait provenir mais qu'effectivement je l'avais bien détruit.

Quelque temps plus tard, méditant sur la jalousie, me demandant comment on pouvait envoyer une telle chose, tout en gardant en mémoire de ne pas chercher l'auteur, je vis apparaître la personne concernée, de façon très nette, bien que ne la cherchant pas.

En réalité, cette personne avait dû penser à moi de manière intense. Je vis très bien un éclair partant de sa tête et prenant la forme d'un « petit haricot ». Puis ce haricot est arrivé sur moi, se nourrissant petit à petit de mes énergies jusqu'à devenir ce poulet sans tête. Je réalisai qu'il s'agissait d'une forme pensée involontaire, c'est pour cette raison qu'elle n'avait pas de tête, elle n'avait pas de personnalité propre.

Pourquoi a-t-elle pris cette forme de poulet ? Je ne sais pas mais il s'agit toutefois de ce que nous appelons une forme pensée.

Dans ce cas-là elle se nourrissait de moi à mes dépens. Il fallait pour que je l'aperçoive que je sois en état second, car dans la journée je ne ressentais pas sa présence. De plus, j'ai plutôt un tempérament à ne pas m'occuper de moi.

3) Une personne vivante agissant au moyen d'un support chargé sur une autre personne vivante.

Témoignage

Il y a quelques années, une de mes élèves qui était voyante m'avait envoyé la photo d'une de ses clientes, personne importante à l'Unesco. Elle avait lors d'un voyage en Afrique remis des choses en ordre, congédiant des personnes qui faisaient des détournements de fonds.

Quelque temps plus tard elle commença à se sentir mal, broyée au niveau de la cage thoracique, avec des douleurs dans son corps. Elle commença également à avoir des nécroses dans les mains.

Nous avions regardé en clairvoyance avec une équipe d'anciens et nous avions vu qu'il s'agissait d'un homme, qu'elle a reconnu par rapport à la description précise qu'on lui avait donnée.

En effet, c'était l'une des personnes qu'elle avait licenciée.

Quelques jours plus tard, en travaillant sur elle, je fus surpris de découvrir qu'elle avait les jambes jusqu'aux chevilles semblables à des poteaux et que les pieds étaient normaux. Quand je l'eus signalé à cette élève, elle me rappella pour me dire que c'est exactement ce qui troublait le personnel médical, car dans le cas d'une inflammation celle-ci ne s'arrête pas à la jointure. ↓

Je constatai que l'on avait mis des corps étrangers à l'intérieur de ses jambes, lui déformant ainsi le corps astral. J'enlevai ces choses-là.

Nous avons dû nous y reprendre à plusieurs fois, particulièrement pour trouver le voûlt, car il s'agissait d'un objet fait en terre, de forme humaine et contenant un de ses cheveux qui servait d'émetteur pour agir contre elle. Nous avons donc nettoyé astralement ce voûlt pour qu'il puisse perdre toute trace de l'identité de cette dame, malgré le cheveu à l'intérieur.

Les choses ne rentrèrent dans l'ordre que bien plus tard. Nous avions affaire à quelqu'un de très fort.

4) Une personne vivante agissant avec son corps astral sur une personne vivante.

Témoignage

Une élève m'avait demandé de dégager son amie Mlle Isabelle B. qui avait tous les symptômes d'une possession. Elle hurlait au début de la nuit avant de dormir, insultant son mari. Elle avait de plus la particularité d'avoir le visage qui changeait.

Cela lui était arrivé à la suite d'une fête des anciens d'une école allemande réputée. Elle avait retrouvé un ancien copain.

Elle s'est retrouvée devant lui comme tétanisée. Il s'est mis de la salive sur le doigt, qu'il a ensuite placé sur la langue de Mlle Isabelle B. qui fut comme hypnotisée, sans réaction. Il lui a ensuite confié sa chemise, lui demandant de la garder chez elle.

La mauvaise utilisation de nos facultés supérieures

C'est à partir de ce moment-là que ses nuits commencèrent à être agitées.

Ce qui attira mon attention, c'est que cela se passait tous les soirs à la même heure, me faisant supposer que l'être qui la possédait était probablement une personne vivante physiquement.

Dans le cas où nous aurions eu affaire à une entité défunte, elle aurait eu du mal à agir à une heure fixe, le temps n'existant pas sur l'autre plan. De plus, si c'était un être se trouvant sur l'autre plan, il aurait tout loisir d'agir à n'importe quelle heure du jour ou de la nuit.

Son amie apporta la chemise de cet homme qui était entourée d'aluminium. En la sortant de son paquet l'énergie de l'équipe d'élèves présents s'est comme effondrée, tant la chemise était chargée négativement.

J'ai donc proposé à l'équipe de me suivre dans le jardin où je l'ai brûlée, détruisant en même temps sa partie astrale, ainsi que tous les liens astraux qui la rattachaient à son propriétaire. Ce dernier avait confié sa chemise, portant sa sueur, pour pouvoir retrouver plus facilement sa victime avec son corps astral.

Le soir même je sortis de mon corps avec un ami, afin de voir quel était son but et de quelle façon il opérait.

Nous avons tous deux constaté qu'il s'était tourné vers le mal, pratiquant ainsi toutes sortes de magies. Il essayait de faire tomber Mlle Isabelle B. dans le désespoir.

J'ai immédiatement bloqué son corps astral et demandé aux êtres de lumières provenant de plans supérieurs de garder les barrières que j'avais placées, afin qu'il ne puisse plus déranger Mlle Isabelle B.

Les choses rentrèrent tranquillement dans l'ordre comme s'il n'y avait jamais rien eu.

5) Une personne défunte agissant par télépathie sur une personne vivante.

Témoignage

Un jour, un de mes élèves magnétiseur, M. Philippe C., venant de Béziers, me demanda si nous pouvions faire une clairvoyance pour une de ses patientes, Mme Josiane G. qui avait comme particularité de voir un fœtus dès qu'elle fermait les yeux.

Elle subissait ce phénomène en permanence, de jour comme de nuit, depuis un an environ.

Nous avons donc perçu par clairvoyance que c'était son propre père, décédé, qui lui envoyait continuellement des images de fœtus.

J'ai donc demandé à M. Philippe C. de bien vouloir lui créer une coque psychique, afin de l'isoler des images télépathiques émises par son père. Dès que la coque fut posée autour d'elle, la vision du fœtus disparut instantanément.

Quelques jours plus tard, je décidai d'aller astralement voir son père, afin qu'il cesse d'importuner sa fille. Nous ne pouvions pas la laisser enfermée pour toujours dans une coque, à cause de l'obsession de son père. J'arrivai donc devant un homme d'un certain âge. Je lui expliquai que ce qu'il faisait envers sa fille n'était pas correct, car il l'empêchait de vivre normalement. Malheureusement cet homme était plutôt obtus, répétant sans arrêt la même chose, qu'il désirait renaître comme futur enfant de sa fille !

Je lui répétai que sa fille était maintenant prévenue et qu'il fallait qu'il arrête d'agir ainsi, car nous étions obligés de protéger sa propre fille de lui-même.

Il continua malgré tout de me répéter la même phrase. J'avais l'impression qu'il avait des œillères, ne pouvant entendre aucun message, restant ainsi prisonnier de son obsession. ↓

Je l'ai donc averti afin qu'il arrête ses agissements. Voyant qu'il n'y avait aucune écoute possible de sa part, je décidai de marquer le coup, pour qu'il m'écoute vraiment cette fois-ci.

J'ai ainsi transformé mon corps astral de façon un peu effrayante, le menaçant avec la voix correspondant à ce corps astral, lui précisant qu'il prenne mon avertissement sérieusement et que s'il recommençait je reviendrais le voir.

Nous étions un mercredi soir et j'appelais M. Philippe C. pour le tenir au courant de ce que je venais de faire. Il me répondit qu'il la voyait justement le lendemain matin.

Le samedi matin suivant, en arrivant au cours, il me raconta que Mme Josiane G. avait vécu une nuit entière de cauchemars le mercredi. Son père était venu la voir, effrayé. Cette nuit-là, sur l'autre plan, il y avait eu une explication entre le père et la fille.

Les choses rentrèrent ensuite paisiblement dans l'ordre. Malheureusement, il fallut utiliser un tel stratagème pour que son père puisse enfin la laisser tranquille.

6) Une personne défunte agissant en attaquant astralement une personne vivante.

Témoignage

Une de mes élèves était attaquée par son propre grand-père, personne très malsaine. Elle me demandait de la dégager car il la tourmentait toutes les nuits, ainsi que sa sœur et sa mère. Je décidai donc d'un rendez-vous avec cette élève lui précisant que j'irai chercher le grand-père là où il se trouvait, pour l'envoyer dans le bas astral.

↓

Développez vos facultés psychiques et spirituelles

Les nuits précédentes, les victimes de ce personnage ont été tranquilles. Il était apparemment au courant de ce qui allait se passer. Avant d'agir je demandai donc l'autorisation en-haut, ainsi que leur protection et je partis pour le chercher. En arrivant sur place je vis deux personnes qui expliquaient au grand-père que je venais le chercher. Il semble que les nouvelles vont vite dans l'invisible. Je l'attrapai donc pour l'envoyer dans le bas astral.

Les nuits suivantes devinrent calmes pour ces personnes qui me confirmèrent le changement.

7) Une personne défunte agissant en possédant le corps physique d'une personne vivante.

Témoignage

Une personne m'avait appelé car cela faisait des années qu'elle était très mal. Il s'agissait d'un homme qui avait fait la guerre d'Algérie.

Il avait du mal à se mouvoir et souffrait dans tout son corps. En regardant en clairvoyance, nous avions vu en équipe qu'il avait fait subir gratuitement toutes sortes de sévices à ses victimes. Ces derniers se vengeaient en l'incorporant et en le faisant souffrir.

Nous avons donc demandé l'autorisation d'agir et nous avons enlevé et déplacé ses tortionnaires. Nous avons aussi nettoyé son corps astral qui était bardé de toutes sortes de pointes qui le traversaient en tous sens.

Nous n'avions pas eu la possibilité de tout enlever et sentions clairement que tout n'était pas encore totalement « épongé ». Mais nous ressentions que petit à petit, les choses rentreraient dans l'ordre.

8) Une personne vivante envoyant des entités du bas astral sur une personne vivante.

> *Témoignage*
>
> Il arrive que l'on ait affaire à des personnes très puissantes dans le mal, au point que leurs désirs deviennent des ordres. Cela fut le cas pour quelqu'un de mon entourage. Cette personne en voulait personnellement à ma fille, parce qu'elle n'arrivait pas à la récupérer.
>
> Ce problème s'est passé en plusieurs fois. Ma fille étant médium, elle ressentait fortement les attaques qu'elle subissait. Un jour elle m'appela au secours et je me trouvai nez-à-nez avec une entité malsaine, de taille humaine, dans sa chambre. De colère je détruisis sur place cet être qui l'avait attaquée. Puis je me suis dit : « Est-ce que je n'ai pas tué le corps astral de cette personne ? », pouvant ainsi prendre une forme qui lui correspondait parfaitement sur l'autre plan. Heureusement intérieurement je sentais que la réponse était non.
>
> Un autre jour, ma fille me signala qu'elle se sentait mal. Nous devions cet après-midi là voir cette personne malsaine de mon entourage. Je regardai donc astralement et je vis nettement le même type d'être que celui que j'avais détruit, à la différence qu'il y en avait plusieurs cette fois-ci.
>
> Je les détruisis et les choses se remirent en place. Il y a des personnes de niveau presque démoniaque qui sont aidées par les entités du bas astral. C'est comme si elles avaient un degré élevé dans le mal, leur permettant d'avoir des serviteurs.
>
> À l'inverse, c'est-à-dire du côté lumineux des choses, nous voyons parfois des saints servis par des anges.

9) Une entité du bas astral attaquant une personne vivante.

Témoignage

Une élève thérapeute m'avait demandé si je pouvais faire quelque chose pour un de ses patients, un petit garçon nommé Alexandre. Il avait six ans et la particularité de ne pas pouvoir marcher, étant ce que l'on pourrait appeler un enfant chiffon. En effet il suffisait de le lâcher pour qu'il s'effondre, ne faisant des gestes comme baisser la tête ou la lever que par à-coups. Il ne pouvait faire aucun geste au ralenti car cela lui demandait trop d'énergie et ne pourrait se soutenir.

Cette élève nous a apporté la photo du petit Alexandre et nous avons constaté à l'unanimité qu'il n'était pas présent dans son corps. J'ai intérieurement sollicité l'autorisation d'agir sur Alexandre.

J'ai ensuite demandé à l'équipe d'élèves présents de faire le travail avec moi. Je ressentis quelque chose de très négatif et pour cette raison, j'invitai les élèves à regarder la scène en clairvoyance. J'allai pour ce cas en voyage astral pour voir de quoi il s'agissait.

En arrivant sur place, je restai estomaqué, me trouvant en face d'une entité puissante, ressemblant à un bloc de charbon avec des bras et des jambes. Je vis aussi le corps astral du petit Alexandre suspendu par les bras à une ficelle. Il semblait s'amuser dans cette situation.

J'ai immédiatement attrapé l'entité, que j'ai détruite afin qu'elle ne revienne plus sur Alexandre. J'ai ensuite libéré son corps astral que j'ai replacé dans son corps physique. Cela se passait un mardi soir.

Cette élève me demande si elle peut en parler à la maman.

La mauvaise utilisation de nos facultés supérieures

Je lui réponds qu'elle fasse comme elle le sent, selon l'ouverture qu'elle possède.

Je retrouve cette élève thérapeute le samedi matin suivant, elle me donne des nouvelles fraîches d'Alexandre, ainsi que des photos après le travail. Le résultat était effectivement visible entre les photos où il était absent, comme si nous avions un corps sans âme, et les photos où il avait réintégré son corps.

Elle nous raconta qu'Alexandre avait fait d'immenses progrès au niveau moteur, commençant à faire des mouvements lents et à se tenir debout. Je rappelle que l'enfant n'était au courant de rien.

Cette élève nous raconta enfin qu'elle en avait parlé à la maman. Cette dernière lui répondit en faisant un lapsus révélateur : au lieu de citer le « landau » d'Alexandre, elle parla du « cercueil », tout en disant : « Je l'ai encore fait ! ». Elle expliqua qu'après la naissance d'Alexandre, alors qu'elle était allongée sur le lit de l'hôpital, elle avait nettement entendu que l'on frappait à la porte de sa chambre. En disant : « Entrez », : elle avait vu une boule blanche traverser la porte, avancer jusqu'au-dessus du lit du nouveau-né et descendre dans le corps physique d'Alexandre.

10) Une entité démoniaque attaquant une personne vivante.

Témoignage

J'étais en contact avec une librairie parisienne, une des dames présentes me recommanda auprès d'un de ses clients M. Gérard L. Ce monsieur, accompagné de sa sœur, était venu dans cette librairie dans l'espoir de trouver quelqu'un qui puisse le dégager. ↓

Je reçois donc un appel téléphonique de sa sœur, Mme Christiane R., qui m'explique l'urgence du cas de son frère. En effet, le lendemain M. Gérard L. étant invité chez des amis était en train de décrocher le lustre pour se pendre. Ses amis l'avaient arrêté à temps. M. Gérard L. voyait une femme qui lui apparaissait vêtue de rouge. Elle lui disait qu'il lui appartenait. De plus cette femme lui faisait comprendre qu'elle avait tous les droits sur lui.

Il m'appela le soir même. Sa voix était la même voix que lorsque nous mettons une main devant notre bouche pour parler. Je l'entendais à peine.

Il me faisait comprendre qu'il ne pouvait pas faire autrement et qu'il se sentait obligé de se suicider. De plus il m'expliqua qu'il lui était impossible d'entrer dans une église car son corps tombait. Je compris plus tard que l'être qui le possédait, le quittait, laissant ainsi son corps physique vide s'effondrer sur le sol.

Le lendemain, après une longue journée de travail, je décidai de l'aider au plus vite, car le cas semblait urgent. Malgré une profonde fatigue, j'ai appelé à l'aide des êtres de lumière puis j'ai décidé de le dégager de cette idée de suicide. Arrivé sur place en astral, ma vision astrale était comme trouble à cause de la fatigue. Je ne voyais pas nettement ce qui me fonçait dessus et qui me semblait être une grosse masse de couleur rouge. J'ai eu immédiatement le réflexe de créer astralement deux pointes (une dans chaque main) que je dirigeais en direction de ce qui m'attaquait.

D'un coup ma vision astrale devint plus nette. Je vis que l'être qui me fonçait dessus avait le corps d'un taureau ainsi que le visage et marchait sur deux pattes. Il était aux ordres d'une femme vêtue de rouge et de noir. Je n'eus pas le temps de réfléchir, sectionnant la bête en deux, enfermant à distance cette

La mauvaise utilisation de nos facultés supérieures

femme avec ce qui restait de la bête, dans une grande coque. Dès qu'ils furent enfermés, je les envoyais dans l'espace afin qu'ils ne reviennent plus attaquer leur victime.

Je pris ensuite le corps astral de M. Gérard L., que je replaçais dans son corps physique. Effectivement, je compris pourquoi il voyait clairement ce qui l'entourait au niveau astral car son corps astral n'était pas dans son corps physique.

J'appelais sa sœur pour lui dire que je venais de travailler sur son frère, qu'elle note l'heure à laquelle je l'avais dégagé afin d'observer les changements éventuels. Je lui demandais si elle pouvait prier pour moi, car j'étais épuisé.

Mme Christiane R. raconta ce qui venait de se passer à M. Gérard L. et qu'il était dégagé. Effectivement M. Gérard L. allait réellement beaucoup mieux à partir de cet instant-là. Il récupérait petit à petit. Il m'appela deux jours plus tard. Sa voix ne ressemblait plus à la voix que j'avais entendue. Il se sentait déjà plus léger, mais tout n'était pas encore parti, il restait la mémoire de cette présence. Quelque temps plus tard les choses se précisèrent au fur et à mesure que le temps passait et le dégagement fut ainsi définitif. Je demandai à M. Gérard L. s'il pouvait aller remercier par correction cette personne qui me l'avait envoyé. Il s'est donc rendu sur place pour lui préciser qu'il se sentait effectivement dégagé.

Cette dame de la librairie était présente ce jour-là. Elle me signala que la première fois qu'elle l'avait vu, elle avait remarqué que M. Gérard L. semblait de couleur grise. Elle précisera qu'après le dégagement elle constatait qu'il était de couleur rose.

Nous rappelons à ceux qui ont l'intention de nuire aux autres, qu'il est préférable d'éviter ce genre d'action, car tôt ou tard ces choses se retrouvent sur le chemin de celui qui les a semées.

Un exercice efficace de nettoyage des négativités

Il est nécessaire d'être en bonne forme pour bien réaliser cet exercice. Il faut visualiser des énergies d'amour qui s'accumulent au point de devenir immenses tel un soleil incandescent d'une centaine de mètres de diamètre.

Par visualisation, vous verrez les négativités disparaître sous forme de masses sombres que vous enverrez dans le centre de la Terre.

Diverses raisons entraînant la dégradation des facultés supérieures

" L'Art n'a point de haineux que l'ignorant. S'il ne sait apprendre, Qu'il se taise, ou s'en aille. "

HENRI KHUNRATH

" Si vous n'avez pas l'amour, vous n'avez rien. "

SAINT PAUL

Un mental non maîtrisé

Il est nécessaire d'être capable d'avoir un minimum de maîtrise du mental afin que lorsque nous sommes en état de clairaudience nous ne fabriquions pas de faux messages.

Bien des clairvoyants se disent canal de saint-Michel ou de toutes sortes d'être spirituels lumineux. Malheureusement, nous n'avons pas de moyens pour prouver ce qu'ils disent. Il semble que ces entités qu'ils canalisent aient une tendance à être bavardes. Lorsque nous allons à l'encontre de certains de ces êtres en équipe, nous nous rendons vite compte qu'ils ne sont pas loquaces. Soyez rassurés, on ne nous reprochera pas là-haut d'être prudents.

Bien des personnes ont reçu de la part de clairvoyants et clairaudients des messages sur leur avenir qui étaient erronés. Ils sont donc restés sur ces prédictions, faussant ainsi leur vie.

Témoignage

Pour ma part j'ai connu une dame âgée de 70 ans. Elle avait consulté une voyante à 19 ans qui lui avait dit qu'elle aurait un mari avec des cheveux blonds, un garçon et une fille. En fait elle s'est mariée avec un homme aux cheveux bruns et elle a eu deux garçons. Elle me demandait, malgré son âge, si elle ne s'était pas trompée dans son destin.

Si j'ai narré cet exemple, c'est simplement pour montrer à quel point il est grave de se tromper sur l'avenir de quelqu'un. Je pense que la clairvoyante a depuis ce temps-là oublié le message qu'elle a transmis à cette dame. Malheureusement cette dame n'a jamais oublié.

Les drogues et l'alcool

Les drogues et l'alcool conduisent à des expériences non maîtrisées ainsi que vers des états de conscience inférieurs. Ils nous entraînent ainsi à l'inverse des expériences menant dans des états de conscience supérieure.

Nous le voyons bien à travers ceux qui sont dans un état de coma éthylique ou alcoolique, qui vivent ce que l'on appelle le delirium tremens et voient toutes sortes de monstruosités provenant du bas astral, telles que des araignées géantes montant sur eux. C'est parce que ces substances abaissent la vibration des personnes, qu'elles vont astralement dans les plans astraux inférieurs et se récupèrent toutes sortes de négativités. Elles peuvent ainsi les voir parce que leur corps astral est décalé, leur permettant de percevoir les deux plans : physique et astral inférieur en même temps.

Le besoin de reconnaissance

Ce besoin d'être important est nécessaire à chacun d'entre nous. Cela fait partie de nos besoins les plus profonds d'être reconnu.

Le besoin de reconnaissance provient généralement de notre petite enfance, où nous n'avons pas reçu la quantité d'amour et de présence demandée, même si nos parents ont fait tout ce qu'il fallait pour nous aimer.

Après un travail intérieur, notre besoin de reconnaissance passera au tamis de notre méditation. Cet insatiable besoin a tendance à ne jamais être comblé, poussant la personne à rechercher dans chaque acte réalisé l'admiration des autres. Cet état se transformera en un besoin de reconnaissance à un degré supérieur. C'est-à-dire à un besoin de reconnaissance qui se suffit à lui-même et si nous le voulons bien de celle de nos guides spirituels.

L'orgueil

L'orgueil fait sortir la personne du chemin spirituel. Celle qui devient orgueilleuse commence à s'attribuer ce qu'elle reçoit, comme si cela venait d'elle. Elle ne se rend pas compte au départ qu'elle perd sa cohérence, glissant lentement vers une déformation de la réalité, pouvant ainsi la pousser vers la mégalomanie. Ses propres guides auront tendance à la laisser se « débrouiller toute seule » pour qu'elle revienne à de meilleurs sentiments.

Témoignage

Un de mes élèves m'avait parlé d'une voyante qui était bonne dans son domaine. Ma femme voulant avoir des informations pour nos enfants et sachant que l'on n'est guère prophète pour les siens, car nous ne pouvons jamais être objectifs pour ceux de notre famille, j'acceptais donc de l'accompagner. Arrivant quelques minutes avant ma femme, elle me reçut et après m'avoir toisé elle m'affirma : « Vous, vous avez une maîtresse ! »

Je lui répondis que non. Elle était prête à surenchérir et m'annonçait : « Vous avez eu une jeunesse heureuse ». Au fond de moi-même, je me suis dit qu'il était difficile de faire pire. C'était du 100 % d'erreurs.

Pendant les trois quarts de la séance, elle nous a montré les photos suspendues au mur où, il y avait des années, elle avait été médaillée « meilleure voyante de l'année ! ».

Sa vie semblait s'être arrêtée à cette période de gloire. Elle était comme figée sur ce passé où elle montait les marches du podium pour recevoir sa médaille.

La soif de pouvoir

La soif du pouvoir est un besoin qui entraîne la personne à vouloir s'annexer les autres, s'arrangeant de mille manières pour être admirée. Le fait d'avoir une telle soif oblige la personne qui la nourrit à perdre son objectivité, aux dépens de cette même soif.

J'ai ainsi perçu par clairvoyance que certaines personnes que je connaissais, qui ont développé leurs facultés psychiques, ont reçu des messages spirituels, les ont transformés à leur avantage pour se valoriser.

Nous voyons bien que dans un tel cas, la soif du pouvoir fausse toute réception spirituelle avec, en plus, le danger d'être récupéré par la personne. Celle-ci perdant ainsi toute son objectivité, devient elle-même un danger spirituel pour ceux qui l'entourent.

Une mauvaise construction intérieure

Les facultés psychiques se dégradent lorsque la personne n'est pas bien construite, ne serait-ce qu'au niveau de ses connaissances ou au niveau spirituel. Elle peut, à un certain moment de la croissance de ses facultés, commencer à mélanger les choses, ne sachant d'où elles proviennent, la laissant dans une sorte de trouble intérieur et de mal-être.

Une personne de ma connaissance lisait toutes sortes de livres hétéroclites dans les domaines psychiques, elle en arrivait à se dire que ce que certains annonçaient était opposé à ce que d'autres avaient affirmé. Elle avait ainsi réussi à créer un amalgame de toutes sortes d'informations aussi incohérentes les unes que les autres, ne faisant plus le tri pour distinguer la vérité de l'erreur.

Il faudrait pour qu'elle retrouve sa cohérence qu'elle médite sur les informations accumulées afin de les reclasser à leur juste place, lui permettant ainsi de se recentrer pour que le calme intérieur puisse revenir.

Le doute

Sur le plan astral, le doute est l'inverse de toute création. Il est comparable à un dissolvant qui défait d'un coup ce qui a été visualisé.

De même, si la personne qui s'élève spirituellement est rattrapée par le doute, elle se retrouvera rapidement dépassée, perdant ses moyens, se sentant ainsi réduite dans ses capacités qu'elle a précédemment acquises.

Témoignage

Une personne de mes connaissances Mme Brigitte N. réalisait ce qu'elle désirait sur le plan astral. Elle progressait de façon correcte tant au niveau des techniques que des résultats positifs qu'elle obtenait.

Elle n'avait jamais médité ni travaillé sur son mental. Un jour elle commença à douter de ses capacités, laissant s'installer un fossé entre ce qu'elle avait nouvellement acquis et ce qu'elle était précédemment. Avec le temps le fossé se creusait, si bien qu'elle ne pouvait plus reproduire ce qu'elle avait fait précédemment. Cela lui était devenu impossible car c'était trop grand pour elle, alors que c'était acquis.

Le doute est comparable à une faille située dans notre construction intérieure, pouvant s'il réapparaît nous ébranler profondément. Cette étape aurait dû être travaillée auparavant en apprenant à maîtriser notre mental et en méditant sur nos capacités et nos limites afin que notre vision des choses soit claire et stable, ne laissant pas prise à toute pensée réductrice nous concernant.

PARTIE 4

LES ÊTRES INVISIBLES
QUI NOUS ENTOURENT

" La plus belle expérience que nous puissions faire est celle du mystère. C'est l'émotion fondamentale qui se situe au berceau de l'art et de la science véritables. Celui qui l'ignore et ne peut plus s'émerveiller serait aussi bien mort et ses yeux affaiblis. "

ALBERT EINSTEIN

" Et maintenant, homme, sais-tu pourquoi tout parle ?
Écoute bien. C'est que vents, ondes, flammes,
Arbres, roseaux, rochers, tout vit ! Tout est plein d'âmes. "

VICTOR HUGO, *Les Contemplations*

Nos guides spirituels

" Les vérités que l'on aime le moins à entendre sont souvent celles qu'on a le plus besoin de savoir. "

PROVERBE CHINOIS

" Si vous voulez connaître le chemin qui mène au sommet de la montagne, demandez donc à l'homme qui l'arpente continuellement dans les deux sens. "

VERS DU ZENRIN JAPONAIS

Qui sont nos guides spirituels ?

Nous avons tous, un ou plusieurs guides spirituels. Dans la majorité des cas, ce sont des hommes ou femmes, comme vous et moi. Généralement, ils ont été pendant une ou plusieurs vies antérieures, des membres de notre famille proche, des amis intimes, ou encore des personnes qui ont accepté de nous accompagner sur le chemin spirituel, sans forcément nous connaître.

Ils peuvent être aussi des personnages provenant de tous les plans possibles, de mondes éloignés ou même de planètes où nous aurions vécu durant une période ou dans une vie antérieure.

Témoignage

Lors d'un cours réalisé avec des élèves avancés, nous sommes allés en sortie astrale voir le guide de Mme Isabelle V. En nous préparant pour le voir, nous avions remarqué qu'il avait anticipé notre demande, en étant déjà présent dans la salle de cours.

J'ai donc demandé à l'équipe, de sortir astralement dans la pièce où nous étions. Une bonne partie de l'équipe l'a vu. Il était placé debout, derrière le siège où Mme Isabelle V. était assise et était penché, la tête juste derrière celle de

↓

Mme Isabelle V. C'était un grand jeune homme brun, vêtu de manière contemporaine, bien sympathique, qui semblait très proche de Mme Isabelle V.

La plupart des membres de l'équipe ont été surpris qu'un guide puisse être aussi lié affectivement à la personne qu'il accompagne. En jetant un petit coup d'œil en clairvoyance, j'ai vu qu'il avait été son fils dans une vie précédente.

Connaissant Mme Isabelle V. qui est une personne très affectueuse, je comprends très bien que son fils puisse être aussi proche de « sa maman ». Nous sentions une profonde communion affective entre les deux.

Il n'en est pas exactement de même lorsqu'il s'agit de quelqu'un qui nous est étranger.

Peut-être avons-nous été guide de quelqu'un qui nous était cher, ou le serons-nous un jour.

Témoignage

J'ai connu le cas d'une maman qui est décédée en mettant son enfant au monde. Cette maman, ne se permettra pas de rejoindre les plans supérieurs tant que son enfant ne sera pas hors de danger.

De plus, les anges, les guides et les êtres de lumière ne l'intéresseront pas, car seul le bien-être de son enfant lui importe. Il est fort probable qu'on lui confie la guidance de son propre enfant. Le guide prévu initialement s'occupera de quelqu'un d'autre.

Dès qu'elle verra que son enfant se trouve entre de bonnes mains, elle sera vraiment rassurée et la souffrance de cette situation sera plus supportable, l'attention de la maman pourra s'ouvrir sur d'autres choses lui permettant de voir apparaître autour d'elle les êtres spirituels et les anges qui l'entourent. Elle aura ensuite le choix de continuer à guider son enfant ou de partir rejoindre sa famille et les amis spirituels qui l'attendent. Dans ce cas un guide viendra pour la remplacer.

Quelle est leur mission ?

Des guides spirituels sont là pour nous montrer le chemin, plus que pour nous protéger. Leur action est malgré tout limitée. Ils ne peuvent pas interférer dans nos libertés autrement que par des suggestions intérieures. Nous recevons ainsi ces informations sous forme d'inspiration, de pensées qui guident nos choix. C'est une mission qui leur a été confiée ou qu'ils ont demandée. Souvent, ce sont les personnes qui sont proches de nous intérieurement, qui nous aiment, qui font la demande de nous guider. C'est un cas habituel. La personne qui devait nous guider, laisse ainsi la place à quelqu'un de plus proche et ira guider quelqu'un d'autre, comme nous l'avons vu dans l'exemple précédent.

Les guides envoient à chacun d'entre nous des messages afin de nous faire travailler sur ce que nous avions à comprendre en venant sur terre, c'est-à-dire notre mission. Pour cela il suffit de les écouter et de les entendre. Ils sont là pour nous aider et nous faire passer le message.

Ils nous guident pour nous amener vers le meilleur de nous-même, mettant entre nos mains les matériaux nécessaires à notre évolution. Ils se tiennent à notre niveau et souvent avec beaucoup de patience nous amènent à notre rythme et malgré nos chutes, vers la lumière.

Quelles sont les limites de leurs actions ?

Ils ne peuvent pas nous éviter de vivre certaines expériences parfois difficiles, car elles sont souvent liées à des leçons que nous n'avons pas encore comprises dans nos vies précédentes. Il s'agit principalement d'expériences que nous devons vivre en venant sur cette terre.

Il en est de même pour nos mauvaises rencontres qui doivent être vécues malgré tout, il s'agit généralement de comptes à régler, datant de nos vies antérieures. Nous retrouvons ainsi sur notre chemin les personnes avec lesquelles nous avons eu des différends ou des contentieux que nous n'avons pas réussi à résoudre lors de nos vies passées.

Le guide ne pourra pas interférer dans ces cas-là.

Cela nous arrive-t-il de changer de guide spirituel ?

Témoignage

Une élève, Mlle C., nous avait demandé si nous pouvions aller voir son guide, car elle avait l'impression qu'elle ne ressentait plus sa présence, comme auparavant.

Mlle C. était une élève très sensitive. Une équipe d'élèves expérimentés et moi-même avions déjà vu son guide, il y a long-temps, mais nous voulions vérifier ce qui la dérangeait.

Nous sommes donc sortis astralement afin de le rejoindre et nous sommes arrivés devant deux personnes : un jeune homme blond, qui avait du mal à nous répondre et qui ressemblait beaucoup à Mlle C. et une dame qui semblait avoir une cinquantaine d'années qui cachait son visage derrière une vitre floue, ne voulant pas nous parler.

Au retour, alors que nous partagions ce que nous avions vu, plusieurs d'entre nous avaient remarqué la ressemblance du jeune guide avec Mlle C.

Je signalai à l'équipe d'élèves présents qu'il y avait quelque chose qui ne me semblait pas normal, connaissant Mlle C., sachant que c'est une personne ouverte et avancée spirituellement, je ne comprenais pas qu'elle puisse avoir des guides aussi inexpérimentés ou incertains. Nous sommes donc repartis pour obtenir des informations complémentaires. En demandant avec plus d'insistance,

↓

> nous avons vu apparaître son guide habituel qui nous a expliqué qu'il avait été appelé ailleurs. En attendant de trouver un guide adéquat pour Mlle C. on avait demandé provisoirement à son jeune frère (d'une vie antérieure) ainsi qu'à une femme de sa famille (d'une vie antérieure) d'assister provisoirement Mlle C. Cela en attendant de trouver un guide adéquat pouvant prendre le relais.

L'utilité générale du changement de guide provient du fait que nous avançons beaucoup plus rapidement sur le plan terrestre que sur les plans astraux, à cause de l'opposition entre la matière et l'esprit. C'est souvent cette opposition qui nous fait grandir au niveau spirituel.

Il arrive parfois que celui qui est guidé arrive au même niveau spirituel que son guide. Le guide laisse alors sa place à un guide plus avancé spirituellement. C'est l'autre raison pour laquelle nous changeons de guide. La première raison était explicitée dans l'exemple où le guide venait de recevoir une autre mission.

Il est important que la personne à accompagner soit proche de son guide, car elle pourra avancer plus facilement, étant au même diapason que son guide. Elle recevra ainsi plus aisément les messages transmis, messages toujours empreints de confiance et d'amour. De plus, elle les écoutera avec d'autant plus de facilité, qu'elle ressentira intérieurement une certaine complicité.

Le guide spirituel peut-il nous abandonner ?

Il y a des cas rares où le guide laisse se débrouiller seul quelque temps celui qu'il accompagne, si celui-ci est devenu très orgueilleux. Il le laissera ainsi seul, face à lui-même, pendant un certain temps, pour qu'il revienne à des sentiments plus nobles, plus humbles et plus vrais, mais ce laps de temps ne sera que provisoire.

Nous devons savoir que la communication avec notre guide dépend principalement de nous. Le guide n'attend que notre ouverture et notre écoute pour nous répondre et nous guider. Cependant, bien des gens pensent que leurs guides les ont abandonnés. Ce n'est pas le cas, car les guides n'abandonnent jamais leurs protégés. Ce sont eux qui ont refusé plusieurs fois l'ouverture proposée par leurs propres guides.

Cela a eu pour conséquence qu'ils se sont recroquevillés sur eux-mêmes, comme s'ils fermaient derrière eux des portes les unes après les autres, coupant ainsi petit-à-petit avec leurs guides une communication qui se fera de plus en plus lointaine, les laissant dans une impasse et les isolant dans le même temps de leur intuition.

La personne qui se retrouve dans cet état éprouve souvent la solitude avec beaucoup plus de pesanteur qu'à l'habitude. Cela vient du fait qu'elle n'entend plus « ses petites voix rassurantes ». Elle vit souvent à ces moment là une petite déprime car ses pensées sont devenues plus lourdes. Elle se sent comme séparée de quelque chose qu'elle n'arrive pas à définir. Celle qui vit cette expérience ne peut plus entendre ses guides, par clairaudience, comme s'ils parlaient à notre oreille, et ne peut plus recevoir de messages par son intuition, comme si les messages transmis par notre partie supérieure ne passaient plus, c'est-à-dire comme si nous entendions cette information à l'intérieur de nous-mêmes. Si nous sommes dans ce cas-là il nous faut donc reprendre contact avec nos guides.

Ce qui nous a séparé a souvent été une ou plusieurs décisions provenant de notre mental qui petit à petit nous pousse vers l'erreur, la peur et le désespoir. Pour rétablir la situation, il suffit de nous laisser guider par notre cœur, comme des petits enfants, nous mettant de nouveau à l'écoute de ce qui nous entoure. En reprenant la bonne attitude, nous retrouverons la paix intérieure que nous avions précédemment, sans nous en rendre compte. De plus, notre intuition sera de nouveau présente.

Dans quelles dispositions doit-on se mettre pour entendre nos guides ?

Je répondrai, comme le précise l'Évangile : « Laissez venir à moi les petits enfants, car le royaume des cieux est à eux. »

Rappelons-nous que plus nous sommes en harmonie avec notre démarche spirituelle et plus nous aurons tendance à être joyeux.

Il nous faudra apprendre à vivre le moment présent, lâchant le poids du passé ou les angoisses de l'avenir. Cela nous obligera à

Les êtres invisibles qui nous entourent ?

faire confiance à ce qui est au-dessus de nous, à l'image du petit enfant.

Il est important d'apprendre à être disponible intérieurement, pour pouvoir nous mettre vraiment à l'écoute de nos guides.

De plus l'humour fait souvent partie des qualités que les guides possèdent.

Témoignage

Un jour alors que je me promenais avec un ami, dans le Quartier Latin à Paris, je lui parlais d'un autre ami que je voulais lui faire connaître, qui était absent et qui n'habitait pas dans le quartier.

À l'instant même où je parlais de lui, au tournant d'une petite rue, je le trouvais exactement à 2 mètres, en face de moi.

Ces petits signes sont souvent l'œuvre de nos guides qui aiment nous voir heureux en nous faisant de temps en temps de « petits clins d'œil amicaux » pour nous encourager.

Les guides sont toujours présents lorsque la demande est faite avec le cœur, nous le voyons dans le cas que j'ai vécu.

> ### Témoignage
>
> Je venais juste d'avoir 18 ans et je partais en vacances en voiture avec mes parents. Pendant le trajet nous nous étions disputés.
>
> La meilleure solution me semblait de les quitter, ce que je fis à Lyon pour rejoindre un ami qui séjournait à Rimini (Italie) et dont je n'avais pas l'adresse.
>
> En arrivant je constatais qu'il y avait environ 10 km de plage, des hôtels à perte de vue, des résidences et des magasins. Je n'avais aucune chance de le trouver dans un lieu aussi grand. Je décidai pour « voir l'étendue des dégâts » de louer un vélo, afin de me déplacer plus rapidement.
>
> Plus j'avançais, plus je me rendais compte que c'était impossible. Je commençais à me dire que j'avais été très imprudent de chercher quelqu'un sans avoir son adresse.
>
> À bout de ressources j'appelais alors le ciel à l'aide de tout mon cœur.
>
> À peine avais-je terminé ma demande que je dus freiner pour éviter d'écraser les pieds d'un passant. En relevant la tête je vis mon ami juste devant moi.

Cela signifie bien que son déplacement et le mien ont été coordonnés de façon simultanée.

Où sont-ils ?

Ils sont sur d'autres plans de l'astral plus ou moins éloignés mais restent en lien profond avec nous. Ils arrêtent provisoirement leurs occupations afin de pouvoir nous accompagner au moment où nous en avons besoin, malgré les distances. Ils font généralement cela avec amour et zèle.

Tout au long de notre vie, ils seront à nos côtés. Ils ne sont pas près de nous en permanence, car ils ont aussi une vie à réaliser sur l'autre plan avec des occupations, mais ils sont toujours à nos côtés lorsque se présente un danger ou une décision importante pour notre vie.

Il arrive de temps en temps que les guides soient appelés pour une autre mission, mais ils ne laisseront pas la personne seule, même provisoirement.

Comment nous mettre à l'écoute de nos guides ?

Nous devons être en premier lieu disponibles, c'est-à-dire ne pas penser à ce que nous avons oublié de faire ou encore ne pas attendre d'appel téléphonique. Tous nos soucis quotidiens, nos conflits, ainsi que ce qui nous charge et qui nous entraîne en dehors de nous-mêmes doivent être mis de côté pendant ce moment privilégié.

Si les charges émotionnelles que nous portons sont trop pesantes, un bon bain ou une bonne douche physique complétée d'une douche psychique. Cette douche se réalise en visualisant de la lumière descendant sur nous-même, nettoyant ainsi toutes les charges émotionnelles, sera nécessaire en faisant cesser toute tension parasite.

Nous ne devons pas être gênés par nos vêtements. Ils doivent nous aider à être à l'aise. Isolons-nous en nous mettant dans une pièce calme où nous nous sentons bien. Ce lieu doit vraiment « respirer la paix », ce qui sera une bonne aide pour l'intériorisation.

Nous devons ensuite nous mettre en état de paix intérieure. Cela peut être simplement de penser à quelque chose qui nous élève, qui nous calme, comme un paysage que nous avons admiré pendant nos vacances. Ce peut être un moment lumineux de notre vie qui nous a poussé vers un ressenti joyeux, ou une icône, ou une statue qui nous appelle ou tout ce qui nous pousse à méditer ou prier. Nous choisirons ce qui nous convient le mieux. Le but étant de trouver un calme intérieur.

Nous pouvons prendre des supports tels que de l'encens, une musique douce, qui élèveront les vibrations du lieu et nous aideront à plonger « à l'intérieur de nous-mêmes » afin de nous rendre disponibles pour entendre cette « petite voix ».

Lâchez votre mental qui vous amène vers des pensées plus lourdes et pensez avec le cœur. Cela vous mettra en état alpha, vous devez à ce moment précis vous sentir plus léger, comme si vous étiez en haut d'une montagne que vous avez gravie et qui est en fait votre sommet intérieur.

De là, posez une question importante pour un sujet qui vous est cher. Si vous n'avez pas de question, vous pouvez demander un message pour quelque chose de précis et mettez-vous à l'écoute de ce qui vient. Vous aurez l'impression d'entendre votre voix à l'intérieur de vous, mais à la différence de vos pensées habituelles, vous remarquerez que les pensées sont tout autres, plus élevées, plus pertinentes, qu'il y en a moins, mais qu'elles contiennent une charge d'amour qui pousse parfois aux larmes. Vous remarquerez qu'elles apportent une joie intérieure, presque palpable au niveau du chakra du cœur. Ce qui vous montrera que vous avez « établi le contact ».

À chaque fois que vous ferez cette démarche à l'intérieur de vous-mêmes, faites cela comme un acte sacré. Les anciens parlaient du cœur comme étant le temple de l'homme. Ce qui signifie que c'est le lieu privilégié de rencontre avec le haut.

Comment distinguer la voix de notre intuition, c'est-à-dire de la partie supérieure, par rapport à celle de nos guides spirituels ?

L'intuition arrive souvent en réponse à une question, une interrogation. Elle est reçue par l'intermédiaire du chakra coronal, alors que la voix de nos guides spirituels est perçue, soit au niveau de nos oreilles physiques, soit au niveau du chakra de la gorge, correspondant à la clairaudience.

Le timbre de voix peut-être le même que celui perçu avec le mental, mais le niveau vibratoire des phrases sera d'un niveau bien supérieur au mental qui, lui-même, sera au niveau cérébral que l'on nomme l'état Bêta.

Les phrases créées par le mental seront beaucoup plus denses. Nous pouvons remarquer que ce qui vient du mental est orienté soit vers le passé, soit vers le futur mais non dans le présent. Elles se caractérisent souvent par la peur de ne pas anticiper, pour ce qui est du futur, ou d'avoir oublié de faire quelque chose, pour ce qui est du passé. Le mental a la particularité d'être analytique, cherchant sans cesse à justifier les choses.

La pensée provenant du mental est proche de notre pensée. Elle n'anticipe la pensée que nous avons à l'instant même dans notre tête qu'en l'extrapolant une ou deux fois au maximum.

Par exemple, si je pense aux vacances à organiser, je peux me souvenir d'un week-end que j'ai vécu en Normandie il y a quelque temps, qui m'amènera ensuite vers la pensée d'une personne qui m'a parlé d'un week-end de stage qu'elle a vécu, pour enfin arriver sur la publicité d'un stage de gastronomie que j'ai lu la semaine dernière.

Nous voyons qu'il y a dans cette suite de pensées comme un fil conducteur plus ou moins proche entre chaque pensée.

À l'inverse de l'intuition et de la clairaudience qui nous apportent des pensées souvent très éloignées de nos préoccupations actuelles, la longueur des phrases y est beaucoup plus courte, il en est de même pour les paroles qui sont aussi plus incisives.

En règle générale, nous recevons plus de messages à travers notre intuition que par nos guides spirituels au moyen de clairaudience. Cela provient du fait que notre esprit est perpétuellement avec nous, de plus il est toujours disponible pour nous transmettre une information ou un message à condition d'être dans l'état de réception nécessaire.

À l'inverse, nos guides ne peuvent pas être aussi présents que notre propre esprit, car ils ont leurs propres occupations. Ils descendent jusqu'à nous pour des questions importantes réclamant leur présence. Leurs réponses seront aussi élevées au niveau vibratoire que celui de notre intuition, mais elles seront plus amicales et plus empreintes d'amour, car c'est un dialogue d'amour et d'amitié authentiques qui passe à travers ces messages.

Notre guide n'est pas indifférent à ce qui nous arrive, il manifeste envers nous beaucoup de patience et d'amour. C'est lui qui a accepté d'être notre guide, on le lui a peut-être demandé mais il était libre de refuser.

Nos anges gardiens

" Je voyais près de moi un Ange sous une forme corporelle. Il n'était pas grand, mais extrêmement beau. À son visage enflammé, il paraissait être l'un des plus élevés parmi ceux qui semblent tout embrasés d'amour. "

THÉRÈSE D'AVILA

" Vous ne voyez pas tous ces anges gardiens allant et venant de mes enfants spirituels, m'apportant de leurs nouvelles. "

PADRE PIO

" À toute homme correspond un ange. Ange qui est à la fois comme un modèle exemplaire et aussi son protecteur. "

JEAN DANIÉLOU

Qui sont-ils ?

Chacun d'entre nous possède au moins un ange gardien. Certains peuvent en avoir plusieurs qui les aident pour des actions spécifiques, qui sont généralement ponctuelles ou temporaires. Ce sont des esprits purs qui ne connaissent pas le mal. Ils sont au service de l'homme. Ils ne sont pas humains, à l'inverse de la majorité des guides spirituels. Ils font partie d'une hiérarchie céleste, d'esprits purs avec au-dessus d'eux, comme nous le dit la tradition, dans l'ordre décroissant :

- Les Séraphins
- Les Chérubins
- Les Trônes
- Les Dominations
- Les Vertus
- Les Puissances
- Les Principautés
- Les Archanges
- Les Anges

Nous ne devons pas les confondre avec les anges de la cabale ou les anges astrologiques.

Les anges gardiens sont des messagers d'en haut qui apportent des bénédictions, des messages, des avertissements ou des cadeaux spirituels.

Quelle est leur mission ?

Ils agissent en se mettant à notre disposition. Leurs aides seront toujours discrètes, au point que beaucoup n'ont pas conscience de leur présence bien qu'ils soient là.

Leur principale mission est de nous protéger des êtres des ténèbres, faisant ainsi l'équilibre parfait entre le bien et le mal. Ils n'interfèrent pas dans nos vies afin que notre liberté soit entière. Ce ne sont pas les anges qui nous guident mais plutôt nos guides spirituels, les anges ont principalement pour tâche de nous protéger.

Témoignage

Un jour, alors que je me promenais le long des quais de la Seine à Paris, près des bouquinistes et que je marchais, mon corps s'est de lui-même arrêté, comme si une autre intelligence le commandait. Me tenant debout, je sentais que j'étais libre de mes mouvements, mais je ne comprenais pas.

Étant surpris par ce phénomène, je cherchais à comprendre. Tout en étant arrêté, je regardais sur ma droite, ma gauche, par terre, puis en levant doucement les yeux, je vis que je me trouvais en face d'une barre pointue en métal orientée à la verticale, pointe vers le bas et située à 5 cm environ devant mon front. Cette pointe faisait partie d'un système de sécurité appartenant à l'étalage d'un bouquiniste.

Je n'avais pas vu cette pointe. Je n'avais pas vu l'ombre de cette barre, ce qui aurait pu m'alerter. Je constatais que si je m'étais avancé comme « prévu », je me serais déchiré gravement le front.

Après avoir quitté le lieu, je remerciais mon ange gardien pour sa protection.

Répondent-ils à toutes nos demandes et dans quelles limites ?

Bien des gens font l'amalgame entre les guides spirituels et les anges gardiens. Lorsque nous appelons notre guide ou notre ange gardien, ou un guide Reiki, pour des choses anodines de la vie quotidienne, comme par exemple pour une place de parking, nous trouvons cela normal.

Nous avons parfois l'impression que notre interlocuteur céleste est à notre entière disposition et devient ainsi, au moment où nous avons besoin d'une place de parking, notre gardien de la paix attitré. Nous devons savoir que les demandes de ce genre vont directement à l'univers, comme si ces demandes étaient automatiquement retransmises et c'est l'univers entier qui nous répond dans son abondance.

Imaginons simplement que vous soyez le guide spirituel d'un commercial qui est souvent sur la route et qui vous appelle à chaque fois qu'il a besoin d'une place de parking, vous obligeant à laisser provisoirement de côté vos activités. Au bout d'un certain nombre de fois il est fort probable que vous ne répondrez plus à sa demande en vous disant « il exagère ». Les guides spirituels ne sont pas là pour cela, n'oublions pas qu'ils ont des missions élevées. Il est probable, en effet, que toutes les demandes de ce genre aient créé un égrégore immense répondant ainsi à ces demandes.

Nous avons le même cas pour certains saints, tels que saint Antoine qui est appelé pour les objets perdus. Il me paraît plus probable qu'un égrégore se soit mis en place et réponde aux demandes concernant les objets perdus.

Essayons seulement d'imaginer la vie de saint Antoine sur l'autre plan, qui ne serait là que pour trouver ou faire revenir la clef de M. X, la poêle de Mme Y et cela sans jamais s'arrêter. Ce type de vie deviendrait vite un enfer pour cet être. Heureusement, il existe sur l'autre plan des systèmes de réservoirs d'énergie, d'égrégores et de bien d'autres moyens pouvant pallier bien des petits labeurs récurrents. Il n'en demeure pas moins qu'il a peut-être été à l'origine de ce mécanisme spirituel, permettant de répondre à ces demandes.

Développez vos facultés psychiques et spirituelles

Pour ceux qui ont l'habitude de demander et d'obtenir avec succès une place de parking ou autre chose, faites l'essai de le demander à l'univers et vous verrez que dans son abondance, vous aurez exactement les mêmes succès, à la différence de vous être adressé directement à la bonne porte.

Cela ne veut pas dire que les saints, les êtres spirituels ne nous aident pas, bien au contraire, mais ne les dérangeons pas avec des détails matériels. C'est une question de respect.

Témoignage

Je dis cela pour l'avoir vécu, car j'appelais moi aussi mon guide pour trouver une place de parking. Ce jour-là, j'étais un peu juste à cause de problèmes sur le trajet. J'allais donner une conférence et j'étais plutôt stressé lorsque j'ai fait ma demande, aussi au lieu d'appeler mon guide, je me suis adressé par erreur au Christ.

J'ai de suite entendu comme si on parlait physiquement à mon oreille : « Mais pour qui me prends-tu ? »

J'ai été surpris, au point qu'après cela je n'ai pas trouvé de place comme à mon habitude. J'ai dû me garer beaucoup plus loin. De plus je n'aurais pas osé appeler mon guide après ce qui venait de se passer.

En final je suis arrivé à temps pour ma conférence.

Quelle apparence ont-ils ?

Témoignage

Il y a quelques années, alors que je sortais en astral avec une équipe de confirmés, nous avons demandé à voir un ange. C'était la première fois que nous allions en voir un. ↓

> Ce que nous avons vu, cette première fois, était une statue d'ange avec des ailes. Étant sur place nous nous sommes dit que ce n'était pas possible, refusant ainsi ce qui s'imposait à notre regard, nous avons vu la statue se craqueler, faisant apparaître un ange dénué d'ailes.
>
> À partir de ce moment-là, lors de mes sorties astrales je ne voyais plus les anges sous cette forme première mais comme des esprits purs.

Nous savons que sur le plan astral la pensée est créatrice, si notre mental n'est pas un peu pacifié, il habille tout ce qui vient à lui, faussant totalement la vision de la réalité qui l'entoure.

Par contre, depuis un certain temps, je suis moi-même surpris de constater que certains ont des ailes. Il semble qu'il n'y ait pas qu'un seul type d'anges, c'est pour cela que nous devons toujours rester prudent quant à nos conclusions.

Comment nous protègent-ils ?

> *Témoignage*
>
> Lors d'un cours, nous avions prévu d'aller voir l'ange gardien de Mme Mylène V.
>
> Nous sommes donc partis astralement à sa rencontre. En arrivant devant l'ange gardien dont nous n'apercevions que la partie haute et dont le bas était recouvert d'un voile blanc comparable à de la soie, je lui demandais télépathiquement s'il avait fait quelque chose dans cette vie pour Mme Mylène V.
>
> Je le vis tournant la tête vers la droite, faisant apparaître sur le côté une scène en trois dimensions où je voyais un homme barbu, avec de grands yeux noirs, qui semblait flotter, suivant Mme Mylène V. qui n'avait qu'une dizaine d'années environ et

qui courait apeurée, cela se passait dans un jardin. Je vis ensuite apparaître l'ange gardien. La simple présence de cet ange fit disparaître l'être qui la poursuivait.

Mme Mylène V. avait bien vu son agresseur, c'est pour cette raison qu'elle était effrayée. Elle n'a pas vu son ange gardien lui apparaître, mais elle a constaté que celui qui l'effrayait avait disparu.

En racontant cette scène, Mme Mylène V. m'a demandé immédiatement d'arrêter la description, tellement cette scène vécue dans le passé était forte, au niveau de son intensité et de la peur qu'elle a générée.

Nous voyons bien dans cet exemple que l'ange gardien détient plutôt un rôle de protection vis-à-vis des êtres négatifs, faisant ainsi contrepoids à ce que certains appellent des anges noirs. Nous voyons également qu'ils interviennent immédiatement quand la personne est en danger.

Une nouvelle élève, Mlle Corinne E., avait demandé à une équipe d'élèves expérimentés de voir une scène du passé qu'elle avait vécue, pour lui apporter quelques précisions.

Elle nous raconta qu'elle était à l'hôpital lorsqu'elle avait vécu une NDE (Near Death Experience) ou en français EMI (Expérience de Mort Imminente) suite à un anesthésiant.

Ceux qui vivent une NDE se voient arrivant dans un tunnel noir et monter vers la lumière située vers le haut, de l'autre côté du tunnel.

Dans le cas de Mlle Corinne E., ce qui est intéressant c'est qu'au lieu d'aller vers la lumière comme dans les cas classiques, elle s'est sentie tomber en arrière. Là, elle vit la Sainte Vierge la prenant dans ses bras pour la ramener dans son corps. Elle nous a donc demandé si c'était vraiment la Sainte Vierge qui l'avait ramenée.

Après avoir regardé en clairvoyance, nous avons fait le débriefing habituel, où chacun a précisé ce qu'il avait vu. À l'unanimité toute l'équipe ce jour-là précisera qu'il s'agissait en fait d'un ange gardien qu'elle a vu sous la forme de la Sainte Vierge.

Cette expérience, m'a permis de voir ce dont on ne parle pas souvent dans les livres, c'est-à-dire ce qu'il y a de l'autre côté du tunnel.

Témoignage

Lors d'un cours, nous avions prévu d'aller voir l'ange gardien de Mme Mylène V.

En regardant en clairvoyance et non en sortie astrale puisque nous observions un élément du passé, j'ai été effectivement très surpris de découvrir comme une ceinture d'anges gardiens qui récupèrent ceux qui tombent de l'autre côté. Il semble qu'en fait celui qui tombe dans ce noir absolu, tombe dans un oubli total.

C'est pour cette raison, qu'il y a à cet endroit des anges gardiens qui surveillent en permanence. Il est probable que ce tunnel soit en fait un passage accéléré entre les différentes dimensions, permettant d'y arriver rapidement, ou dans le cas inverse, de tomber dans le néant et l'oubli.

L'ange gardien qui avait récupéré Mlle Corinne E. s'était adapté à ce qui était le plus rassurant pour elle, prenant ainsi la forme de la Sainte Vierge.

Comment nous aident-ils ?

Les anges sont aussi présents au moment du passage sur l'autre plan.

> *Témoignage*
>
> Un de mes élèves, M. Christian S., habitant Bordeaux, venait de décéder. Ne pouvant pas me rendre sur place pour l'enterrement, je suis allé le voir astralement au moment de la cérémonie afin de l'accompagner pour le passage vers l'au-delà. Je l'ai trouvé près de son cercueil dans l'église pendant la cérémonie de l'enterrement. Il était désemparé et en colère, car il ne se sentait pas prêt à mourir si tôt.
>
> En regardant autour de lui, j'ai été surpris de ne pas voir d'anges pour l'entourer. J'ai demandé où ils étaient ainsi que les êtres de lumière devant l'accompagner, car M. Christian S. était très spirituel.
>
> Suite à ma demande, j'ai vu d'un seul coup apparaître, à trois mètres derrière lui, quatre anges dont les corps devenaient de plus en plus nets. M. Christian S. était comme enfermé dans une prison mentale, ressassant son problème, l'empêchant de voir les êtres autour de lui. Il lui faudra un certain temps pour accepter la situation et se laisser prendre entre les mains des anges.
>
> J'ai décrit à sa femme l'intérieur de l'église avec ses colonnes particulières, le prêtre, ainsi que l'emplacement du cercueil, elle me confirma tous ces points, dans les moindres détails.

Peuvent-ils s'incarner ?

Les anges ne s'incarnent pas car ils sont à la disposition de l'homme bien que n'ayant pas le même chemin, mais ils sont à son service.

L'expérience que l'homme vit en venant sur terre et en se confrontant au mal, ne fait pas partie de l'expérience angélique en tant qu'êtres purs.

Sommes-nous toujours à l'écoute des signes ?

Il ne faut pas hésiter à demander des signes de leur présence. Rappelez-vous que les signes sont toujours personnels. Les anges communiqueront avec vous, toujours au travers de ce qui vous parle le plus. Ces signes, après les avoir demandés, pourront être pris pour des coïncidences. Juste après avoir fait votre demande, vous pourrez tomber comme par hasard sur le mot « ange » et cela à plusieurs reprises. Ce ne sera pas une coïncidence car les anges agissent toujours de façon très discrète. C'est à nous d'apprendre à les ressentir. On nous demande toujours de faire le premier pas, même s'il est minime. Le reste sera fait par l'ange.

Témoignage

J'ai été confronté, à plusieurs reprises, à des êtres provenant des plans astraux inférieurs. J'ai donc fait appel aux anges pour me protéger et j'ai demandé à un moment donné des signes de leur présence.

C'est à partir de ce moment-là que je me suis retrouvé environné de toutes sortes de plumes d'oiseaux. Quel que soit l'endroit où je me déplaçais, il y en avait autour de moi. Cela même dans des pièces qui étaient fermées. Ces plumes étaient parfois placées de façon exactement symétrique. Dans le cas où j'étais assis dans mon jardin sur un fauteuil, il y en avait une à ma droite, je me tournais vers la gauche, il y en avait une également. Ce phénomène dura plusieurs jours.

À partir de ce moment-là, je n'ai plus insisté pour leur demander des signes.

Comment nous abordent-ils ?

Pour nous apparaître, ils prennent fréquemment une forme qui sera pour nous la plus familière, la plus rassurante.

Développez vos facultés psychiques et spirituelles

Incorporation d'un ange, d'un archange

Lorsque nous vivons le phénomène d'incorporation par un ange, nous nous trouvons intérieurement dans un état de légèreté, de lumière avec une conscience plus claire.

Il se passe la même chose pour l'incorporation d'un archange.

Témoignage

Cela m'est arrivé alors que j'étais dans un jardin avec un groupe. J'avais fait appel à la présence d'anges que les gens ont bien sentie, car je leur avais demandé s'ils voulaient bien et s'ils pouvaient donner un petit signe aux participants.

Puis j'ai ressenti comme si tout mon corps baignait dans quelque chose de plus grand, de plus lumineux, me laissant dans un état de paix intérieure.

En m'approchant d'une amie, Mlle C., je pensais qu'il y avait un phénomène bizarre qui se produisait, sans pour autant pouvoir en déterminer la cause. Mlle C. me précisera qu'à ce moment-là, non seulement j'étais plus lumineux, plus étoffé, mais avec la particularité d'être plus grand. Elle me voyait effectivement plus grand qu'elle, alors que nous avons à peu près la même taille.

En me précisant cela je réalisais ce qui m'arrivait. Effectivement je ne comprenais pas ce qui se passait car je la situais en-dessous de moi, comme si je la voyais sous mon épaule, alors que nous sommes, comme je l'ai déjà précisé, à peu près de la même taille.

Dans quels cas apparaissent-ils ?

Ils viennent vers nous principalement lors d'un danger, comme nous l'avons précisé. Ce sont les guides spirituels les plus proches de nous puisqu'ils nous assistent durant toute notre vie.

D'où viennent-ils ?

Ils sont partout, mais proviennent de plans de l'astral supérieur, que nous pourrions comparer au paradis.

> ### Témoignage
>
> Lors d'un atelier, je proposais à une équipe d'aller voir les anges. Je me retrouvais devant un lieu très élevé où flottait, à l'horizontale, une matière blanche semblable à un voile blanc immaculé, qui ondulait dans le vent. Ce voile semblait être immense.
>
> Je vis à ce moment-là une forme presque invisible, même pour mon corps astral, qui plongeait dans cette matière, pour en ressortir de couleur blanche immaculée, visible à mes yeux.
>
> Je la vis ensuite partir dans la direction où elle était appelée.

Comment nous mettre à l'écoute de nos anges gardiens ?

La démarche est exactement la même que se mettre à l'écoute de nos guides. Avec, à la différence, un amour ressenti encore plus grand, une plus grande sensation de légèreté. Un fort ressenti que ce qui est dit est grave et important, poussant vers un plus grand respect de l'ange qui nous transmet le message.

Il arrive parfois que l'ange passe par nous. Il prend alors provisoirement notre corps, nous laissant dans une joie intérieure immense. Il se peut que notre voix change à ces instants-là et que les gens qui nous entourent nous voient plus lumineux et même plus grand physiquement.

Il en est de même pour les archanges qui peuvent, à titre très exceptionnel, nous incorporer. Si cela se fait, ce sera pour le bien de tous, afin de transmettre des messages d'en haut.

Les apparitions des anges ou des archanges ne sont jamais anodines. C'est un moment important pour la personne qui les voit, ou qui en reçoit la présence à l'intérieur de son corps.

Certains êtres avancés spirituellement, proches intérieurement des anges, peuvent bénéficier de leurs faveurs au travers de ce que l'on appelle « le vol de l'ange ». L'ange vient et prend l'esprit de la personne, c'est-à-dire son corps astral, afin de l'emmener vers des paysages sublimes. Cela arrive parfois en rêve, mais notre cerveau n'a pas toujours la capacité de recevoir de telles visions.

Nos amis les défunts

« Les morts sont invisibles, ils ne sont pas absents. »
SAINT AUGUSTIN

« Notre existence terrestre n'est qu'une partie de notre voyage vers le monde des esprits, et il est essentiel de bien le préparer. Selon nos enseignements traditionnels, la façon dont nous vivons notre existence terrestre influence notre voyage spirituel.
Si nous sommes amers, coléreux et pleins de remords, notre voyage s'en ressentira. C'est pourquoi nous pensons que l'existence terrestre est sacrée. Chaque jour doit être un bon jour, avec plein de pensées et de sentiments positifs, car nous ne savons pas quand nous devrons quitter cette terre. »
SAGESSE AMÉRINDIENNE

« Je n'arrivais pas à y croire, mais je l'ai bien vu. Il était en santé, énergique et plein de vie. C'était mon père, tel qu'il demeure en mon souvenir. Ce n'était plus l'homme maigre et fragile gisant pendant des semaines sur un lit d'hôpital. »
BARBARA G.

Qu'est-ce que la mort ?

La mort est une étape, un passage et une transformation d'un état à un autre. La personne qui la vit termine cette étape et doit en commencer une autre.

Comme la chrysalide se transforme en papillon, de même le corps physique doit mourir pour que l'être spirituel que nous sommes puisse être libéré. En effet, lors de notre mort, nous partons du plan physique vers des plans plus élevés qui sont les plans astraux. Nous laissons donc notre enveloppe charnelle pour monter avec un corps plus subtil, le corps astral. Nous passerons tous par cet état où nous laisserons notre corps physique pour partir vers des plans plus subtils.

La seule différence entre la personne vivant physiquement et la personne défunte est uniquement que la seconde n'a plus de corps physique, le cordon d'argent reliant les deux corps étant définitivement rompu.

La personne défunte est toujours vivante mais cette fois-ci dans un corps plus subtil qui est son corps astral.

POURQUOI LA MORT FAIT-ELLE PEUR ?

La peur des défunts

Nous ne devons pas avoir peur de ceux que nous appelons les « morts », ils n'ont pas changé, même s'ils sont passés de l'autre côté du voile.

L'image que nous voyons dans des films, où des défunts devenus malsains et agissant comme des automates, n'est pas une réalité. Cela fait partie des films d'horreur qui ont faussé l'imaginaire des personnes vis-à-vis de leurs proches « défunts », donnant à la mort une connotation malsaine.

La peur de la mort

La mort nous fait peur parce qu'elle apparaît, pour les personnes qui accompagnent le défunt, comme une séparation définitive. De plus, elle est souvent synonyme de bien des sentiments contradictoires pour les proches, tels que le déchirement et la souffrance, avec dans le même temps le soulagement et la libération si le défunt a souffert.

La mort est d'autant plus difficile à accepter, si ces personnes ne croient pas dans une vie après la mort. Une partie de leur vie et de leur raison d'être paraît les quitter avec l'être aimé, semblable à des morceaux de réalité qui s'effritent, disparaissant d'un coup comme si « la terre s'effondrait sous leurs pieds », les laissant dans la douleur et l'incompréhension devant le mystère de quelque chose qui les dépasse. Elles resteront ainsi sur l'image d'une mort vécue difficilement par le défunt avec la souffrance, le déchirement et la peur, pour disparaître en final dans le néant.

Cela laisse souvent les proches dans le désarroi le plus complet, d'autant plus important qu'ils sont proches du défunt, n'ayant pas conscience du mécanisme de libération qui est en train de s'opérer sur le plan supérieur. Les personnes qui entourent le défunt ne voient qu'un côté du miroir, les laissant sur une impression morbide, alors que leur défunt passe par une autre étape.

Ce que nous percevons est certes vrai, mais ce n'est qu'un aspect de la réalité, l'essentiel se passe sur l'autre plan.

Pour ceux qui ont peur de la mort, voici une anecdote amusante sur Monsieur Philippe (*cf.* bibliographie) :

Témoignage

Le jour des obsèques de M. Philippe on vint annoncer sa mort à Marie Knapp. Elle répondit : « Comment ? Mais je l'ai vu ce matin, passer sous ma fenêtre ! Pourtant je lui ai crié d'entrer et il m'a répondu : Je n'ai pas le temps : il faut que j'aille à mon enterrement ! Je ne me suis pas inquiétée outre mesure croyant à une plaisanterie de M. Philippe ».

QUELLES SONT LES RAISONS POUR LESQUELLES ON NE DOIT PAS AVOIR PEUR DE LA MORT ?

De l'autre côté du miroir, le défunt découvre qu'il est présent et qu'il vit dans un autre corps qui est son corps astral.

À ce moment précis, certains défunts sont comme en état de choc, d'autres sont étonnés devant ce qu'ils découvrent, d'autres encore n'ayant pas compris qu'ils sont morts refusent cette situation les entraînant dans une confusion plus grande. Le défunt voit son propre corps physique mort, ainsi que les personnes de son entourage qui pleurent sur lui. Il ne peut leur montrer qu'il est présent, ce qui est une source d'incompréhension et de trouble supplémentaire, percevant toute la scène comme s'il y était physiquement.

Il constate aussi que sa vision a changé, que les couleurs sont plus belles. Il aperçoit la présence d'êtres lumineux provenant de plans supérieurs, venus pour le soutenir et l'accompagner vers la vie qui l'attend.

Mécanisme de la mort

Lorsque la personne est prête à partir pour l'autre plan, son aura diminue, ne retenant plus son corps astral qui peut sortir plus facilement du corps physique. La personne se retrouve ainsi rapidement entre les deux plans, voyant de façon nette les personnes de sa famille parties avant elle. Il ne faut pas s'en étonner, car les personnes de sa famille qui l'aiment, viennent la prévenir pour qu'elle se prépare au passage définitif.

Le personnel hospitalier pourra s'en amuser, se demandant si la petite mamie n'a pas perdu la tête, alors qu'elle perçoit aussi bien le plan physique que le plan astral, ainsi que ceux qui l'entourent désormais sur l'autre plan.

Le processus de mort commence lorsque le cordon d'argent, reliant le corps physique avec le corps astral, se rompt. Alors il n'y a plus d'interaction possible entre le défunt et son corps physique.

Lorsque la personne meurt, son corps physique commence un processus de décomposition.

Le corps physique pressentant sa mort, envoie dans le corps astral toute l'énergie et la matière éthérique disponible. Le corps astral sort définitivement du corps physique, avec son âme (sa conscience), incluant tous ses autres corps subtils.

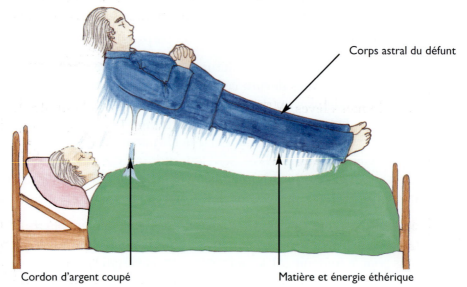

Nous devons savoir que le corps astral se nourrit du corps physique décédé, ainsi que de l'énergie éthérique restante.

Qu'est-ce qui nous attend après la mort ?

C'est à ce moment-là que le défunt découvre ses nouvelles facultés spirituelles. Il devient conscient d'être vivant, cette fois-ci avec son corps astral, tout en se trouvant encore dans le plan physique. Tout ce qui appartient au plan physique devient pour lui quelque chose d'impalpable, qu'il ne peut plus appréhender. S'il veut toucher le bras de quelqu'un, il passera au travers. Il en est ainsi dorénavant pour tout ce qui appartient au plan physique.

Il peut ainsi voir les êtres astraux qui s'y trouvent pour venir le chercher. Ils l'accompagneront jusqu'au plan astral où il est attendu, passant à une vitesse démesurée dans un tunnel sombre, débouchant sur une lumière éblouissante.

Il devra partir vers le plan correspondant à son évolution future, emmenant avec lui ses souvenirs, ses amours, ainsi que ses expériences du bien et du mal, de ce qu'il a vécu sur terre.

Le suicide et ses conséquences

Lorsqu'une personne se suicide, elle se retrouve souvent bloquée dans des plans astraux intermédiaires, comme en attente de revenir sur terre pour terminer ce qu'elle a commencé (qu'elle était venue réaliser et assimiler).

Témoignage

Une de mes élèves, Mme Nicole C., avait apporté la photo de son neveu qui s'était suicidé. Nous sommes donc partis astralement à sa rencontre. Nous l'avons retrouvé dans un plan astral où il semblait seul.

Le ciel y était tout noir, les couleurs de ce plan allaient du marron au noir. Quand nous sommes arrivés il jouait seul, la moitié du corps baignait dans un liquide noir.

> Sa principale occupation semblait être de barboter dans ce liquide.
>
> À cet instant, à ma grande surprise je vis qu'il était vêtu d'un costume noir avec une chemise blanche. Une élève me le confirmera. À notre retour, quand j'en ai parlé à sa tante, elle précisera qu'il a été enterré avec son costume bleu marine, que j'ai pris pour du noir à cause du manque de lumière du lieu.

Comment aider les défunts?

Il existe sur l'autre plan des personnes comme vous et moi qui attendent de monter vers des plans supérieurs. Elles sont bloquées entre les différents plans à cause de quelque chose qu'elles n'ont pas digéré, ce peut être leur décès inattendu, et qui les laisse désabusées un certain temps. Elles ne savent pas qu'elles sont mortes et restent ainsi dans l'expectative jusqu'au moment où elles accepteront leur nouvelle situation.

Pour les aider il faut vous installer dans un fauteuil puis leur parler télépathiquement. Faites comme si vous aviez une discussion en pensée avec elles, l'essentiel est de leur expliquer et d'argumenter, pour leur bien, qu'elles n'ont plus rien à faire ici, que le temps qu'elles devaient passer sur terre est terminé et qu'il existe des mondes bien plus beaux, ainsi que les personnes de leurs familles spirituelles qui les aiment et qui les attendent sur ces plans astraux. L'important est de parvenir à leur faire comprendre, et surtout de les rassurer, en leur précisant qu'elles sont attendues ailleurs, dans des lieux bien supérieurs aux lieux terrestres, tant au niveau de leur beauté, de leur harmonie, de leur vibration, de leur grandeur et de l'amour qui s'en dégage. Qu'elles n'ont aucune raison d'avoir peur, qu'elles retrouveront dès maintenant leur famille spirituelle et leurs vrais amis et plus tard ceux qui ont été leurs proches dans cette vie terrestre. Le temps ne passant pas de la même façon sur les autres plans, puisque le temps n'existe que sur terre. La seule façon de les aider est d'arriver à les convaincre de lâcher prise vis-à-vis de tout ce qu'ils ont connu.

Dans le cas où ces défunts ne veulent pas monter vers la lumière, il faudra leur préciser qu'ils pourront revenir sur terre comme ils le voudront. Cela ne sera pas gênant et leur permettra de voir si ce que nous leur proposons est plus intéressant pour eux.

La patience est de rigueur pour leur expliquer tout cela, car nous avons affaire à des personnes sans apparat et qui ont peur.

Pour apprendre comment les aider au niveau astral, voir le chapitre : les fantômes.

Doit-on les invoquer ?

Nous devons laisser les défunts vivre leur vie et ne pas les appeler trop souvent. N'oublions pas qu'ils peuvent avoir de nouvelles activités et une mission peut leur être confiée.

Il n'est pas conseillé de mettre les photos de nos défunts trop en vue, car en les regardant il est généralement difficile de ne pas ressentir une certaine tristesse, qu'ils reçoivent pratiquement immédiatement sur l'autre plan. Ce qui pourra avoir tendance à les déstabiliser, c'est comme si nous les appelions en permanence.

Nous ne devons pas les attacher à la terre en leur montrant que notre vie est finie sans eux, cela les rend malheureux et les empêche de monter vers les plans supérieurs qui les attendent. Ainsi nous les obligeons par nos attitudes à se soucier de nous et les empêchons de trouver une paix intérieure nécessaire pour un bon passage.

Où irons-nous après la mort ?

Les plans astraux ne sont pas formés uniquement par trois niveaux :

- Le bas astral.
- L'astral moyen.
- L'astral supérieur.

Il existe une infinité de niveaux intermédiaires ou plans astraux, que nous pouvons appeler mondes et qui semblent immenses.

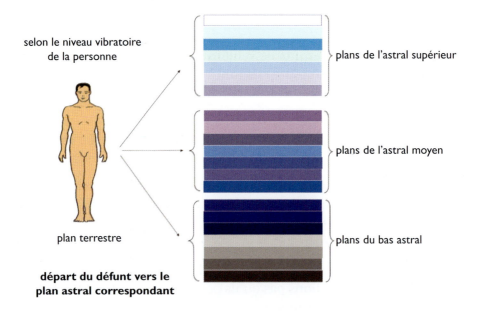

Le bas astral

Le bas astral correspond à l'aspect invisible de notre plan physique.

Nous y rencontrons tous ceux qui ne veulent pas évoluer. Ce sont ces personnes négatives qui se complaisent dans le mal qu'elles font ainsi de manière consciente, n'hésitant pas à écraser ceux qui se trouvent sur leur chemin. Ces personnes rejettent tout ce qui est spirituel et ont tendance à aspirer l'énergie de celles qui les entourent.

Nous sommes dans le plan astral où se situent les être démoniaques, ainsi que tous les êtres malsains et les bestioles négatives. Ces êtres qui sont à ce niveau sont des jouisseurs et ne cherchent pas à aller ailleurs, ni à évoluer, ils préfèrent rencontrer les personnes ou entités qui ont les mêmes aspirations qu'eux dans ce plan de l'astral.

La vibration du bas astral est très proche de la matière. Le bas astral est souvent assimilé à l'enfer pour sa partie la plus basse.

L'astral moyen

Nous y rencontrons la plupart des gens qui nous entourent, c'est-à-dire tous les gens honnêtes qui ne se posent pas trop de questions. Ils vivent ainsi le prolongement de leur vie physique, comme s'ils n'avaient jamais changé de « plan », vivant une nouvelle vie de manière agréable, honnête et simple, avec en plus la proximité des leurs. Ils sont heureux ainsi.

L'astral moyen est ce que l'on appelle le purgatoire, il est composé de différentes strates plus ou moins élevées, correspondant au niveau d'évolution de la personne qui s'y trouve.

L'astral supérieur

L'astral supérieur est, comme son nom l'indique plus élevé au niveau subtil et vibratoire. Ce qui veut dire que les personnes qui en font partie sont des êtres lumineux qui ont pour souci d'aider les autres, afin de les guider vers les plans supérieurs.

C'est sur ce plan que vont les personnes qui fonctionnent avec leur cœur.

Nous sommes sur un plan où tout est beauté et harmonie, il en est de même pour les êtres de lumière et d'amour qui sont sur ce plan. Tout y est compassion. Les êtres de ce niveau vivent dans l'unité et la joie intérieure.

Ce que l'on appelle le paradis commence au début de l'astral supérieur, continuant ainsi en beauté et en grandeur vers les autres plans de niveaux encore supérieurs.

Pour information, le plan suivant au niveau vibratoire est le plan causal, mais il faut déjà que les êtres soient très évolués pour y pénétrer.

Il y a bien sûr un ensemble d'autres plans de niveaux encore supérieurs.

Voici une citation d'un proche de M. Philippe :

Témoignage

Un jeune homme nommé Fier, qui avait un goitre, avait fait demander par M. Laurent sa guérison à M. Philippe.

- À quoi bon, dans un an il doit partir de l'autre côté.

Après cette réponse catégorique, dit M. Laurent, j'osai insister en lui disant :

« Malgré tout je vous en supplie, ô Maître, daignez guérir Fier de son goitre ».

Quelques jours plus tard, je vis Fier venir à moi et me remercier d'avoir obtenu sa guérison. Je lui fis remarquer que le Maître seul devait être remercié.

Un an plus tard le Maître me dit : « Fier est bien malade ; veuillez aller voir si sa mère a quelques besoins ».

Je me rendis auprès de Fier qui était au plus mal. Sa mère en pleurs me dit : « Vous voyez ma triste situation ; non seulement mon père que vous voyez malade, est au lit depuis longtemps, mais mon fils est à ses derniers moments.

Cette nuit je vais sans doute me retrouver toute seule et j'appréhende de le voir mourir. »

Je fis tous mes efforts pour réconforter cette pauvre mère et au moment où je lui disais que le Maître m'envoyait à elle, le Maître entrait et s'approchant du lit de Fier, il dit après quelques secondes de silence : « Fier regarde ».

Et levant la main il lui désigna un endroit.

- Vois tu ce que je te montre ?

- Oh ! Que c'est beau !

- C'est beau ! C'est là que tu vas aller. N'oublie pas lorsque tu seras là, ceux que tu laisses ici-bas.

Puis après quelques secondes, le Maître dit au jeune homme : « Fier, rends-moi ton âme ».

À ce moment Fier, dont le sourire baignait les lèvres, poussa un profond soupir et rendit son âme à celui qui la lui demandait.

Ceux qui s'aiment se retrouvent-ils toujours ?

Le meilleur compromis pour eux est d'attendre que leurs proches les rejoignent dans le plan supérieur où ils sont.

Il n'en demeure pas moins qu'en attendant ils sont bien, vivant une paix et une joie intérieures, tout en étant entourés par ceux qu'ils ont connus antérieurement et faisant partie de leur famille spirituelle et de leurs vrais amis.

Ces défunts enfermés en eux-mêmes

Certains sont perturbés au moment de leur passage vers l'au-delà, perdant ainsi leurs moyens. Ils n'ont peut-être pas l'idée que l'on peut appeler du secours, se trouvant seuls. Comme sur terre, ils n'imaginent pas qu'ils seront entendus, alors qu'à l'inverse du plan terrestre où notre mental empêche toute réception d'un message télépathique, sur l'autre plan tout appel est perçu.

Ils ne savent pas qu'ils ont la capacité d'appeler des êtres des plans supérieurs pour aider leur passage vers l'autre plan.

De plus la liberté de chacun est respectée. Si le défunt veut rester sur terre malgré l'aide proposée par les êtres de lumière et l'éventualité de rejoindre les siens et que malgré tout il préfère demeurer dans sa maison sur terre, on le laissera.

Comment se passe l'accueil sur l'autre plan lors de notre départ ?

Peu de temps avant de partir définitivement pour l'autre plan, certaines personnes qui ont été beaucoup aimées sont averties depuis l'autre plan de leur départ proche. Ces personnes reçoivent ainsi la visite des défunts de leur famille qui viennent les avertir de leur futur départ, ces messages peuvent être transmis au travers de rêves. Cela peut aussi se passer de façon consciente, les personnes ressentant intérieurement leur présence.

Il peut y avoir plusieurs visites jusqu'au moment du départ. Ces défunts viennent alors chercher la personne et la rassurer, l'épauler pendant cette séparation et l'emmener avec eux, vers d'autres plans plus subtils.

Si le défunt accepte de les suivre, le passage se fera de façon naturelle, dans la paix et l'amour, entouré par des personnes qui l'aiment, connus dans cette vie ou dans une vie précédente, par exemple dans le cas d'un conjoint d'une autre vie.

Il ne comprend pas toujours les messages auditifs qu'il entend physiquement, ou sous forme tactile par le fait d'être caressé au niveau de la tête, des mains, des épaules ou encore au niveau visuel par une apparition de quelqu'un de la famille qui est décédé auparavant.

Témoignage

M. Gilles T. avait apporté la photo de son père. Il avait demandé à une équipe d'élèves de voir quelle était l'origine des attouchements que subissait son père.

L'équipe a perçu qu'il s'agissait d'une sœur ainsi que d'autres membres de sa même famille qui l'avertissaient de son départ prochain.

C'était en fait pour le préparer pour le passage. Lorsque nous avons décrit cette femme avec précision, M. Gilles T. nous a confirmé qu'il s'agissait de sa tante décédée quelques années plus tôt.

Les défunts peuvent-ils venir nous voir ?

Témoignage

Un jour, alors que j'étais en cours, je vis nettement apparaître Raymond Réant comme s'il était placé derrière un calque avec son corps physique. Ses contours semblaient comme en pointillé. Le fait que la vision ne soit pas nette me faisait douter de ma perception. Je le remerciais pour son passage qui me faisait chaud au cœur, puis d'un coup il y eut une forte odeur de jasmin à cet endroit-là au point que tous les élèves, sans exception, l'ont sentie.

> Ma femme qui rentrait et n'était pas au courant de ce qui venait de se passer nous dit : « Mais qu'est-ce que c'est que cette odeur ? »

Nous voyons bien que des êtres très élevés au niveau spirituel peuvent nous rejoindre, probablement peu souvent, d'autant qu'il est pénible de descendre d'un plan supérieur vers notre plan terrestre à cause de la lourdeur des vibrations qui s'y trouvent.

Pourquoi les défunts ne se manifestent-t-ils pas plus dans nos vies ?

Nous voyons souvent des cas où, à l'instant de la mort, un défunt se manifeste à une personne qui lui est proche, pour lui signaler qu'elle est décédée.

Elle peut se manifester à ceux qu'elle aime, plus facilement à l'instant de sa mort, car le défunt vit à cet instant une émotion intense, lui permettant d'utiliser cette énergie pour montrer sa présence avant de partir définitivement.

De plus, c'est souvent un déchirement de revoir ceux qu'on a laissés sur terre et de ne pas pouvoir leur manifester notre présence, notre amour, d'autant qu'ils ont désormais une nouvelle vie.

Le fait de revenir en arrière risque de bousculer une harmonie intérieure retrouvée.

Les fantômes

" Garde fidèlement le visage de l'aube. Pour la traversée des ténèbres, le passeur cherchera dans tes yeux l'obole de la lumière. "

ANDRÉ ROCHEDY

" Petite âme tendre et flottante, compagne de mon corps qui fut ton hôte, tu vas descendre dans ces lieux pâles, durs et nus, où tu devras renoncer aux jeux d'autrefois. "

HADRIEN

Qu'est-ce qu'un fantôme ?

Un fantôme est un être humain décédé qui veut rester sur terre. Il a cette particularité à cause de son attachement trop fort pour ce qu'il possédait durant son existence terrestre (maison, richesses, biens divers) et qu'il ne veut pas quitter après sa mort. Son attachement excessif l'empêche ainsi de s'élever vers les plans supérieurs et donc d'évoluer.

Les fantômes sont constitués, comme nous le serons à notre départ vers l'au-delà, d'un ensemble de corps subtils, ainsi que d'une conscience. C'est la matérialisation de leur corps astral qui leur donne cette apparence.

Pourquoi les fantômes errent-ils ?

Ils sont persuadés que la vie n'est qu'ici (sur terre). Ce sont des personnes qui, de leur vivant, ont toujours eu le sentiment que la vie n'est que sur terre et qu'il n'y a rien après la mort.

Ils ne veulent en aucune façon se remettre en cause pour évoluer « puisque tout est ici ». Ils gardent ainsi les mêmes habitudes après leur mort que celles qu'ils avaient dans cette vie, continuant ainsi à agir comme s'ils vivaient encore physiquement. Ils ne veulent pas quitter ce plan, même s'ils n'ont plus rien à y faire. Ils ont eu la visite des défunts de leur famille ou de leurs amis à leur départ de la terre, qui ont essayé de les convaincre de partir avec eux, mais ils ont préféré rester.

Les fantômes errent souvent là où ils ont toujours vécu, gardant ainsi leurs biens. Ce sont ces personnes qui garderont leur maison après leur mort. Les plus récalcitrants feront ainsi déménager tous les locataires à venir, les décourageant par tous les moyens de s'installer. Ils « hanteront » leur maison.

C'est pour cette raison que l'on a plus de probabilité de trouver des fantômes dans des châteaux ou des maisons anciennes. D'autres, plus pacifiques, s'accorderont avec les nouveaux propriétaires ou locataires sans gêne pour quiconque.

Nous trouvons aussi des fantômes qui errent car ils sont attachés à une vie terrestre sans pour autant être proches de richesses matérielles, les plans supérieurs ne les intéressant pas.

Il existe aussi d'autres fantômes qui sont restés traumatisés par une mort violente. Certains ne sont même pas au courant qu'ils sont morts et gardent ainsi l'impression profonde que la vie physique continue. Nous le voyons bien illustré dans le film *Les autres*.

Témoignage

Il y a des années, nous étions allés voir avec Raymond Réant une jeune fille que l'on pensait décédée en Argentine (car cela faisait des années que personne n'avait eu de nouvelles d'elle). L'information que nous avions est qu'elle avait été enlevée pour exercer une pression politique sur son père.

Nous sommes allés la voir astralement et nous l'avons trouvée entourée d'un groupe de personnes qui, comme elle, avaient été assassinées. Elles n'arrêtaient pas de ressasser les mêmes phrases se rapportant au fait qu'il fallait que les gens sachent ce qui s'était passé.

Même si ces gens avaient raison, nous n'avons pas pu entrer en contact avec eux tellement cette injustice les avait marqués, même après une dizaine d'années cela les empêchait de monter vers les plans supérieurs.

Il arrive parfois que certaines personnes restent sur terre pour protéger l'un des leurs. Elles ne partiront pour les plans supérieurs que lorsque leur protégé sera en sécurité et qu'elles pourront ainsi partir en paix. Le film *Ghost* en est un bon exemple.

La dame blanche

Il s'agit du fantôme d'une personne décédée, par exemple dans un accident de voiture vécu avec violence et intensité, qui laisse la victime traumatisée au point qu'elle reste sur le lieu de l'accident et erre au bord de la route, revivant continuellement son drame. Elle revit la scène comme si elle y était encore et se crée un enfer intérieur où elle s'enferme. La victime essaye souvent par tous les moyens d'éviter l'accident à un autre conducteur comme si ce qui s'était passé de tragique se perpétuait.

La dame blanche a la particularité d'arrêter les véhicules pour y prendre place, apparaissant de façon diaphane ou avec une apparence tellement physique que la personne qui la voit a la nette impression d'avoir devant elle quelqu'un de vivant physiquement.

Pour apparaître avec autant d'intensité, elle prend l'énergie du conducteur qui, après son départ, remarquera une sensation de froid. Ce ressenti correspond réellement à un vampirisme énergétique permettant à cette dame blanche d'apparaître et ainsi de densifier son corps astral au point d'obtenir une apparence semblable à celle d'un corps physique.

En arrivant sur le lieu du drame elle avertit le conducteur en hurlant à l'endroit précis où s'est passé son accident, comme si l'obstacle était toujours là, puis elle disparaît d'un coup.

C'est ce que l'on appelle une dame blanche. Dans une grande majorité de cas il s'agit de femmes.

L'explication serait que les femmes vivent les évènements avec plus d'émotionnel que les hommes, mais ceci n'est encore qu'une hypothèse.

Le vampirisme des fantômes

Quand un fantôme apparaît, il prend de l'énergie éthérique, d'une ou de plusieurs personnes présentes et vivantes physiquement, comme précisé dans l'exemple précédent, ce qui lui permet de densifier son corps astral au point de devenir visible physiquement, sous forme « fantomatique », c'est-à-dire avec une certaine transparence. Il peut, s'il prend beaucoup d'énergie, avoir l'apparence d'un corps physique, laissant la personne vampirisée dans un état de grande fatigue. En effet, lors d'apparitions fantomatiques, les témoins constatent souvent un abaissement de la température. En regardant des thermomètres de précision, les gens constatent toujours qu'il n'y a pas eu la moindre baisse de température. Il s'agit en fait d'une ponction d'énergie réalisée sur les participants qui donne, à un moindre niveau, un effet ressenti similaire à celui d'une hémorragie interne.

La victime a une sensation de froid. C'est à cette constatation que l'on reconnaît le mécanisme de vampirisation.

Cela se vérifie d'autant plus qu'il n'est pas rare que tous les participants constatent la même chose.

La pleine lune

Nous remarquons souvent que certaines personnes sensibles ont un sommeil troublé au moment de la pleine lune. Certaines statistiques montrent qu'il y a à cette période une augmentation de criminalité, d'assassinats et d'accouchements. Cela provient du fait qu'à la pleine lune les énergies lunaires sont à leur puissance maximale et ont une forte action sur notre psychisme.

De plus, la tradition précise qu'à la pleine lune « les loups-garous sont de sortie ». L'expérience nous le confirme et nous voyons plus facilement des fantômes lors de périodes de pleine lune.

Notre énergie psychique est comme exacerbée. Nous remarquons que des enfants sensitifs sont plus excités qu'à l'habitude. De plus nous voyons que si nous sortons astralement à ces périodes, notre corps astral aura plus de facilités à sortir, mais aura la particularité d'être moins malléable.

Témoignage

Une nuit, alors que ma fille était en plein sommeil et qu'elle avait laissé le volet de sa chambre ouvert, elle se réveilla dans la nuit et constata une présence fantomatique assise de manière désinvolte sur sa chaise. Cette présence était éclairée par un rayon de lune. Surprise, elle ferma les yeux pensant à une illusion. Elle n'en croyait vraiment pas ses yeux, mais en les rouvrant, elle la vit avec une netteté incroyable.

Refermant à nouveau les yeux, pour vérifier une nouvelle fois le phénomène, elle la vit encore. Il s'agissait d'une présence féminine, avec de longs cheveux châtains foncés, de taille fine, habillée de manière contemporaine, qui observait sa chambre. Le lendemain matin elle me demanda de voir en clairvoyance de qui il s'agissait.

Après avoir demandé qui était la personne qui était venue dans la chambre de ma fille, j'ai vu apparaître le visage de l'étudiante qui avait l'habitude de lui donner des cours du soir.

Cette jeune fille devait probablement rêver qu'elle donnait son cours, assise sur la chaise qu'elle utilisait habituellement, attendant que ma fille soit prête pour commencer.

Nous voyons dans ce cas précis que le fantôme qui apparaît peut être le corps astral de quelqu'un qui rêve. La pleine lune aura permis de faire apparaître son corps astral.

C'est pour cette raison que dans la tradition nous appelons le rêve « la petite mort ».

Il arrive parfois, mais assez rarement, que des personnes vivantes apparaissent à d'autres sous forme fantomatique.

Témoignage

Il y a une quinzaine d'années, alors que j'étais chez Raymond Réant, une élève Mme Christelle V. a demandé si nous pouvions, en équipe aller voir le fils décédé d'une de ses amies. Elle nous précise qu'il est mort sur le coup, suite à un accident de voiture. Le véhicule avait percuté un arbre et le choc fut si violent que le moteur de la voiture avait été éjecté à plusieurs mètres du véhicule.

Elle ajoute que ce jeune homme avait eu une violente dispute avec ses parents avant de les quitter et de prendre la voiture familiale.

L'accident s'étant juste passé après cette scène, ses parents se sont toujours demandés s'il s'agissait d'un accident qui se serait produit alors que leur fils manipulait l'autoradio, ou d'un suicide. Avec Raymond Réant nous sommes donc allés voir ce jeune homme décédé. Il nous a d'abord précisé qu'il s'était effectivement suicidé et qu'il regrettait amèrement son geste, réalisé sur un coup de tête.

En revenant chez Raymond Réant pour partager ce que nous avions perçu, Raymond Réant a constaté que le jeune homme nous avait rejoints chez lui. Raymond Réant nous demandera donc de sortir de notre corps dans la pièce où nous étions afin de le rejoindre. Pendant que nous étions sortis astralement, nous avons entendu un bruit dans la pièce où nous nous trouvions. Il s'agissait d'un stylo qui se trouvait sur le bureau de Raymond Réant que le défunt avait projeté en direction de Mme Christelle V.

Elle nous précisera qu'elle lui a demandé télépathiquement un signe et trouvera le stylo projeté exactement devant elle, dont la pointe sera orientée vers elle.

Après cette expérience, nous remarquerons que nous avons tous froid. Il aura donc pris de l'énergie à toute l'équipe pour pouvoir envoyer le stylo.

Le soir même, alors que nous étions rentrés chez nous, il m'apparaîtra traversant ma porte d'entrée.

L'impression était tellement vive et brutale que j'ai été surpris au point que je lui ai immédiatement rétorqué que je n'étais pas disponible. Je l'ai vu nettement, mais comme s'il était en pointillé, comme à travers une feuille de papier calque avec un peu de flou, mais la vision était la même que s'il s'agissait d'un corps physique.

C'est ainsi que nous percevons avec nos yeux biologiques les gens des autres plans qui viennent à nous. S'il avait densifié davantage son corps astral, il aurait été plus net encore.

Ma famille était présente et pourtant il n'y avait que moi qui le voyais, comme s'il ne voulait être vu que par moi.

Après lui avoir précisé que j'étais indisponible, il n'insistera pas et ira voir d'autres membres de l'équipe ce soir-là.

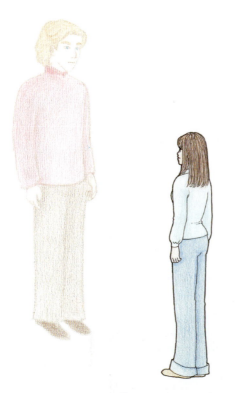

Fantôme perçu flou apparaissant à une personne physique

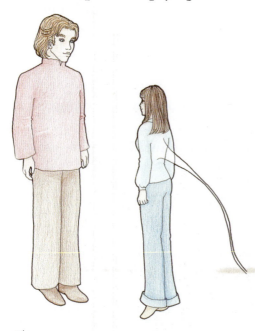

Fantôme perçu net par une personne effectuant une sortie astrale

Comment les aider ?

Nous devons, en premier lieu, leur expliquer avec beaucoup de patience qu'ils sont morts. Que la vie qu'ils vivent sur terre n'a plus aucun sens, alors que de magnifiques plans supérieurs les attendent, avec leur famille spirituelle, leurs amis intimes et ceux qui les aiment.

Le meilleur moyen pour les convaincre est de leur proposer de les emmener vers les leurs télépathiquement en leur expliquant que si cela ne leur convient pas ils pourront de toutes façons revenir là où ils sont, mais il est fort probable qu'ils préféreront rester là-haut plutôt que de retrouver leur état de solitude intérieure en revivant les scènes du passé.

Pour les assister il faut que la personne qui les aide puisse répondre à trois critères :

Être capable de sortir de son corps afin de rejoindre le fantôme.

Être capable de parler et d'entendre en sortie astrale, sans que son mental interfère.

Être spirituel (sinon on ne peut pas atteindre des plans astraux élevés).

Si nous voulons soutenir une dame blanche pour monter

vers la lumière, nous aurons beaucoup de difficultés à la convaincre de ne pas revenir sur le lieu du drame qu'elle a vécu. La raison en est simple : le temps s'est comme arrêté pour elle. Elle est restée fixée dans l'état intérieur qu'elle avait juste après sa mort. Elle tente ainsi d'exorciser inconsciemment ce vécu en essayant d'arrêter l'accident ou de l'éviter à d'autres.

Ces personnes sont totalement enfermées dans une scène très intense au niveau émotionnel. Il sera difficile avec une simple discussion de les faire sortir de cet état, car elles sont souvent restées figées pendant des années dans ce même état. Il est probable qu'il faille recommencer un certain nombre de fois afin d'obtenir un début de résultat positif.

Le fantôme des animaux

Témoignage

Une de mes élèves, Mlle Adeline R. était restée chez moi après le cours, avant de repartir pour Lille. Lorsque nous étions assis sur les fauteuils, elle m'a posé la question en voyant mon chien : « Que pouvaient faire les chiens pendant des journées entières, s'ennuyaient-ils ? ». Je lui répondis qu'en fait ils sortent de leur corps.

Comme par hasard, et comme si quelqu'un l'avait fait exprès, il ne se passa pas une minute sans que le fait suivant arrive. Alors que nous parlions d'autre chose, le chien, en plein sommeil, se mit à émettre des sons, ce qui attira notre attention vers lui. À l'instant précis où nous le regardions, nous avons tous les deux vu une petite forme blanche à une vingtaine de centimètres au-dessus de son corps. Immédiatement il se mit à remuer et cette forme blanche a d'un coup rejoint son corps physique. Il se réveilla aussitôt.

Je demandai à cette élève si elle avait vu la même chose que moi. Elle me le confirma dans les moindres détails.

Une autre fois, alors que ma fille dormait seule dans notre annexe au fond du jardin, elle vit apparaître la petite forme blanche de notre chien, pas très loin de son lit. N'étant pas très rassurée, elle lui demanda de partir, ce qu'il fit immédiatement, la forme blanche disparut d'un coup.

Le fantôme des vivants

Nous appelons fantômes des vivants les corps astraux de personnes vivantes, conscientes ou non, apparaissant à d'autres vivants. Même s'ils en ont toutes les caractéristiques extérieures, ils sont différents des fantômes « traditionnels » en ce que leur cordon d'argent est toujours rattaché à leur corps physique. Le fantôme d'un défunt, en revanche, n'a plus ce lien qui s'est dissous à la mort.

Témoignage

Une nuit, à l'occasion d'un mariage, alors que je dansais sur la piste, j'ai vu apparaître comme un médaillon suspendu en l'air, dans lequel je voyais nettement Raymond Réant, souriant, qui me faisait un petit signe de la main. Cela se passait alors qu'il était vivant. La vision était tellement nette qu'il m'apporta une grande joie en m'apparaissant ainsi.

Je l'appelais le surlendemain pour le remercier d'avoir pensé à moi. Il s'excusa et m'expliqua que malgré l'heure tardive, il m'avait vu bien réveillé dans un lieu public, ce qui l'avait incité à me faire un petit signe. Je lui répondis qu'il n'avait pas à s'excuser, qu'il n'imaginait pas à quel point il m'avait fait plaisir. Pour moi, c'était un immense cadeau qu'il vienne me voir ainsi.

Quelques jours plus tard, alors que j'étais à mon travail et que je venais de terminer mes activités, je décidai à mon tour d'aller dire un petit bonjour astral à Raymond Réant. Je m'enfermai dans les toilettes pour être plus tranquille, je sortis de mon corps et le rejoignis, le trouvant dans sa cuisine. Je vis nettement qu'il m'aperçut aussitôt, me montrant du doigt, je me trouvai en haut à l'un des angles du plafond de sa cuisine. Je l'ai entendu dire avec un sourire radieux : « C'est Serge » !

Le samedi suivant, je lui demandai s'il m'avait vu dans la cuisine, il me le confirma nettement.

Exercice de prise de conscience

Pour ne pas rester attachés aux valeurs terrestres, commençons dès aujourd'hui à vivre de petits « lâcher prise » par rapport à ce que nous possédons sur terre. Ceci afin de nous préparer à un meilleur détachement pour le jour où nous serons appelés vers les plans supérieurs.

Les êtres négatifs et démoniaques

" La réalité invisible dépasse la réalité visible. "

HÉRACLITE

" Quiconque s'élève sera abaissé et quiconque s'abaisse sera élevé. "

LUC CH. 14 V. 11

" Sois ton propre persécuteur, et ton ennemi sera chassé par ton approche. Réconcilie-toi avec toi-même, et le Ciel et la Terre se réconcilieront avec toi. Pénètre profondément en toi-même, fuyant le péché, tu y trouveras la voie de l'élévation. "

ISAAC LE SYRIEN

Qui sont-ils ?

Nous entendons par êtres négatifs et démoniaques, ces êtres qui proviennent des plans astraux inférieurs. Il en existe de toutes sortes avec des particularités de taille, du minuscule au gigantesque, de niveaux vibratoires plus ou moins négatifs.

Certains de ces êtres sont créés par l'homme. Ils correspondent à la matérialisation de pensées négatives répétées sur le plan astral et ne sont que des ébauches de création. Elles correspondent à ce que l'on appelle des formes pensées qui, à force d'être renforcées avec des pensées et des désirs de même nature, deviennent autonomes.

D'autres êtres vivent aux dépens de l'homme. Certains d'entre eux sont appelés des larves. Nous en trouvons parfois sur le corps éthérique ou astral des personnes qui perdent leur énergie. Nous le voyons parfois dans les cas de dépression nerveuse. Elles sont l'équivalent de nos sangsues, mais celles-ci se nourrissent de notre énergie. En règle générale, il semble que les personnes qui sont infestées sont généralement confrontées à ces parasites du bas astral qui vivent à leurs dépens.

Développez vos facultés psychiques et spirituelles

Les élémentaux du bas astral

Bien des êtres du bas astral ne sont que des ébauches de création, certaines créées par l'homme. Il suffit que celui-ci ait des pensées négatives soutenues, pour que cela crée de petits parasites qui iront naturellement, par loi d'attraction, vers le bas astral.

> *Témoignage*
>
> Lors d'un cours axé sur le ressenti des chakras, Mlle Patricia G. notre sujet, était allongée pendant que nous testions l'énergie émise par chacun de ses chakras.
>
> Nous étions plusieurs à constater à quel point les chakras de Mlle Patricia G. étaient faibles au point que nous n'avions aucun ressenti, comme si ses chakras n'étaient pas assez puissants pour être perçus à l'extérieur du corps physique.
>
> Après avoir passé la main astrale à travers son corps physique pour repérer toute énergie étrangère, je remarquai une nette différence énergétique au niveau de son 3e chakra. J'attrapai avec mes mains astrales une entité parasite de taille moyenne qui aspirait les énergies de notre patiente.
>
> Dès que cette entité fut enlevée, toute l'équipe remarqua que les chakras fonctionnaient correctement.

COMMENT PEUVENT-ILS ÊTRE EN CONTACT AVEC NOUS SUR TERRE ?

Ces êtres invisibles peuvent nous entourer de deux manières sur le plan physique :

1) En incorporant les vivants

Les entités qui prennent possession du corps des personnes sont généralement :

Les êtres invisibles qui nous entourent ?

- Des entités ayant un niveau vibratoire assez bas qui possèdent une personne pour continuer à profiter des joies physiques à travers son corps.

- Des entités de niveau supérieur qui passent par la personne pour transmettre un message.

Il existe différents types de possession. La possession partielle arrive beaucoup plus couramment qu'on ne le pense. Un défunt nous incorpore partiellement, ne prenant pas la domination de notre corps physique, il faudra astralement lui expliquer qu'il doit partir. S'il ne veut pas, il peut y avoir un combat astral pour libérer définitivement la victime. Ce défunt sera ainsi envoyé ailleurs, loin de sa victime afin qu'il ne puisse plus l'importuner. Ce type de présence est difficile à ressentir, par contre il peut affecter le caractère de la personne « qui est incorporée ».

Témoignage

Dans certains cas il est difficile de déterminer si la personne est possédée, car la possession peut passer presque inaperçue et ne se manifester que sous certains aspects. J'ai reçu un jour une demande de Mme Sylvie M. pour son fils Adrien. Mme Sylvie M. avait été avertie par une personne sensitive qui ressentait qu'Adrien était probablement incorporé par une entité. À 11 ans, il avait la particularité de ne pouvoir courir que sur la pointe des pieds, ce qui l'empêchait de pratiquer certaines disciplines. De plus, lorsqu'il était pris à partie par ses petits copains, il lui était impossible de réagir, se faisant frapper sans raison. Cet enfant avait de plus la caractéristique d'être très sensitif.

Lorsque j'ai regardé s'il y avait une présence à l'intérieur de lui, je me suis retrouvé en face d'un de ces êtres mythiques ressemblant au dieu Pan avec des cornes pour le haut et des sabots pour le bas. Après lui avoir retiré l'entité du plan astral qui était présente, j'ai averti Mme Sylvie M. de ce que je venais d'enlever et lui demandais d'observer son fils à partir de cet instant.

> Le petit Adrien et son père n'étaient pas au courant de ce qui venait de se faire. Un certain moment, le père et son fils se mettent à courir et le père se dit : « Mais Adrien court ! », à cet instant précis Adrien se faisait la réflexion : « Mais je cours ! »
>
> En méditant, j'ai compris que c'était parce que l'être portait des sabots, qu'Adrien ne pouvait courir que sur la pointe des pieds, les sabots ne prenant que la place correspondant à ses doigts de pieds.
>
> Le lendemain, un de ses camarades voulut le frapper, Adrien riposta immédiatement, c'était la première fois.

La grande possession est assimilée à la possession démoniaque. Dans la plupart des cas nous avons affaire avec une entité du bas astral. Ces êtres négatifs, de type jouisseur, ne lâchent pas leur proie facilement. Il faudra donc faire appel à un exorciste ou à quelqu'un d'expérimenté pour les chasser du corps de leurs victimes.

Pour information, l'incorporation de l'ange ou de l'archange n'a rien à voir avec une possession. Elle est comparable au ressenti d'« être dans la lumière », nous plaçant ainsi dans un état de bien-être intérieur.

2) En s'incarnant

Les êtres incarnés sont des êtres qui viennent sur terre pour faire l'apprentissage « des leçons de la vie sur terre ».

Ils sont arrivés principalement pour acquérir de nouvelles expériences, qu'il s'agisse d'expérience avec les autres, le monde qui nous entoure, mais surtout d'apprendre à chercher la lumière là où nous nous trouvons. Elles leur permettent ainsi de s'élever dans des mondes astraux de niveaux supérieurs.

Les êtres incarnés peuvent venir de tous les plans de l'astral, bien que ceux des plans de l'astral supérieur viennent généralement pour une mission, pour guider vers la lumière ceux qui veulent évoluer. Ils ne sont pas obligés de descendre sur terre et le font de plein gré.

Quels sont leurs moyens d'action sur l'homme ?

Ces entités négatives influencent l'homme en l'attirant vers le bas, par des pensées négatives comparables à ce que nous pouvons appeler « des tentations ».

Dans le cas où il succombe volontairement vers une débauche par exemple, il descendra de fréquence vibratoire, au point que lors de ses rêves, son corps astral ira dans les plans astraux inférieurs pouvant attirer de petits parasites sur lui. Ce phénomène se produit par la loi d'attraction, les semblables s'attirant, il attire ainsi les êtres proches de son état. S'il continue sa descente au niveau vibratoire, il sera rejoint par d'autres entités plus négatives qui l'encercleront, au point de le vider énergétiquement. Cela pourra ainsi le mener jusqu'au désespoir. De plus, ces entités, lorsqu'elles aspirent les énergies, rendent leur victime moins résistante à leurs suggestions. Ce sont souvent de telles entités qui accablent certaines personnes, les poussant au suicide.

Certaines d'entre elles ne sont uniquement que des parasites, se nourrissant de l'énergie de leurs victimes mais ne sont pas des êtres pensants.

Que peut-on faire pour s'en débarrasser ?

Pour apprendre à enlever les petits parasites de l'astral et pour faire monter les défunts vers la lumière, voir le livre : *Comment percevoir et agir sur les mondes subtils qui nous entourent.*

Pour ce qui est d'enlever des entités très négatives qui infestent des personnes, il est préférable de faire appel à un exorciste d'église ou à quelqu'un d'expérimenté dans ces domaines.

Les niveaux de négativité des personnes

Il existe plusieurs types de personnes négatives :

- Celles qui agissent pour leur intérêt personnel sans pour autant faire attention au mal qu'elles font aux autres pour y parvenir.

- Celles qui sont entraînées malgré elles dans le mal, suite à une colère ou un sentiment très vif, les poussant ainsi parfois aux pires extrémités.

- Celles pour lesquelles le fait de faire le mal est quelque chose de normal. Elles sont ainsi naturellement mauvaises, n'hésitant pas à faire de leur vie un chemin de désolation pour ceux qui les entourent.

Nous pouvons remarquer que des personnes négatives n'ont pas souvent conscience qu'elles le sont. Certaines même ont tendance à se croire bonnes dans leur for intérieur. Il n'en demeure pas moins que c'est aux fruits que l'on reconnaît l'arbre.

D'autres se justifient de leurs actes en précisant à leur entourage : « Vous savez bien que je ne suis pas comme ça ! », se déculpabilisant ainsi de manière banale de ce qu'elles font.

Comment les reconnaître ?

« Le regard est le visage de l'âme ». Cette expression est une réalité. C'est en regardant dans les yeux de ces personnes que vous ressentirez le vide qui se trouve en elles. Cela ressemble plus à un trou noir, donnant la sensation d'être aspiré. Si vous croisez le regard de ces personnes, vous risquez de vous sentir mal à l'aise.

Dans le sens inverse, la personne qui est spirituelle rayonne de l'intérieur et ce rayonnement transpire à l'extérieur. On dit alors que cette personne dégage une impression de sérénité intérieure. Quand nous croisons un de ces regards lumineux, nous ressentons une grande paix.

Il y a une vingtaine d'années j'avais demandé au prêtre exorciste de Paris la confirmation que ces entités négatives, qui possédaient leurs victimes, étaient décelables en regardant dans leurs yeux. Il me le confirma en précisant : « C'est exactement cela ».

Vous remarquerez que généralement ces personnes ne vous regardent pas en face. Il est probable que ces êtres, qu'ils soient incarnés ou possédés, ne veulent pas être vus tels qu'ils sont réellement.

Les personnes négatives qui veulent s'amender

Il faudra bien des incarnations difficiles pour deux raisons :

- Au niveau des épreuves, pour que ces personnes remontent vers la lumière. C'est dû au fait qu'elles ont mis des obstacles entre elles et la lumière. Elles retrouvent ainsi les obstacles qu'elles ont semés auparavant.

- Au niveau de la loi d'attraction. Même si elles veulent arrêter d'être négatives et de faire du mal, elles se récupèrent toutes sortes d'entités petites ou grandes provenant des plans astraux inférieurs, qui se manifesteront de manière à les décourager. Cela provient de ce qu'elles ont encore des « racines du mal » en elles. De plus les entités des plans astraux inférieurs ont tendance à croire que ces personnes leur appartiennent.

Il faudra donc bien des épreuves de toutes sortes à ces personnes, pour faire demi-tour et retourner vers la lumière. Il arrive parfois que de telles personnes appellent au secours tout ceux qui pourraient les aider. Dans leur cas, bien des personnes, après avoir fait tout leur possible, voient le problème réapparaître comme si rien n'avait été fait.

Ces personnes se retrouvent ainsi seules devant leurs problèmes même si elles ont appelé les personnes les plus compétentes. Cela ne donnera aucun résultat tant qu'elles n'auront pas récolté ce qu'elles ont semé et qu'elles n'auront pas assimilé la leçon spirituelle correspondante.

Par contre, lorsque ces deux aspects ont été dépassés par ces personnes, suite à un travail intérieur authentique, les problèmes peuvent disparaître du jour au lendemain comme si cela avait toujours été ainsi. Il est également possible pour chacun de revenir vers la lumière. C'est pour cette raison qu'il faut toujours garder espoir.

Les êtres négatifs et l'au-delà

Lorsqu'une personne négative décède, elle va dans des plans qui correspondent à ce qu'elle est profondément, c'est-à-dire des plans dont la vibration est très basse.

Ces plans astraux qui possèdent des vibrations basses font partie de ce que l'on appelle l'astral inférieur, commençant par des plans vibrant juste un peu plus bas que la vibration du plan de l'astral moyen et ce, jusqu'au plan le plus bas de l'astral qui correspond à ce que la tradition appelle l'enfer.

Il faut se rappeler que personne ne sera jugé en passant sur l'autre plan. Chacun ira dans la dimension qui lui correspond vibratoirement. Ainsi, un voleur se sentirait en décalage avec des gens honnêtes. Il ira donc dans un plan correspondant à ce qu'il est. Si ce qu'il est au fond de lui-même correspond à un désordre intérieur, il ira dans un plan ayant ces caractéristiques. Le problème viendra lorsqu'il voudra en sortir. Il prendra conscience à ce moment-là que cela passe par un travail de purification intérieure, qui sera probablement long et difficile.

À l'inverse de ceux qui viennent des plans supérieurs, ils ne pourront pas aller vers des plans plus élevés. Ils pourront aller à la rigueur sur le plan du-dessus, ou celui d'après, mais pas beaucoup plus, parce que la vibration sera bien différente.

Ceux qui vivent dans le mal, n'hésitant pas à faire souffrir les autres de façon naturelle, iront à la source du mal, c'est-à-dire dans les plans les plus bas de l'astral. Ils y rencontreront ainsi les entités ayant les instincts les plus bas, le mot enfer correspond bien à ces lieux.

Nous avons tous le choix de faire le bien ou le mal. Cela se passe avec un équilibre parfait pour un choix ou pour un autre. Nous pouvons ainsi choisir librement le mal mais rappelons-nous que, même si nous avons des circonstances atténuantes, notre choix pour le mal aura le même équilibre pour le bien. Ce qui signifie que nos circonstances atténuantes ont été prises en compte. Dans le cas contraire ce serait trop facile, la balance penchant d'un côté nous ferait tous tomber de ce côté-là. Ainsi nos choix sont libres et nous entraînent là où nous avons choisi d'aller consciemment ou non.

Il n'y aura pas de circonstances atténuantes, puisqu'il n'y a pas de jugement. La personne se trouvant au moment de sa mort devant tant d'amour inconditionnel, se ferme à cet amour, se montrant ainsi dans l'incapacité d'aimer, choisit d'elle-même là où elle sera le mieux en rapport avec ce qu'elle est intérieurement.

À un certain moment de la descente, la personne inclinée vers le mal est rejointe par des entités venant de plans plus bas encore qui l'alourdissent intérieurement, la poussant ainsi à plonger plus rapidement vers le bas.

Voir la mission d'une personne qui était négative

Témoignage

Lors d'un stage que nous avions effectué dans le Loiret, nous devions, comme exercice, voir quelle était la mission de Mme Monique V. nouvelle élève. Elle avait un regard qui ne laissait rien transparaître, semblable à un masque. Avec mon équipe nous sommes donc allés voir astralement ses guides afin de connaître sa mission.

La surprise a été de taille lorsque j'entendis nettement qu'elle était une ancienne sorcière qui n'hésitait pas à user de divers poisons pour arriver à ses fins. Ses guides me signalaient ainsi qu'elle faisait fausse route, allant de nouveau vers l'aspect négatif des choses.

C'est pour cette raison que les autres élèves n'ont pas trouvé de mission la concernant. Elle était là pour faire un choix, c'est-à-dire choisir la lumière ou son contraire. Ses guides l'avaient en effet poussée à venir. Le problème était que pendant que je découvrais son guide, je voyais que son corps astral était piégé par une entité à l'intérieur d'un des plans du bas astral. J'étais mécontent car le but de l'exercice n'était pas d'opérer astralement un dégagement à ce moment-là. Je le fis tout de même, libérant ainsi son corps astral, ce qui me permit de rencontrer l'être qui l'emprisonnait.

J'hésitai toujours à lui en parler, tant il y avait de choses négatives à exprimer. Je le lui dis tout de même, pensant que si ses guides m'avaient informé, c'était pour que je le lui répète. Je songeais au fond de moi-même qu'ils ne m'avaient vraiment pas fait de cadeau en me l'envoyant, d'autant qu'il semblait que c'était sa dernière chance pour choisir le bon chemin.

Ce qui nous arrivera ensuite nous le confirmera, nous avons vécu une attaque astrale de plusieurs êtres négatifs, venant probablement pour l'empêcher de basculer. Cela arriva juste après lui avoir donné cette information. Elle ne s'y attendait pas et subit l'effet d'un électrochoc.

Toujours est-il qu'un ensemble de présences négatives a commencé à nous attaquer astralement.

Après avoir appelé les anges et agi au niveau astral, les choses rentrèrent dans l'ordre et la maison retrouva son calme.

Le lendemain Mme Monique V. avait un regard plus limpide. Plusieurs personnes ont pu le constater, alors qu'auparavant elle paraissait atteinte par la cataracte, ce qui empêchait de rentrer en contact avec elle.

Une des voitures présentes garées en plein milieu d'une cour fermée avait le pare-brise fendu dans le sens de la longueur, alors qu'il n'y avait aucune trace de quoi que ce soit. Il arrive parfois que ces êtres en partant laissent des signes de leur passage.

La visite d'une personne très négative

Témoignage

Lors d'un cours qui se passait chez moi je reçus une élève, Mme Céline N., qui venait pour la première fois. Mon petit chien se mit à aboyer.

J'ouvris la porte et vis Mme Céline N. à six mètres de la maison. Je ne pus m'empêcher d'avoir la bouche bée en la voyant à cette distance, tant je ressentais la profonde négativité que cette personne dégageait. Elle s'assit en face de moi sur le canapé du salon.

Les êtres invisibles qui nous entourent ?

Pendant tout le cours je recevais des informations sur ce que je devais dire ou ne pas dire, chaque chose était ainsi fragmentée. J'entendais un message intérieur exprimer : « Cela tu peux le dire ! » ou « cela tu ne peux pas le dire ! », et ainsi de suite pendant toute la séance. Tout en faisant le cours normalement, j'appelais les guides en leur disant télépathiquement « Mais qu'est-ce que vous faites là-haut ! Vous ne voyez pas qui vous m'envoyez ? » Tout ceci m'avait épuisé car j'étais constamment sur deux plans en même temps.

Après le cours, en raccompagnant cette dame à la porte, je lui précisais que malheureusement je ne pourrais pas la garder parmi mes élèves.

Pendant que je lui parlais je voyais s'échapper de son chakra du cœur une fumée noire qui m'entourait. Je lui précisai que cela serait peut-être possible dans une autre équipe, pensant que chez soi c'était bien difficile.

Ma femme qui arrivait sur ces entrefaites me dit qu'elle ne m'avait jamais vu dans un tel état, j'étais épuisé. Je voyais effectivement que le salon était tout noir comme s'il baignait dans un nuage de couleur opaque.

De plus, je remarquai par hasard que l'endroit où elle s'était assise était griffé en profondeur.

Ma femme qui a toujours minimisé ce genre de choses en précisant « que ce n'est rien, cela s'arrangera avec le fer à repasser, ce n'est pas un problème », voyait bien qu'il n'y avait plus rien à faire et que les fibres du tissu avaient été éraflées en profondeur. Mes enfants l'ont aussi constaté. Le canapé faisait partie d'un ensemble non déhoussable.

Je me demandais s'il ne s'agissait pas du chien qui en notre absence se serait installé sur le canapé et l'aurait griffé. Il n'était jamais allé sur le canapé.

Ce soir là j'étais éreinté au point de me coucher dans les minutes qui suivirent.

Le lendemain matin je décidai, de mon lit, de dégager astralement le salon de toutes les négativités qui s'étaient accumulées la veille. Après ce travail, je me suis levé, j'ai regardé l'endroit où il y avait les griffures. Plus aucune trace apparente !

Cela a confirmé mon ressenti par rapport à cette personne qui m'écrira quelque temps après : « Vous n'avez pas compris la femme sensible que j'étais ! ». Je ne pus lui répondre car je ne pouvais pas lui dire ce que je percevais d'elle. La surprise était d'autant plus totale que les griffures ont disparu définitivement.

Quelques mois plus tard, je reçus des excuses par téléphone de la personne qui avait, en toute bonne foi, conseillé à Mme Céline N. de venir me voir, alors qu'elle n'était pas au courant de ce qui s'était passé. Elle était convaincue que je lui en voulais, car elle ne connaissait pas vraiment Mme Céline N. au moment des faits. Elle a compris un peu plus tard à qui elle avait affaire en voyant le mal que Mme Céline N. a fait subir à une de ses amies.

Les êtres invisibles de la nature

> « Nous devons savoir qu'Il (le Grand Esprit) est en toute chose : dans les arbres, les herbes, les rivières, les montagnes et tous les quadrupèdes et les peuples ailés ; et, ce qui est encore plus important, nous devons comprendre qu'Il est aussi au-delà de tous ces êtres. »
>
> HÉHAKA SAPA, Guérisseur Sioux

> « Il paraît qu'autrefois, nous étions civilisés et instruits... Nous savions parler aux arbres et à toutes les plantes, au peuple ailé, aux quadrupèdes, aux êtres rampants, aux mammifères et au peuple des poissons.
> De plus, nous étions tous capables de communiquer entre nous, nous formions un seul et même esprit. C'est ce qu'on appelle être civilisé, ou instruit. Et puis, nous nous sommes en quelque sorte éloignés de cette connaissance pour devenir ce que nous sommes. »
>
> HÉHAKA SAPA, Guérisseur Sioux

La nature possède sa réalité subtile, invisible et mystérieuse avec un fonctionnement occulte gigantesque. Elle est formée par toute une quantité d'êtres subtils de tous les types possibles. Ces êtres ont leur mode d'existence, leur structure et leur organisation spécifique.

Qui sont-ils ?

Les élémentaux de la nature sont des êtres invisibles et en quelque sorte l'essence immatérielle, de chacun des quatre éléments.

Les quatre éléments sont l'eau, l'air, la terre et le feu.

- Les élémentaux de l'eau sont les ondines, les nymphes, les sirènes, etc.

- Les élémentaux de l'air sont les elfes et les sylphes.

- Les élémentaux de la terre sont les gnomes, les korrigans et les nains.

- Les élémentaux du feu sont les salamandres.

Il existe ainsi toute une gamme d'êtres de la nature des plus éthérés aux plus denses.

Parmi les plus subtils nous avons les elfes, qui sont des esprits élémentaux de l'air, alors que d'autres sont plus denses et bruts tels que les gnomes sont des esprits élémentaux de la terre.

Ces êtres font partie de ce que l'on appelle « le petit peuple » et dont les traditions de tous les pays mentionnent l'existence. Ils sont nommés différemment selon les traditions. Certains pensent qu'ils font partie du monde des rêves, de l'imaginaire ou de l'inconscient collectif. Ils n'en demeurent pas moins réels sur l'autre plan, pour ceux dont la clairvoyance est développée, mais pour ceux qui ne peuvent les percevoir, le doute subsiste.

Ces êtres se méfient des hommes, n'étant pas sur le même plan vibratoire. Ils ne sont pas entre eux, selon les types différents d'élémentaux, sur le même niveau vibratoire.

Ils ont des caractéristiques spécifiques

Ainsi, les gnomes sont des êtres craintifs et farceurs, ils aiment beaucoup jouer avec les clés, c'est pour cette raison que des personnes qui perdent leurs clés, les retrouvent comme par magie dans la poche qu'ils avaient fouillée auparavant un certain nombre de fois.

Ils ont une vibration assez lourde et une attirance pour tout ce qui est en métal, d'où l'origine des clés qui se perdent. Observez que ce ne sont pas des objets en bois ou en verre qui ont tendance à disparaître, mais plutôt ceux qui sont en métal.

Témoignage

Avec d'anciens élèves nous avions décidé un soir d'aller voir en sortie astrale le lieu où vivent des gnomes. Nous nous sommes retrouvés devant une construction qui avait la forme d'une roue et ressemblait à une arène à deux étages avec à chacun des étages des ouvertures. Cela avait un diamètre d'un mètre maximum et une hauteur de 40 cm environ. Il y avait approximativement une dizaine d'ouvertures.

Où vivent les élémentaux ?

Il semble que les élémentaux de la terre vivent à l'intérieur de la terre.

Nous étions à plusieurs à avoir vu cette habitation pour gnomes.

Les elfes sont beaucoup plus éthérés. Ils vivent dans ce qui ressemblerait à de grandes bulles horizontales, de forme ovale, en suspension. Cela s'apparente à un monde à part. En sortant astralement et en nous adaptant à leur taille, nous nous retrouvons dans des paysages ressemblant à une nature vierge et luxuriante mais avec des couleurs plus vives.

Les fées sont elles aussi très éthérées. Elles semblent être affectées à certaines parties de la nature, c'est-à-dire à une surface donnée, s'occupant ainsi de passer au-dessus de ces endroits-là pour qu'ils soient comme illuminés par leur présence. Elles semblent vivre près de l'endroit dont elles ont la charge.

Les élémentaux de l'eau vivent, comme leur nom l'indique, dans l'eau. Il en est de même pour ceux du feu, qui vivent dans leur élément.

Notre 3e œil, lorsqu'il est correctement ouvert, agit comme une porte vers d'autres réalités et ne tarde pas à bousculer nos opinions sur ces sujets, à partir du moment où la personne accepte ce qu'elle perçoit de manière nette, et dans le cas où elle est clairvoyante. Il est préférable de percevoir ces phénomènes à plusieurs. Dans ce cas, on est surpris que ce que nous avons vu ait été aussi perçu par d'autres personnes, avec exactement les mêmes détails.

Leurs fonctions

Ils ont pour fonction de se consacrer à la nature à quelque niveau que ce soit, qu'il s'agisse de chaque brin d'herbe ou de petits détails, qu'ils soient immenses, minuscules, visibles ou non. Ils ont ainsi des tâches à réaliser apportant ce qui est nécessaire pour que la nature soit harmonieuse.

Sont-ils positifs ou négatifs ?

Comme tout être vivant, il y a des êtres de la nature négatifs et d'autres positifs. Ils sont aussi sur un chemin d'évolution.

Pourquoi ne sont-ils pas visibles ?

Les personnes ont du mal à les voir, parce qu'elles ne sont pas sur le même niveau vibratoire. En effet la vibration humaine est souvent lourde pour un être de ce genre et il faut de plus que les personnes qui veulent les apercevoir soient clairvoyantes.

Ils peuvent toutefois apparaître à des personnes non clairvoyantes, si elles ont gardé leur âme d'enfant, donc une âme pure. Devant de telles personnes les êtres de la nature n'ont pas peur de se montrer.

Peut-on les voir ?

Les êtres de la nature sont généralement craintifs vis-à-vis de l'homme.

Pour les voir, il faut être à l'image de l'enfant. De plus, il est préférable d'être seul, car une autre présence peut les déranger. Installez-vous quelque part dans la nature et montez votre vibration en faisant une méditation sur un sujet qui vous élève.

Puis adressez-vous à eux, même si vous ne les voyez pas, et demandez s'ils veulent bien vous donner un signe de leur présence ou se montrer à vous.

Ont-ils une âme ?

Certains disent que non et pourtant quand des personnes expérimentées partent astralement à la recherche d'une fée par exemple, il arrive que ces personnes se retrouvent devant quelqu'un vivant une vie humaine classique.

Il semble bien qu'il ne faille pas généraliser et que toute règle souffre d'exception.

Peuvent-ils se réincarner ?

Témoignage

Lors d'un atelier que je donnais dans une librairie à Paris, Mme Anne C., la responsable de la librairie, me demanda ce que je pensais d'un jeune homme de 15 ans qu'elle me présentait, qui était le fils d'une de ses amies.

Je me branchai sur le jeune homme. Il me vint une information surprenante qui me déconcerta. Je parlai ainsi à voix haute : « Mais c'est un elfe ! ». Mme Anne C. eut un sourire de satisfaction en me répondant : « Qu'est-ce que cela me fait plaisir, je n'osais pas y croire malgré ma clairvoyance ! »

En regardant de plus près en clairvoyance pour discerner son aura, je fus de nouveau surpris en voyant la forêt dans son aura.

Nous lui avons demandé s'il avait un rapport particulier avec la nature. Il nous a répondu qu'il aimait beaucoup s'occuper de ses plantes. Il avait de plus la particularité de faire un rêve qui était récurrent, où il se voyait appelé à un endroit précis d'une forêt.

J'avais remarqué après coup qu'effectivement son visage était très fin, plutôt blond, avec des oreilles un peu pointues. C'est un être d'une grande douceur.

Développez vos facultés psychiques et spirituelles

Rencontre avec des esprits de l'eau

Témoignage

Il y a quelques années, en équipe, nous avions l'habitude de partir en voyage astral une fois par semaine entre 21 h et 21 h 15, selon un thème choisi.

Nous devions ce soir là suivre une amie, Mlle Béatrice R., qui devait nous emmener astralement découvrir les Esprits de l'eau. La seule chose que nous connaissions était la personne de l'équipe à suivre astralement et ce que nous devions voir.

Ce soir-là nous avons donc découvert ce que sont les esprits de l'eau. Pour ma part j'ai nettement vu qu'il y avait un esprit maître et des esprits subalternes comparables à des anguilles.

Je discernais nettement l'une d'entre elles qui mordait le nez astral de Mlle Béatrice R. En l'appelant à 21 h 15, elle me demanda si l'un d'entre nous lui avait fait une farce car, bien que ne percevant pas astralement, elle sentait nettement que quelqu'un lui avait pincé le nez. Je lui précisais que c'était un de ces esprits subalternes qui l'avait mordue.

PARTIE 5

LES LIEUX CHARGÉS
QUI NOUS ENTOURENT

" Plus un homme est inférieur par l'intelligence, moins l'existence a pour lui de mystère, toute chose lui paraissant porter en elle-même son explication. "

SCHOPENHAUER

" De même qu'une main placée devant les yeux peut cacher la plus grande chaîne de montagnes, de même la vie matérielle occulte la lumière et les mystères que prodigue le monde. Et celui qui peut éloigner de ses yeux cette vie étriquée comme on retire une main, celui-là contemplera l'immense clarté des mondes intérieurs. "

RABBIN NACHMAN

Les maisons hantées

" Si le mal s'acharne sur toi, change de domicile. "
PROVERBE HINDOU

Qu'est-ce qu'une maison hantée ?

Une maison hantée est une maison qui est habitée par un ou plusieurs propriétaires, ou locataires défunts, ayant vécu dans ce lieu.

Nous pouvons habiter une maison hantée sans que personne se gêne, allant jusqu'à ignorer que d'autres présences pacifiques vivent en ces lieux.

Comme nous le voyons déjà entre vivants, les personnes ont tendance à s'accorder entre elles, chacun faisant un petit effort afin que l'harmonie règne. Il arrive qu'il y ait malgré tout des conflits et que certaines personnes défuntes n'admettent pas que d'autres profitent de ce qui leur appartenait de leur vivant. Cela entraîne des oppositions où les fantômes présents vont tout mettre en œuvre pour éprouver les nouveaux arrivants. Il s'agit parfois d'une action systématique, réalisée dans le but de les décourager. Ce sont pour eux des « intrus » qu'ils veulent dissuader de rester dans leur lieu, il s'agit en fait d'un conflit de territoire. Dans ce cas, le fantôme manifestera sa présence de bien des façons.

Que peut faire un fantôme ?

- Créer des rapts (bruits) dans les meubles, les murs et matériaux, qu'il ne faut pas confondre avec ceux que font tous les matériaux, lors des changements de température.

- Déplacer ou faire disparaître certains objets de taille moyenne, que l'on retrouve dans des endroits inhabituels, particulièrement dans le cas de fantômes farceurs.

- Faire léviter des objets de taille moyenne.

- Émettre des bruits de pas comparables à ceux d'une personne physique marchant à côté de nous.

- Nous apparaître s'il en a la capacité et s'il le désire.

- Ouvrir ou fermer des placards, tiroirs ou portes de chambres.

- Donner des sensations de froid. Il peut ainsi envoyer des souffles froids sur notre nuque, pouvant déstabiliser toute personne sensée.

- Émettre des hurlements que l'on peut entendre.

- Donner la sensation que quelqu'un nous observe en permanence, nous laissant l'impression que nous ne sommes pas seuls.

- Nous vampiriser la nuit, nous laissant le matin dans un état de fatigue extrême.

- Il peut enfin, s'il est très expérimenté, déplacer de gros meubles (armoires, tables, lits…) ou, dans le cas où il est malsain, essayer de pousser quelqu'un dans un escalier. Heureusement ces faits sont rares, car dans la plupart des cas les gens vivent en paix, comme au temps où ils étaient vivants, sans interférer dans la vie d'autrui.

Le poltergeïst ou esprit frappeur

Témoignage

Une femme d'un certain âge vint un jour me voir pour être dégagée de charges négatives qui l'entouraient.

Elle se plaignait d'avoir des problèmes avec ses voisins du dessous, pensant qu'ils l'espionnaient sans arrêt, tapant au plafond dès qu'elle se déplaçait, au point que cela créait en elle une angoisse permanente, la poussant à marcher pieds nus et à téléphoner uniquement dans des cabines téléphoniques, alors qu'elle avait un téléphone chez elle. C'est ainsi qu'elle me contacta.

Elle avait déposé une plainte contre ses voisins qui lui ont affirmé au tribunal qu'elle avait leur parole qu'ils ne taperaient plus au plafond et qu'ils lui promettaient de ne jamais recommencer. Elle ne le croyait pas, continuant à entendre des bruits sourds.

Elle est donc venue me voir un après-midi. En me connectant au niveau des facultés psychiques, j'ai rapidement vu qu'il y avait beaucoup de charges de toutes sortes, à dégager sur elle.

Devant l'ampleur du travail et sachant que je devais me rendre ce soir-là à deux réunions, j'avais décidé de mettre les miasmes négatifs que je trouvais sur elle, au fond de mon jardin, au lieu de les détruire comme à mon habitude, me disant que je ferais le nettoyage du jardin le lendemain à l'aube.

Je m'empressais donc d'enlever ses charges afin qu'elle puisse être dégagée en une fois et qu'elle parte totalement libérée. Le dégagement dura trois heures. Elle était débarrassée de toutes sortes de charges émotionnelles qu'elle avait depuis des années dans ses corps subtils.

Au retour de notre deuxième réunion, alors que nous étions, ma femme et moi, sur le point de nous coucher, nous avons entendu distinctement un bruit sourd qui semblait provenir du premier étage, puis un autre bruit quelques secondes plus tard.

Devant un tel bruit fort et sourd, j'ai pensé que cela pouvait venir du jardin, je suis sorti, faisant le tour de la maison. Il n'y avait aucun bruit provenant de l'extérieur. Je suis rentré, me préparant à dormir, puis d'un coup nous avons de nouveau entendu un autre bruit sourd venant de l'étage.

Je n'étais pas très content, pensant que les enfants jouaient encore à une heure tardive, mais en visitant la chambre de chacun, je constatai que tout le monde dormait profondément.

Alors que j'étais à l'étage, j'ai encore entendu ce bruit que je parvenais à repérer cette fois-ci et qui venait de mon bureau inoccupé.

J'étais plutôt agacé, au point que j'ai réagi de façon immédiate et instinctive. En entrant de façon soudaine dans le bureau,

Développez vos facultés psychiques et spirituelles

> j'aperçus un être de taille moyenne, habillé de façon médiévale. Je l'ai immédiatement attrapé et lancé à travers la fenêtre dans le jardin.
>
> En descendant, ma femme fut impressionnée, moins par ce qui venait de se passer, que par le silence profond que la maison retrouvait.
>
> Après y avoir réfléchi, je m'aperçus de mon audace, décidant d'emmener astralement dans un autre lieu, cette nuit même, ce fameux personnage, afin qu'il ne gêne plus personne.

En méditant sur cette femme que j'avais dégagée dans les heures précédentes, j'ai compris qu'elle avait amené avec elle, sans qu'elle en ait eu conscience, cet esprit frappeur. Apparemment, c'était lui qui était à la source du quiproquo qu'elle avait eu avec ses voisins. Le calme définitif est ensuite revenu en ce qui concernait son appartement.

Comment a-t-elle fait pour récupérer un esprit frappeur au point qu'il la suive dans ses déplacements ? Il reste encore bien des questions...

Nous devons être vigilants sur le fait que, dans la plupart des cas, les manifestations de poltergeïst ou esprits frappeurs (que ce soit des déplacement d'objets ou de meubles, de jets de pierres sur la maison, pluie dans la maison, ou d'autres manifestations encore) proviennent généralement d'une ou d'un adolescent souvent mal dans sa peau, appartenant à la famille vivant physiquement dans cette maison et dont les énergies, pas encore stabilisées, réalisent de tels phénomènes. Ces phénomènes s'arrêtent souvent du jour au lendemain, comme s'ils n'avaient jamais existés. Cela se passe quand l'adolescent a trouvé ce qui lui manquait et qui le rassure. C'est fréquemment le cas quand il rencontrera un ou une compagne et qu'il se sentira aimé, trouvant ainsi la paix intérieure dont il avait besoin.

Les choses rentreront ensuite tout simplement dans l'ordre.

La montée vibratoire vers les plans astraux

Témoignage

Lors d'un cours, une élève, Mme Catherine V., me demande si nous pouvons aller voir en sortie astrale son ex-compagnon, pilote de ligne, décédé lors d'un accident d'avion.

Après nous avoir présenté une petite photo d'identité représentant son visage, nous sommes sortis astralement, en équipe, pour le voir.

C'est lui qui nous rejoindra, chez moi, dans les minutes suivantes, se plaçant à l'intérieur devant ma porte d'entrée. Il se tenait en diagonale, debout sur un pied, l'autre croisé, une main posée à plat en haut de la porte et l'autre sur sa hanche.

En le voyant, j'ai signalé à son ex-compagne qu'il était très grand et très musclé. Elle me précisa qu'effectivement il était très grand et qu'il avait fait beaucoup de culturisme.

Je lui demandai s'il avait un message à transmettre à Mme Catherine V. Il me fit tout doucement la forme d'un cœur avec ses deux index. En transmettant cette information, j'étais un peu déçu par la teneur du message qui me semblait profond mais qui ne prouvait pas vraiment qu'il s'agissait bien de lui.

Suite à cette description, Mme Catherine V. et une de ses amies nous ont dit en élevant la voix : « C'est extraordinaire ! »

Elles nous expliquèrent ensuite qu'il y avait eu un incendie dans l'immeuble de Mme Catherine V., qui provenait du fait qu'elle avait oublié des bougies allumées. De plus, il y avait des canalisations de gaz un peu partout dans les murs. Les pompiers ont expliqué que c'était incroyable qu'il n'y ait pas eu d'explosion et qu'ils ne comprenaient pas que l'immeuble, lui-même, n'ait pas explosé.

A un certain moment, l'amie de Mme Catherine V. a ressenti qu'elle devait enlever le cadre accroché au mur, à la suite de quoi elles ont toutes les deux vu apparaître lentement un cœur, de façon très nette, sur le mur. Elles l'ont pris en photo avant qu'il ne disparaisse.

En faisant ce geste avec les doigts, elles m'ont expliqué que cela confirmait bien que c'était lui qui avait empêché un accident dramatique de se produire.

Dans la nuit, le compagnon de Mme Catherine V., vint me rendre visite dans ma chambre. Je lui signalai qu'il ne devait pas agir ainsi et qu'il n'avait pas le droit d'entrer dans la maison d'un vivant la nuit. Étant donné que sa mort ne s'était pas produite il y a très longtemps, il semblait ignorer cette information. La même nuit, il a amené chez moi les personnes qui étaient décédées avec lui dans l'accident d'avion, peut-être afin que je les aide.

Le problème, c'est que leur simple présence a rendu la maison froide d'un seul coup.

Notre ballon d'eau chaude de 300 l donnait de l'eau froide, bien que le thermostat fonctionne correctement. Les chauffages et la cheminée étaient au maximum de leur capacité mais cela n'empêchait pas tous les membres de la famille, particulièrement les enfants, d'avoir froid.

Alors que j'étais en déplacement ce jour-là, un de mes amis, M. Pascal G., qui était invité à déjeuner le lendemain, a nettement senti des courants d'air froid, comme si quelqu'un lui soufflait sur la nuque.

La nuit suivante, alors que j'avais du mal à m'endormir, je décidai de régler ce problème.

Je suis sorti astralement, passant dans toutes les pièces de la maison, attrapant ceux qui traînaient. Certains d'entre eux se réchauffaient devant la cheminée encore allumée, il y avait parmi eux une petite fille brune vêtue d'une robe bleue.

Je les ai ensuite emmenés dans le jardin. Les voyant perdus, je me suis dit que je ne pouvais pas les laisser ainsi, je me suis alors laissé guider, me disant que je pourrais peut-être essayer de les emmener sur le plan où ils auraient dû aller. J'ai transporté astralement le groupe, élevant le niveau vibratoire. Je réalisais cette expérience pour la première fois.

Nous avons ensuite traversé en montant lentement vers le niveau vibratoire, non pas géographique car ce n'est pas un déplacement dans la distance, les différents plans de l'astral, pour arriver sur un premier niveau où nous nous sommes arrêtés.

Nos têtes se trouvaient à la même hauteur que le sol de ce plan, semblable à notre planète, mais en plus beau. En arrivant sur place j'appelai les personnes de leurs familles spirituelles ou amis afin qu'ils viennent les accueillir, alors je vis une femme d'un certain âge qui venait chercher la petite fille, puis partir sans demander son reste et sans se retourner.

J'appelai à nouveau d'autres personnes qui vinrent chercher les autres. Aucun d'entre eux ne se retourna pour voir qui les avait emmenés.

Je me retrouvai à cet instant avec un homme bien habillé que je ne voyais que de dos et dont les énergies me piquaient, suite à la différence trop forte entre nos vibrations respectives. Ce qui prouvait que nous étions intérieurement très différents.

J'appelai alors de façon plus énergique pour que quelqu'un vienne enfin le chercher. Un homme arriva et le prit par le bras, l'emmenant plus loin, jusqu'à disparaître de mon regard.

> Le lendemain, alors que la température extérieure était toujours la même, la maison était redevenue chaude. Les enfants qui avaient les mains gelées avaient récupéré leur température corporelle. De même, nous ne ressentions plus de souffle frais et le ballon d'eau chaude fonctionnait de nouveau.

La mémoire des murs et la rémanence

La mémoire des murs est une trace puissante qui s'est fortement imprégnée dans les murs, les meubles et objets d'une maison où une personne vivante a eu une violente décharge émotionnelle. C'est-à-dire lors d'une grande peur, un accident, un meurtre, une mort violente, imprimant cette scène dans ce qui nous entoure. Cette mémoire se réactivera à certains moments et avec certains facteurs, faisant apparaître une scène sous forme d'hologramme avec l'image et le son, ressemblant à un fantôme. Cette manifestation s'appelle une *rémanence*. Cela se réalisera avec un déclencheur tel qu'une pleine lune ou d'autres facteurs qui se manifesteront, apportant l'énergie nécessaire pour mettre en mouvement le phénomène.

Cette rémanence peut aussi provenir d'un lieu où une personne a toujours effectué le même trajet pendant des années, laissant sur place une empreinte durable.

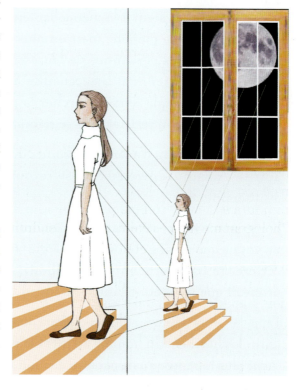

Il ne faut pas confondre un fantôme et une rémanence

La rémanence est une répétition perpétuelle d'une scène apparaissant en trois dimensions, avec la lumière et le son. Ce sera toujours la même scène. C'est exactement comme un film qui ne change jamais, même si nous le regardons plusieurs fois.

Alors qu'un fantôme est un être défunt qui peut, bien sûr, avoir des initiatives puisque c'est un être pensant. Il peut ainsi changer son trajet, se déplaçant dans d'autres directions s'il le souhaite.

Témoignage

J'ai entendu le témoignage de quelqu'un qui disait avoir dégagé un fantôme qui hantait une maison.

Il s'était occupé de nettoyer astralement le lieu où un fantôme passait. Néanmoins, il avait oublié de dégager l'escalier menant à l'étage.

Les personnes qui l'avaient appelé pour ce travail lui ont précisé qu'après son premier passage le fantôme ne faisait plus le trajet complet qu'il utilisait habituellement, mais qu'il était comme bloqué dans l'escalier, le montant puis le descendant.

Après avoir médité sur cette anecdote, je me suis rendu compte que la personne n'avait pas eu affaire à un fantôme mais plutôt à une mémoire des murs. Dans ce cas, le trajet du soi-disant fantôme était toujours le même, comme pour une rémanence. Nous voyons que l'hologramme n'a pas été nettoyé à l'endroit de l'escalier, puisque la mémoire du mur restituait encore cette partie du trajet. De plus, ce n'est pas parce que l'on nettoie le début et la fin d'un chemin où passe un fantôme que cela le bloque, il peut à tout instant changer de direction. Rappelez-vous qu'il s'agit d'un être libre qui va où il le désire.

Nous voyons bien dans cet exemple que le dégagement a été proprement réalisé sur certaines parties du parcours, comme si nous avions effacé le début et la fin d'une bobine de film, ne laissant que le milieu du film intact.

Développez vos facultés psychiques et spirituelles

Le phénomène de projection de cette mémoire des murs restant encore actif pour la partie centrale laisse ainsi continuer la projection avec ses bruits dans l'escalier, jusqu'au moment où la personne procèdera au nettoyage final.

Pour plus de précision, il faut savoir que le dégagement d'un fantôme correspond à une élévation de ce défunt vers la lumière, ce qui n'a rien à voir avec ce cas, alors que dans une rémanence, il s'agit d'effacer une mémoire comme pour un formatage, la mémoire des murs ou des objets chargés.

L'esprit de la maison

Une maison n'est pas seulement un ensemble de matériaux accumulés ça et là, elle est aussi formée par des milliers de petits esprits provenant des matériaux. Il arrive parfois que cet ensemble agisse comme une intelligence distincte et unique. Sachons simplement qu'il est toujours bon, quand nous rentrons dans un nouveau lieu où nous allons vivre un certain temps, d'arriver en paix.

D'ailleurs il est bon d'envoyer des pensées positives à cette maison qui nous les rendra, nous nous y sentirons bien mieux. C'est comme si chacun accueillait l'autre. La maison nous accueille et nous l'embellissons et y apportons l'harmonie.

Certains pourront la faire bénir s'ils le désirent, soit par un prêtre, frère, chaman ou autres, afin de la rendre plus propre au niveau subtil. Dans certaines traditions, les personnes offrent des cadeaux pour la maison et pour ceux qui l'habitent encore.

Il est important d'agir en harmonie avec ce qui nous entoure, même si tout semble en apparence inanimé, car il y a des intelligences qu'il ne faut pas offusquer par nos pensées, paroles ou actes, afin d'attirer autour de nous l'amitié, l'harmonie, l'amour et d'éviter ce qui est inutile.

Agissons donc comme nous aurions voulu que l'on agisse pour nous.

Nous pouvons demander à l'esprit de la maison s'il veut bien recevoir les énergies divines. Dans le cas où vous entendez en clairaudience que c'est positif, demandez aux plans supérieurs de faire descendre des énergies divines sur votre maison. Vous sentirez ensuite dans votre maison un état de paix et d'harmonie plus élevé qu'auparavant.

Les lieux perturbés au niveau subtil

> « L'homme, en tant qu'espèce, n'a aucune possibilité de
> s'adapter au niveau des fréquences radioélectriques et
> hyperfréquences qu'on observe dans le milieu ambiant. »
> PRESMAN

> « On tient toujours du lieu dont on vient. »
> JEAN DE LA FONTAINE

Un lieu perturbé est un lieu qui porte une charge capable de semer le trouble dans notre vie. Il existe 7 types de lieux perturbés.

1) LES LIEUX OÙ L'ON TROUVE DES DÉFUNTS QUI ERRENT

Le cimetière

C'est le lieu principal de départ pour l'au-delà. Les défunts ayant déjà quitté leur corps physique le jour de leur mort accompagnent le cortège au cimetière, restant souvent près de l'endroit où gît leur dépouille à cause de l'attraction que celui-ci exerce.

Certains d'entre eux n'étant pas spirituels et ne sachant pas où aller ont tendance à rester près de leur dépouille, dérangeant ainsi la vie du voisinage, s'incrustant souvent dans les maisons de personnes vivant à proximité du cimetière.

De plus, même si certains vieux cimetières datent de plusieurs siècles, il n'est pas rare qu'il y ait encore des défunts qui y soient attachés, comme s'ils étaient attirés par la présence de leurs dépouilles.

Développez vos facultés psychiques et spirituelles

Témoignage

Il y a quelques années, nous avions travaillé à distance, en équipe, sur une maison dont les propriétaires avaient des problèmes. En y allant astralement, nous avons constaté qu'il y avait sur le terrain où était située la maison un très vieux cimetière, dont les propriétaires ignoraient l'existence. En arrivant sur place, nous nous sommes retrouvés devant des défunts revivant une scène du passé, l'un d'entre eux tenant encore les autres prisonniers. Ces êtres se sentaient en sécurité sur ce lieu, en dehors du champ de bataille qu'ils avaient connu.

Le temps ne passant pas de la même façon pour ceux qui sont sur l'autre plan, ils n'avaient pas du tout conscience qu'il s'était passé des siècles depuis qu'ils étaient sur place. De plus, ils n'avaient pas compris qu'ils étaient morts, continuant leur affrontement comme de leur vivant.

Nous leur avons expliqué télépathiquement qu'ils étaient morts et que des désincarnés les attendaient sur un plan supérieur, nous leur avons envoyé un message adapté à leur niveau d'évolution, leur précisant qu'il fallait qu'ils sortent tous de là.

Pour les aider, nous leur avons envoyé de la lumière personnalisée pour chacun, afin qu'ils soient rassurés et qu'ils puissent monter vers les plans supérieurs.

---

2) LES LIEUX DE PARTANCE POUR L'AU-DELÀ

Les hôpitaux, les cliniques, les morgues, les maisons de retraite, sont les lieux où l'on meurt quotidiennement. Tous ces lieux sont chargés de défunts qui n'ont pas toujours conscience d'être décédés. Ce sont des personnes qui se sont bloquées intérieurement, refusant l'idée de leur mort, errant souvent dans les couloirs des bâtiments qui ont été témoins de leur décès.

Ces défunts sont souvent des gens apeurés, qui seront apaisés par la présence d'une sympathique infirmière qu'ils auront connue de leur vivant ou de quelqu'un qui les rassurera. Ils « l'accompagneront » en s'insérant dans leur aura, se plaçant devant les chakras, aspirant, sans forcément en avoir conscience, l'énergie vitale de leur victime.

3) LES LIEUX DE SOUFFRANCE OÙ LES MÉMOIRES DU PASSÉ SONT RESTÉES INTACTES

Les lieux où se sont passés ou déroulés des guerres, batailles et affrontements

Il est préférable d'éviter de s'installer près d'un champ de bataille, même s'il est ancien. Il reste souvent, sur les centaines ou milliers d'hommes qui ont péri sur le lieu, quelques défunts qui ne sont pas encore montés vers la lumière. Ils se retrouvent ainsi bloqués, soit à cause de la trop grande souffrance qu'ils ont vécue et qui les relie encore à ce lieu, soit parce qu'ils ne peuvent écouter personne, restant ainsi enfermés, revivant des scènes du passé.

Cela peut être aussi parce que certains d'entre eux ne savent toujours pas qu'ils sont morts, agissant comme si la bataille était toujours en cours. Sachant que dans le camp adverse il peut y avoir aussi des individus vivant la même chose, il est probable que sur la partie astrale de quelques champs de bataille, certains se battent toujours, même si ces batailles sont terminées depuis longtemps.

Nous apprenons par les médias qu'il existe des cas de personnes « vivantes » qui ont déserté une guerre et que l'on retrouve cachées, ignorant que celle-ci est finie depuis bien des années, comme ce fut le cas, entre autres, pour la guerre du Vietnam.

Nous voyons bien que si ce fait rare survient à certains « vivants », il est logique que cela arrive à certaines personnes décédées, pour lesquelles la notion du temps n'est plus la même.

De plus, il existe des témoignages de personnes fiables se trouvant au moment d'une pleine lune près d'un ancien champ de bataille. Ces personnes ont eu la particularité de voir, devant et autour d'elles, comme un immense hologramme faisant apparaître des scènes de combats passés quelques siècles auparavant et qui semblaient se répéter, entendant nettement les cris, les bruits des canons, etc., comme si elles s'y trouvaient.

Comme nous l'avons précisé dans le chapitre sur les fantômes, il semble que ce soit bien la pleine lune qui réactive ces mémoires.

Il est fort probable que dans ces cas-là, la mémoire de ces affrontements sanglants ait été tellement puissante qu'elle en a imprégné la terre, les pierres, les arbres, la nature aux alentours, et ceci depuis des siècles.

Les prisons

Elles sont chargées par le désespoir, la colère, les regrets et bien d'autres émotions lourdes qui ont appartenu à ceux qui y sont passés. Elles ont imprimé les lieux, jour après jour, heure après heure, de leurs tourments et de leur enfermement. Imaginez seulement la puissance de ces souffrances accumulées par des centaines d'hommes, de femmes sur ces mêmes murs, pendant des dizaines d'années.

Les lieux de torture

Les camps de concentration, les endroits où il y a eu des exécutions dégagent aussi les mêmes charges négatives.

4) LES LIEUX OÙ DES PERSONNES NÉGATIVES QUI ALLAIENT MAL ONT VÉCU

Il y a aussi les lieux chargés par des occupants qui se sentaient mal dans la vie et dans lesquels ils ont déchargé leur souffrance, imprégnant tout ce qui les entourait.

> *Témoignage*
>
> Je suis allé dans la maison d'un de mes élèves et ami, M. Michel J.
>
> Il avait une sœur qui s'était suicidée et qui venait le voir de temps en temps la nuit. Il me racontait qu'elle s'asseyait parfois au bout de son lit et il l'apercevait tout en étant éveillé. ↓

En allant dans la chambre de sa sœur, qu'il appelait la chambre rose car tout était de cette couleur, je me suis mis en réceptivité, c'est-à-dire en position des 3 V (voir chapitre : Comment nettoyer une maison ou un lieu perturbé ?) et je me suis senti immédiatement absorbé par la moquette, comme si je fondais en elle. Cela donnait la sensation de descendre comme dans un ascenseur, mon corps entier semblait être aspiré dans la moquette ou le plancher. J'ai demandé à ma femme, à cet ami et à sa femme de faire de même et chacun a senti nettement le phénomène d'absorption.

Il faut rappeler que la personne qui vit une dépression, subissant ainsi des fuites énergétiques, aura tendance à se recharger en absorbant les énergies de son entourage, sans que cela soit un acte volontaire.

Il semble que dans ce cas-là, le lieu ait été chargé par cette femme qui déprimait, rendant la chambre lourde énergétiquement et répétant le phénomène d'absorption des énergies de la personne qui y pénètre.

C'est comme si la moquette, les objets s'y trouvant et la pièce elle-même, reprenaient le relais et vampirisaient à leur tour les nouveaux venus.

Ces maisons chargées ont pour effet que les nouveaux habitants auront beaucoup de difficultés pour y être en paix. Il y aura dans de tels lieux beaucoup plus de désespoir qu'ailleurs, déséquilibrant ainsi psychologiquement les personnes fragiles. De plus, il y aura davantage de problèmes de couple et d'histoires familiales qu'ailleurs.

Il m'est arrivé de dégager de telles maisons, constatant que l'harmonie du couple, qui vivait des disputes répétées depuis longtemps et survenant sans raison, soit revenue comme si rien ne s'était passé.

Nous ne devons toutefois pas généraliser, mais il ne faut pas négliger que si le lieu où les personnes qui y vivent est déséquilibré, il est probable que cela agisse fortement sur ses occupants.

Développez vos facultés psychiques et spirituelles

Malheureusement, les personnes ne pensent pas à nettoyer ou purifier astralement leur maison avant de s'y installer.

C'est comme lorsque nous formatons une disquette, nous la remettons dans son état initial afin que tout ce qu'elle enregistrera provienne uniquement de nous, sans aucun élément extérieur pouvant y semer le trouble.

5) LES LIEUX OÙ SE TROUVENT DES OBJETS CHARGÉS

Parfois le problème peut provenir d'objets chargés, émettant de la négativité et polluant énergétiquement un lieu. Devant un tel cas, nous pouvons penser à tort qu'il est chargé. Il est donc important d'acquérir un ressenti assez fin pour discerner l'origine des nocivités qui se manifestent.

Cette expérience m'a apporté la confirmation qu'il faut être prudent lorsque l'on touche des objets provenant d'autres pays et dont nous ne connaissons ni l'origine, ni l'utilisation. Nous pouvons ainsi ramener de nos voyages, et sans le savoir, des objets rituels chargés, ayant servi lors de cérémonies magiques pour faire des sacrifices.

Il en est de même pour les musées. Les objets présentés sont souvent passés de main en main et peuvent porter des charges

---

Témoignage

Un de mes élèves, M. Marc G., avait été directeur d'une usine en Afrique. Il avait appris le licenciement abusif d'un de ses employés, il s'opposa à ce licenciement permettant à cet employé de réintégrer l'emploi qu'il occupait précédemment.

Pour le remercier cet employé, d'origine africaine, lui avait offert deux bracelets d'esclaves, ils avaient servi à tenir un ou plusieurs esclaves. À partir de ce moment-là, M. Marc G. a commencé à avoir des problèmes de toutes sortes. Il n'avait fait que tardivement le rapport entre ce qui lui arrivait et ce cadeau qui semblait être la cause de ses nouvelles mésaventures. Il les a donc offerts au Musée de l'Homme à Paris. Il avait toutefois gardé des photos de ses bracelets.

En essayant de percevoir ce qu'ils dégageaient, j'ai ressenti, en une fraction de seconde, comme si des liens tournaient à très grande vitesse autour de mon corps, me serrant, au point de presque m'étouffer. Cette sensation soudaine d'oppression était terrible.

J'ai immédiatement arrêté l'expérience, expliquant ce qui venait de se passer à mon ami. Il me précisera qu'une autre personne qu'il connaît avait eu les mêmes ressentis que ce que je venais de vivre.

---

nocives qui, sous prétexte d'être exotiques, n'en sont pas moins dangereux. Il est avisé de ne pas les toucher et de ne pas rester trop longtemps en leur présence. Il arrive parfois qu'une entité du bas astral ait été attachée magiquement à cet objet. Nous voyons ce genre d'histoires dans les contes orientaux avec pour exemple la lampe à huile contenant un génie.

N'oublions pas que les génies sont des entités considérées comme réelles dans les pays orientaux. Certains mages orientaux ont ainsi vaincu et emprisonné une entité du bas astral pour s'en servir comme esclave.

Le conte d'Aladin part de cette réalité et cela n'est pas qu'une fiction.

Les contes et légendes ne sont souvent qu'une pâle copie de notre réalité. Il est donc important de rester prudent avec ce que l'on ne connaît pas.

Témoignage

Je suis allé il y a quelques années au British Museum à Londres. Lorsque nous sommes passés, ma fille et moi, dans la salle où se trouvaient les momies égyptiennes, nous avons tous deux accéléré pour la traverser au pas de course. ↓

> Nous nous sommes tous les deux senti mal quand nous étions dans la salle des momies. Nous avions ressenti la présence de nombreux parasites se nourrissant de ce que dégage encore énergétiquement les momies.
>
> Cela pullulait dans cette salle, au point que nous avons plaint la gardienne qui devait y rester du matin au soir, en espérant que dans son cas elle ne ressente rien.
>
>
>
> Je suis allé en Égypte avec des personnes sensitives. Nous avons eu dans le musée de Louksor le même ressenti lorsque nous étions à proximité des momies.
>
> Toute l'équipe a senti que cela nous piquait alors que nous étions encore à quelques mètres des momies.
>
> Nous avons donc quitté ces salles, afin d'éviter d'emporter un petit parasite malgré nous.

6) Les lieux où se trouvent des matières en état de putréfaction

Si nous nous trouvons dans un endroit au-dessous duquel se trouve de l'eau croupie, l'énergie qui remontera à la surface détériorera lentement la santé de ceux qui y habitent, abaissant fortement la vibration du lieu.

Il en est de même pour les anciennes décharges où des déchets ont été enterrés. Sachons qu'il y a des entités du bas astral qui se nourrissent de l'énergie restante de déchets organiques, tels que ceux de la viande ou des os en décomposition.

Par ailleurs, les vibrations d'un tel milieu en seront affectées au point qu'elles seront très basses. Ce qui signifie que nous aurons du mal à avoir une vibration élevée sur ce lieu, nous tirant ainsi dans le bas, ce qui à la longue pourra entraîner un déséquilibre énergétique.

7) Les lieux subissant des perturbations du sol (anomalies souterraines)

Notre planète est parcourue par toutes sortes de rivières souterraines passant sous nos maisons, nos jardins, etc., remplissant les nappes phréatiques.

Cela entraîne à la surface des remontées d'énergie formant des murs énergétiques situés à l'aplomb des rivières souterraines. Dans le cas où nous dormons à la verticalité d'une de ces rivières pendant plusieurs années, il est fort possible que nous ayons des rhumatismes plus tard.

Les personnes sensitives ressentent rapidement des courants froids remontant à la surface, à la hauteur d'un mètre du sol environ.

Témoignage

Un jour, alors que j'étais invité chez M et Mme R. à l'est de Paris et que nous étions dans leur jardin, j'avais repéré sur place, en voyant la forme que prenaient les arbres situés sur un certain axe, qu'il y avait sûrement une rivière souterraine traversant la maison dans sa longueur et cela par le milieu.

Je l'ai signalé à M et Mme R.

Un peu plus tard, Mme R. me faisait visiter sa maison. Elle se demandait s'il y avait des nocivités. Pendant cette visite, dans la chambre de sa fille, je remarquais que son lit était situé perpendiculairement au-dessus de l'axe que j'avais signalé. L'axe de la rivière coupait donc le lit en deux par le milieu, dans le sens de la largeur.

Je vérifiais avec le ressenti de mes mains si l'observation faite dans le jardin était exacte. Le ressenti tactile confirma cette information. Effectivement, un courant froid me parcourait les mains lorsque je les passais doucement au-dessus de son lit.

↓

Développez vos facultés psychiques et spirituelles

Je demandai ensuite à sa maman, qui était une de mes élèves, de faire la même chose avec ses mains en les avançant doucement afin de ressentir le mur énergétique que la rivière générait, ainsi que la fraîcheur subtile qui s'en dégageait.

Elle le fit et perçut le mur énergétique à l'endroit précis où je l'avais signalé, ainsi que le froid subtil mais réel qui y était.

On pourrait penser à une suggestion due à ma présence, mais l'expérience peut être refaite des milliers de fois après le départ de la personne qui l'a constaté.

Par ailleurs, cette maman étant sensitive discernait parfaitement cela, mais elle n'avait pas pensé que sa propre maison puisse être concernée par ce problème.

Elle examina ensuite, après mon départ, si cette sensation de froid au-dessus du lit de sa fille était toujours présente. Sa vérification le confirmera de nouveau.

De plus, il est toujours possible de faire vérifier cet état de fait par d'autres gens sensitifs.

Elle a donc proposé à sa fille de changer son lit de place, lui expliquant qu'il n'était pas bon pour elle de dormir à cet endroit précis. Elle le comprendra avec un peu de réticence.

Comment nettoyer une maison ou un lieu perturbé ?

" Ce n'est pas parce que les choses sont difficiles que l'on n'ose pas, mais parce que l'on n'ose pas qu'elles sont difficiles. "
SÉNÈQUE

" Les miracles ne se produisent pas en contradiction avec la nature, mais seulement par rapport à ce que nous connaissons de la nature. "
SAINT AUGUSTIN

Pour nettoyer une maison ou un lieu perturbé, il faut découvrir quelle est la source de ses problèmes avec précision.

Comme le médecin, mais cette fois-ci en tant que médecin du lieu, nous devons avoir le bon diagnostic, dans le cas contraire, nous constaterons que notre action n'aura aucun effet ou seulement un effet dérisoire.

Comment repérer ce qui perturbe une maison ou un lieu ?

La première chose à faire si nous voulons ramener la paix dans une maison ou un lieu est tout d'abord de se renseigner sur ce qu'elle a vécu, s'il y a des choses particulières qui s'y sont passées ? De plus, il est important de savoir comment elle est parasitée et quelles en sont les manifestations.

Cette première approche extérieure de recherche d'informations sur ses origines peut nous donner des pistes, nous avertissant s'il y a des choses importantes à ne pas négliger.

Rappelons-nous qu'il peut y avoir des dangers. Nous pouvons aussi être attaqué par ce qui perturbe la maison. Il est important de savoir à qui on a affaire, la prudence sera donc notre première règle.

Comment apprendre à ressentir un lieu ?

Dessin de la position des 3 V

Ensuite, nous devons observer, apprendre à voir, non pas à regarder de manière superficielle. Ceci concerne l'état de vision où tous nos ressentis intérieurs doivent être en alerte. La faculté de « cet état de vision » est la plus importante. Elle permet de s'imprégner en profondeur, si nous scannons ce que la maison dégage, sans pour autant en prendre la charge. En voyant cette maison, laissons-nous imprégner par ce que nous ressentons.

Il faut savoir que lorsque nous pénétrons dans un lieu, nous devons être à l'écoute de notre ressenti, nous mettant en position des 3 V (donnant trois V inversés, formés entre notre bras droit et notre côté droit, notre bras gauche et notre côté gauche, le troisième V étant formé par nos pieds un peu écartés).

Cette excellente position physique de ressenti, nous a été transmise par Michel Moine.

Maintenant, écoutons ce que nous percevons pour repérer si le lieu est positif, négatif ou neutre.

Posons-nous aussi certaines questions telles que :

- Est-ce que je me sens observé ?

- Est-ce que je me sens à l'aise ou y a-t-il un sentiment d'angoisse qui s'empare de moi ?

- Quelles sont précisément les endroits de cette maison que je ressens comme négatifs ?

Comment nettoyer et protéger une maison proche d'un cimetière ?

Dans le cas où une maison est située à proximité d'un cimetière, ou pire juste au-dessus, il est probable qu'il reste des défunts qui ne demandent qu'à être aidés. Le travail sera spécifiquement orienté vers les défunts. Il faudra les aider à ce qu'ils sortent du système de fonctionnement en boucle où ils se sont enfermés, ressassant ce qu'ils ont vécu.

C'est exactement la même chose quand nous nous parlons à haute voix, alors que nous sommes seuls. Cela se passe souvent lorsque nous avons vécu un conflit avec quelqu'un, nous mettant intérieurement en colère, nous faisons les questions et réponses, comme si les intervenants du désaccord étaient présents.

Le défunt peut vivre une scène de la même manière, avec en plus la vision des intervenants, comme s'ils étaient bien réels. Ce qui fait que bien des défunts sont enfermés dans leurs films intérieurs. C'est pour cette raison que nous en trouvons souvent certains immobiles.

Dans le cas où il y en a dans votre maison, vous pouvez, si vous savez sortir astralement, les libérer tous en créant avec votre corps astral un

mur couvrant la largeur de votre maison. Vous adapterez la taille de votre corps astral, afin qu'il puisse pousser aisément ce mur astral.

Par contre si vous ne savez pas vous servir de votre corps astral, il vous suffira de réaliser la même opération par visualisation, créant ainsi le même mur astral que vous verrez avançant à travers la maison et enlevant ce qui n'a pas lieu d'être.

Ce procédé permet d'enlever :

• les charges astrales négatives qui traînent dans la maison,

• les défunts, ainsi que toute entité astrale qui s'y trouvent et ainsi d'être certain d'avoir une maison propre.

Comment invoquer l'aide des plans supérieurs ?

Il faudra donc, en premier lieu, leur apporter la paix. Pour cela, il faut demander l'aide d'êtres de lumière afin d'être guidés pour ce que nous ferons.

Choisissez un jour où vous vous sentez en forme. Il est important d'avoir suffisamment d'énergie pour aller au bout de notre tâche.

N'hésitez pas à utiliser des supports, tels que des encens, des bougies ou autres, à partir du moment où ils élèvent la vibration du lieu, permettant plus facilement d'atteindre le niveau spirituel.

Quel que soit le nom des aides spirituelles que vous appellerez, selon votre origine, vos croyances, ou autres, sachez que cela n'a aucune conséquence. L'important est d'agir avec le cœur et de faire confiance.

MOYENS POUR AIDER LES DÉFUNTS À MONTER VERS LA LUMIÈRE ?

Comment envoyer de la lumière par la visualisation

Demandez leur aide et accompagnez-les en visualisant de la lumière qui descend sur ceux qui sont restés, vous verrez, c'est très efficace. Rappelez-vous que la visualisation, qui est la création mentale, est prise pour quelque chose d'imaginaire sur terre, mais c'est une réalité tangible sur les plans subtils. Ce que vous visualiserez se créera immédiatement sur l'autre plan. L'important est de ne pas douter.

Vous pouvez aussi méditer pour élever vos vibrations, pour pouvoir agir avec plus de facilité.

Les bougies et l'encens

Que ce soit des bougies ou de l'encens utilisés à l'intention des défunts, cette aide positive ne fera pas forcément monter les défunts vers la lumière, mais aura au moins le mérite de leur apporter la paix.

La prière et les cérémonies religieuses

Toutes les traditions proposent des formules pour aider les défunts, soit la prière ou autres moyens. Ainsi, lorsqu'une messe ou cérémonie religieuse ou chamanique, quelle qu'en soit l'origine, est dite pour un défunt, la prière collective de l'assemblée ou du groupe peut lui permettre de monter vers des plans plus élevés. La prière collective ayant plus de puissance que la prière individuelle, aura plus de force pour faire monter le défunt vers la lumière car, en règle générale, il y a toujours plus de force intérieure dans un groupe que dans une personne.

De plus, si vous constatez que votre prière n'est pas assez efficace, il vous suffira de prier avec simplicité, à l'exemple de l'enfant pour lequel tout est possible. Certains pourront utiliser une prière plus soutenue, comme on le fait avec une neuvaine. Cela pourra permettre pour eux que le passage vers le ciel puisse se faire plus facilement, et au défunt de monter en paix dans la lumière.

En appelant ainsi au secours ceux qui sont au-dessus de nous, nous faisons un pont entre eux et nous, permettant une aide plus efficace afin de pouvoir faire monter ces défunts qui errent dans le cimetière, vers les mondes supérieurs qui les attendent.

Il n'est pas sûr que l'on vienne à bout d'une telle tâche, il ne faut pourtant pas se décourager en cas d'échec.

Un vieux cimetière, même petit et désaffecté depuis longtemps, contient parfois des personnes défuntes qui ont subi beaucoup de souffrances, certaines peuvent même être sur place depuis très longtemps. Il faudra leur offrir la possibilité de s'élever vers la « lumière », en leur proposant de les aider, cela peut être en faisant brûler un cierge, une bougie, de l'encens.

Le meilleur moyen sera d'envoyer de l'énergie en la visualisant sur le défunt « pour qu'il monte », vous pouvez aussi appeler les anges, les guides spirituels ou des êtres de lumière. Egalement dire une prière, faire dire une messe pour ces défunts qui s'accrochent, les rassurer et leur expliquer qu'ils n'ont plus rien à faire ici, que la vraie vie les attend, ainsi que ceux qui les aiment et qui sont sur l'autre plan.

Comment expliquer aux défunts ce qu'ils doivent faire pour s'élever ?

Il faudra toujours parler aux défunts avec patience. Cela peut se faire à voix haute ou par télépathie. Sachez qu'ils entendent « nos pensées ». Il vous suffira de leur parler mais cette fois-ci dans votre tête. Soyez rassuré, ils vous entendront, car ils savent que c'est à eux que vous vous adressez.

Faites tout de même attention de garder une certaine distance avec la personne à aider. Vous éviterez ainsi qu'il y ait un transfert de la personne aidée vers la personne qui aide.

Il faudra leur expliquer, comme on parle à quelqu'un qui a souffert, qu'il est mort et que sa vie est ailleurs, n'ayant plus rien à faire ici. Que d'autres les attendent et qu'ils seront heureux là-bas. Comme pour des autistes, il faudra répéter et rassurer avec beaucoup de patience.

C'est pour cette raison qu'il est préférable de ne pas acheter une maison située trop près d'un cimetière.

Comment faire monter vibratoirement les défunts avec notre corps astral vers la lumière ?

Témoignage

Une femme m'avait appelé pour dégager sa maison située à environ 60 m d'un cimetière de province. Ce cimetière était situé au bout de son jardin, il accueillait un ou deux nouveaux venus par semaine.

Sa maison était remplie de défunts. Elle ressentait vivement leurs présences, ce qui n'était pas le cas de son mari.

> Ils étaient tous deux fatigués et avaient froid, en permanence. J'ai donc astralement attrapé les défunts de la maison et du jardin que j'ai emmenés ailleurs. Pour ensuite créer astralement des murs miroirs autour du jardin et de la maison, laissant ainsi le côté rue libre.
>
> Le problème provenait du fait que les nouveaux venus se promenant autour de chez eux se sentaient plus à l'aise chez eux qu'au cimetière. J'ai dû pour ce cas fermer le devant de leur façade, en créant un mur astral, les enfermant eux aussi afin qu'ils n'aient plus de nuisances provenant de la présence de défunts.
>
>
>
> Un couple d'amis sensitifs m'expliquait que leur immeuble était placé au dessus d'un ancien cimetière. Ces amis se sentaient mal à cause de présences qu'ils ressentaient, ils apercevaient parfois comme des ombres qui passaient furtivement dans un sens ou dans l'autre. Ils avaient souvent froid dans cet immeuble. Ils me signalaient en ce temps-là leur intention de déménager. Ce qu'ils firent quelques mois plus tard.

Celui qui a appris à sortir astralement, (c'est-à-dire sortir de son corps physique avec son corps astral) pourra aider les défunts à monter vers la lumière, en les portant avec ses bras astraux et en les faisant monter en vibration. Il pourra ainsi les faire s'élever jusqu'au plan où se trouve la lumière.

Nous voyons cela bien illustré dans la peinture de Jérôme Bosch, où des anges portent des défunts dans un tunnel noir, ayant au fond du tunnel une lumière blanche, d'où l'on aperçoit des personnes qui les attendent.

Cet endroit situé sur l'autre plan semble être comme un hall d'accueil où les défunts sont accueillis par les membres de leur famille, qui les emmènent ensuite vers les plans astraux qui les attendent.

C'est cet endroit astral que les gens rejoignent lorsqu'ils vivent une N.D.E. Les défunts y sont accueillis alors que les vivants doivent revenir sur terre, réintégrant ainsi leur corps physique.

En allant dans ce lieu j'avais remarqué à plusieurs reprises cette particularité que je ne pouvais pas aller plus loin que ce hall, le paysage magnifique que j'apercevais au loin

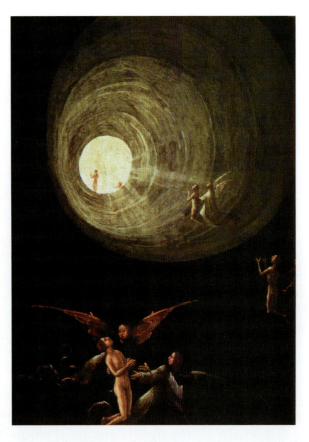

m'était interdit. Cela parce que j'étais une personne vivante physiquement, les défunts peuvent y aller sans problème.

J'ai donc demandé à une équipe d'élèves avancés de s'y rendre et de se déplacer plus en profondeur dans le paysage, sans leur préciser quoi que ce soit. Ils ont aussi constaté qu'on ne peut se déplacer dans ce lieu lumineux, sans être tiré en arrière par le cordon d'argent, donnant la nette impression que quelque chose nous emmène en sens inverse, comme sur un tapis roulant allant en sens contraire.

Si le lieu perturbé est notre lieu de travail, tel qu'un hôpital, une clinique ou tout autre lieu de départ pour l'autre plan, le problème est plus complexe.

Nous pouvons deviner à quel point il sera difficile de nettoyer un lieu de ce type, tel qu'un hôpital où des gens souffrent encore au

Les lieux chargés qui nous entourent ?

moment où nous avons l'intention de le dégager, imprégnant en permanence le lieu de leur mal-être.

Il faut pour dégager proprement un tel lieu, que ce lieu soit exempt de toute nouvelle empreinte négative, c'est-à-dire qu'il doit être vidé de ses occupants, afin de remettre cet hôpital dans son état énergétique d'origine, ce qui est impossible. De plus ce nettoyage ne serait que provisoire.

Dans le cas contraire, le nettoyage ne s'arrêtera jamais et serait à refaire en permanence, car il y aura toujours quelqu'un qui en « remettra une couche » à cause de la douleur, de la solitude, de l'abandon, ou de la peur de mourir. Sans compter les défunts qui resteront sur place, déambulant dans leur chambre ou aux alentours.

Ce qui est préférable dans ce cas-là, c'est de se protéger en arrivant sur place (voir le chapitre sur les protections psychiques). Il faudra donc fermer votre coque psychique en arrivant sur le site, car un tel lieu est toujours actif avec les allées et venues.

N'oublions pas que certains défunts n'ont pas forcément compris qu'ils sont morts.

Lors du tsunami qui a eu lieu en Asie, les personnes emportées par les vagues ont eu leur corps astral projeté hors du corps physique, lors de l'impact entre leurs corps physiques transportés par les vagues à grande vitesse avec les obstacles se trouvant sur le trajet de ces vagues.

Ils sont ainsi morts d'un coup, au point que certains n'ont peut-être pas senti la séparation avec leurs corps physiques, pensant être toujours vivants.

Quelques semaines plus tard, nous avons entendu au journal télévisé une information atypique qui provenait de radios locales précisant que les hôtels situés sur les lieux qui ont subi le tsunami se plaignaient de vivre des phénomènes de hantise.

Il existe une manifestation que vous avez peut-être remarquée : lorsque nous conduisons notre voiture et que nous devons freiner brutalement, notre corps physique s'arrête tenu par la ceinture de sécurité. Par contre, notre corps astral continue sur sa lancée, sortant pendant une ou deux secondes du corps physique, comme si le véhicule se déplaçait encore, pour ensuite revenir en arrière et réintégrer le corps physique en le faisant sursauter lors de ce retour violent.

Il y a aussi tous les lieux où se sont passés des batailles et des affrontements.

Nous retrouvons le même problème que pour les cimetières avec en plus une immense souffrance qui a été imprimée sur les lieux par des milliers d'hommes.

En plus des affrontements qui s'y sont passés, ceux qui ont survécu nourrissent, sans le vouloir, les lieux par le souvenir des souffrances qui les hantent encore, que ce soit à travers leur mémoire, de façon consciente, ou à travers de cauchemars dus à ces événements tragiques ressurgissant dans leur inconscient.

Nous voyons bien en parlant à d'anciens combattants à quel point ils sont restés accrochés à ce passé, que ce soit, par exemple, ceux qui ont vécu la guerre d'Algérie ou ceux qui ont vécu la Seconde Guerre mondiale.

Si nous avons une maison près d'un champ de bataille, nous pouvons créer des murs astraux pour isoler la maison de la nocivité se trouvant aux alentours, mais il faudra être conscient qu'ils ne pourront pas former une protection absolue.

Dans le cas où notre maison est située sur un lieu aussi chargé, nous avons pour nettoyer ce lieu deux tâches distinctes à réaliser :

1. La mémoire des lieux à nettoyer, semblable à la mémoire des murs avec beaucoup plus de perturbations.

   Il faudra enlever la mémoire des murs, rendant ainsi les murs vierges de ce qui a été vécu précédemment.

2. Les défunts qui errent et qui sont bloqués par les souvenirs de leur mort violente et traumatisante.

   Il faudra faire monter les défunts vers la lumière, ou si l'on ne peut pas le faire soi-même prier pour eux afin qu'ils retrouvent la paix de l'âme, permettant ainsi de les sortir de l'état dans lequel ils se trouvent.

Si nous voulons nettoyer un lieu de ce genre, il nous faudra beaucoup de patience, d'aides de la part des êtres de lumière, ainsi que du temps.

Les êtres de lumière aident ceux qui sont bloqués sur terre à retrouver le plan spirituel qui les attend.

Le travail sera comparable au fait d'épurer un grand cimetière, ce qui est déjà immense, avec comme particularité que les défunts qui s'y trouvent ont tous les mêmes traumatismes qui les empêchent d'aller vers la lumière. Avec en plus un travail de nettoyage du site en profondeur, de l'atmosphère et d'entités parasites provenant du bas astral et venant se nourrir des souffrances dégagées ou de toute énergie perdue, qui s'évacuent au travers des souffrances revécues.

Pour ce qui est des parasites astraux, il faudra visualiser le fait de les voir exploser, les éclats restants seront envoyés dans le magma au centre de la terre.

Comment nettoyer astralement les mémoires imprégnées dans la matière ?

Il y a la mémoire des murs, c'est-à-dire si les murs qui ont été témoins d'événements forts et intenses au point qu'ils en sont restés imprégnés, il arrive qu'après une activation à la pleine lune ou à la lune montante, certains événements peuvent en être restitués. (Voir plus en détail le chapitre sur les lieux perturbés.) C'est le cas pour tous les lieux tels que les prisons, les lieux où des personnes ont été torturées. Tout lieu où passe quelqu'un qui se sent mal dans sa peau, vivant un mal-être et dégageant ainsi autour de lui sa souffrance et la négativité accumulée.

Il en est de même pour tout objet ayant appartenu à quelqu'un dégageant un sentiment négatif. Que cet objet soit par exemple un meuble, un objet décoratif, un livre, il n'en demeure pas moins qu'il est chargé émotionnellement par celui qui le possédait auparavant.

Il y a notamment des cas où la charge négative est souvent puissante, par exemple des objets portés sur soi, tel qu'un bijou. Dans le cas où il s'agit d'un objet porté en permanence par son propriétaire pendant des années, cet objet aura des années de charge. À l'inverse, un objet situé dans une maison ne se chargera uniquement que lorsque celui qui est à l'origine de la négativité sera à proximité.

Il conviendra donc, dans ce cas, de faire un nettoyage astral des murs avec la ferme intention d'enlever les mémoires et les charges émotionnelles qui ont été vécues par ces murs. Il faudra, pour cela, visualiser de la lumière blanche remplissant et débordant chacun des murs, puis de toute la maison, afin de voir après le nettoyage les murs devenus purs comme ils l'étaient à l'origine, supprimant ainsi toutes les mémoires du passé. Il faudra aussi voir ces mémoires, ainsi que les charges émotionnelles, partir sous forme de liquide noir pénétrant dans le fond de la terre pour disparaître.

En faisant cela le phénomène de rémanence s'arrêtera car il sera désactivé. La programmation que les murs restituaient sera ainsi supprimée définitivement.

Dans le cas où notre maison est située près d'une ancienne décharge, il sera nécessaire de faire comme pour le nettoyage de la mémoire des murs.

C'est-à-dire que nous adapterons ce nettoyage à grande échelle, le réalisant pour la décharge dans sa totalité, avec tout ce qui a été enfoui dans la profondeur du sol, afin de supprimer toute trace de rayonnement nocif, de négativité astrale, qu'elle provienne d'aliments en putréfaction ou de parasites astraux ou autres. Ce travail sera comparable à une stérilisation du lieu.

Cela aura pour effet de libérer le lieu de ce qui abaisse ses vibrations. N'oublions pas qu'il faudra nettement visualiser les parasites détruits lors de ce nettoyage.

Il serait bon de faire bénir la maison, y mettre de l'encens, des bougies. N'oublions pas que notre état d'être influe sur notre environnement. Si nous vivons une harmonie intérieure, notre environnement se mettra petit à petit en résonance avec nous, comme s'il voulait prendre exemple sur nous.

Par exemple, la personne qui a la « main verte » a souvent autour d'elle de belles plantes qui se sentent bien en sa présence, elle porte en elle l'amour de la nature et elle le lui rend.

De même que si nous sommes spirituels et que nous respirons l'harmonie, notre jardin et notre maison seront de plus en plus beaux. Vous sentirez petit à petit ce qu'il faudra pour que ce lieu trouve lui même son harmonie, transcendant ainsi un lieu, qui était au départ plutôt lourd, énergétiquement.

Un lieu perturbé par la présence d'un être

Témoignage

Une de mes élèves me demanda de voir, pour son petit-fils Julien qui n'avait que 2 ans, ce qui le perturbait, me précisant qu'elle avait remarqué qu'il semblait voir des choses qu'elle ne percevait pas. Cela se passait quand il était dans sa chambre.

Il paraissait suivre du regard quelque chose situé sur l'autre plan.

La demande était surtout parce que Julien pleurait toutes les nuits, comme s'il était terrorisé dans sa chambre. Cela en arrivait au point qu'il se faisait souvent attraper par son père, qui n'y comprenait pas grand-chose.

Nous nous sommes branchés en clairvoyance, en équipe, pour voir l'origine des terreurs nocturnes de Julien. Nous avons vu qu'effectivement il n'était pas seul dans sa chambre, de petites entités étaient bien présentes et volaient.

Pour illustrer l'utilité des mains astrales à distance, j'expliquais aux élèves que l'on pouvait attraper une de ces bestioles à partir de la salle de cours où nous nous trouvions. Je me concentrai, allongeant mes bras et mains astrales jusqu'à la chambre de Julien, pour attraper l'une d'entre elles. Je ramenais ainsi quelque chose ressemblant à une grande chauve-souris astrale, précisant que l'on pouvait ouvrir ses ailes, j'attrapai l'une d'entre elles, la dépliant pour la montrer aux élèves, la faisant passer de main en main.

Les élèves l'ont ainsi touchée, ressentant tactilement sa texture. Une de mes élèves, prenant à témoin un de ses voisins me dit « Mais ça sent ! », l'autre de confirmer qu'il sentait aussi cette odeur de pourriture. Il fallait toutefois être proche du sujet d'observation pour la sentir. Je ne l'avais pas remarqué, car mon odorat physique n'est pas un de mes points forts.

J'étais satisfait qu'il y ait d'autres moyens de vérifier sa réalité, non seulement par l'aspect tactile que toute l'équipe ressentait au contact de cet être, que certains le voyaient autrement que par le toucher, mais aussi qu'il y ait l'odorat pour compléter.

D'autant qu'après un nettoyage intensif de la chambre de Julien les choses sont rentrées dans l'ordre. Julien a pu retrouver son sommeil.

Comment fermer un puits énergétique négatif ?

Il existe sur terre des puits invisibles, comparables à des portes permettant aux entités du bas astral de monter sur notre plan. Ces puits qui viennent du sous-sol peuvent être situés sous une maison ou un immeuble, polluant ainsi tous les étages et laissant pénétrer ces entités malsaines. Il est nécessaire dans cette circonstance de faire appel aux entités supérieures pour obtenir le moyen de fermer cette entrée menant vers les plans d'en bas.

Demandez intérieurement aux êtres de lumière de vous accorder le moyen de fermer ces ouvertures et vous constaterez qu'ils vous accorderont cette faveur, vous donnant astralement quelque chose ressemblant à un bouclier ciselé. Il s'agit en fait d'un système de fermeture de l'astral qui permet de clore ces portes invisibles, mais réelles, de manière définitive.

Il conviendra donc en sortie astrale de prendre cette forme qui apparaîtra dans votre main et de la placer sur ce passage. Vous fermerez ensuite l'ouverture en faisant un quart de tour avec la main astrale, comme si vous la clipsiez.

Si vous ne savez pas sortir astralement, il vous suffira de demander aux êtres de lumière de fermer définitivement cette ouverture, afin que les nuisances ne se reproduisent pas. Cela permettra ainsi à une maison et ses habitants de retrouver la paix.

Si nous avons une rivière souterraine sous notre maison, nous pouvons ressentir les murs énergétiques remontant à l'aplomb de cette rivière. Par ailleurs, nous ressentirons, si nous avons acquis suffisamment de sensibilité tactile, le sens du courant ainsi que le courant froid remontant à la surface.

Dans le cas où votre lit est situé à l'aplomb d'un cours d'eau, comme nous l'avons vu dans le chapitre précédent, il vous faudra contourner si possible le problème. Il est difficile de changer la position de sa maison ou un cours d'eau souterrain. Nous devons donc nous adapter en déplaçant, dans la mesure du possible, notre lit tâchant ainsi de le mettre à l'extérieur du cours d'eau.

Malheureusement, on ne fait pas ce que l'on veut et ce n'est pas toujours possible de déplacer un lit lorsque nous sommes dans une chambre exiguë.

Dans le cas où nous n'avons pas la possibilité de déplacer notre lit, il est préférable, de faire pivoter notre lit de manière à avoir nos pieds au-dessus de la zone négative, afin que nos organes vitaux soient hors de danger.

Il en est de même pour les fauteuils où nous pouvons rester long-temps. Il n'est pas dangereux d'y passer quelque temps, mais à la longue nous en subirons l'influence néfaste.

Nous pouvons laisser nos meubles à l'aplomb du cours d'eau.

À l'inverse, il n'est pas bon de laisser une télévision à l'aplomb d'une remontée énergétique provenant d'une rivière, car elle aura tendance à renvoyer ces énergies montantes vers les spectateurs.

Les lieux positifs

Vous pouvez aussi avoir de bons ressentis lorsque vous visitez certains lieux élevés au niveau vibratoire, qu'il s'agisse de lieux de pèlerinages, d'églises, de monastères ou encore en visitant les chambres de moines ou moniales qui y vivaient précédemment. Vous ressentirez l'aura de la personne qui y a vécu, même si cette personne n'est plus, son rayonnement intérieur reste présent, lais-sant la pièce dans une aura de sérénité propice à la paix, la médita-tion et la prière. Vous sentirez que dans un tel lieu le silence se fait plus facile, l'atmosphère de ce lieu vibre à un niveau élevé, suite au passage de cette personne rayonnante dans la pièce. Il en est de même de tout endroit où quelqu'un d'authentiquement spirituel est passé.

Ne faisons toutefois pas d'amalgame, ce n'est pas forcément le cas de tous les moines ou moniales, certains peuvent être dans le trouble intérieur.

Ce qui est intéressant et qui donne de très bons résultats, c'est lors-qu'une équipe de personnes sensitives visite ces chambres, repère sans se concerter quelles sont les pièces qui rayonnent le plus la paix, cela en dehors de tout aspect extérieur, d'éclairage, de décora-tion ou autre, même si tout mobilier est enlevé. Nous le reconnais-sons par une impression de paix intérieure et d'harmonie que le lieu dégage.

Pour qu'une maison rayonne, il suffit que les personnes qui y vivent soient heureuses, donnant au lieu une impression de bien-être. Ce sont ces lieux où on se sent bien, sans forcément se l'expli-quer. Ce qu'ils dégagent est propre et rassurant.

En revanche, si nous habitons un endroit possédant quelques perturbations, nous pouvons en imposant ce que nous sommes, transformer cet endroit et cela jusqu'à le transcender avec nos propres énergies positives.

Si c'est ainsi pour votre « chez vous », vous avez sans doute entendu des personnes venant pour la première fois vous dire : » Qu'est-ce qu'on se sent bien chez toi ! »

Il n'est pas nécessaire de faire du feng shui, il suffit d'écouter son intuition et vous verrez que, même si vous ne sentez pas encore les cours d'eau souterrains, vous placerez votre lit et vos meubles comme il convient.

L'aménagement intérieur de votre appartement, de votre maison, doit être fait avec goût. Ce sont toutes ces petites intentions et pensées diverses qui vont nourrir un égrégore qui va ensuite devenir l'esprit de la maison.

C'est ce que l'on appelle donner une âme à une maison.

PARTIE 6

COMMENT RÉTABLIR NOS CORPS SUBTILS ?

" Ton œil est la lampe de ton corps, lorsque ton œil est en bon état, tout ton corps est éclairé, mais lorsque ton œil est en mauvais état, ton corps est dans les ténèbres. Prends donc garde que la lumière qui est en toi ne soit pas ténèbres. "

MATTHIEU 6-23

" Celui qui agit détruira. Celui qui saisit perdra. Le Saint, n'agissant sur rien, ne détruit rien. Ne s'emparant de rien, il n'a rien à perdre. "

LAO TSEU

" L'expérience instruit plus sûrement que le conseil. "

AUTEUR ANONYME

Comment recentrer nos corps subtils ?

" Il est sage de savoir que tout est un. "
HÉRACLITE

Que faut-il faire en cas de décalage de l'aura ?

Il arrive parfois que l'on subisse un choc physique ou émotionnel qui aura pour effet de décaler notre aura vers le côté. Cela peut avoir pour conséquence de décentrer notre aura au point qu'elle ne pourra plus protéger correctement la zone de notre corps physique presque découverte. Cette zone du corps physique devient donc fragilisée et plus perméable aux bestioles du bas astral qui peuvent s'y introduire plus facilement.

Rappelons-nous que c'est l'aura qui est la première protection pour le corps physique. De plus, cela peut aussi affaiblir le corps physique, baissant ainsi notre barrière immunitaire.

Si la personne qui subit ce décalage possède un bon ressenti, elle ne se rendra pas forcément compte du décalage de son aura, mais elle aura tendance à éprouver comme une faiblesse, qu'elle n'est pas protégée à certains endroits du corps, comme si son corps était fragilisé, là où l'aura est en recul.

Comment recentrer une aura ?

Pour recentrer l'aura décalée d'une personne, il faut attraper son aura par les côtés avec les bras écartés, chacune de nos mains ressentant le contact aurique. Puis la soulever de quelques centimètres seulement pour la recentrer tout doucement jusqu'à l'endroit précis où elle doit être placée. C'est-à-dire que vous devrez remettre l'aura correctement, autant en largeur, la droite et la gauche à distance égale du corps du sujet, le haut et le bas, mais aussi le devant et l'arrière de l'aura. La personne devant être placée précisément au centre de son aura.

Il faut ensuite la clipser en haut, comme s'il y avait un clip astral que vous créerez par la visualisation en haut de son aura. Votre création mentale fixera astralement votre intention que son aura

soit tenue à cet endroit-là. Puis quand l'aura sera fixée en haut, il faudra enfin la clipser sous les pieds, avec un autre clip astral. Ce deuxième clip devra être exactement aligné sur celui qui est en haut. Lorsque ce double clipsage est réalisé, l'aura est centrée et correctement fixée, de manière à ne plus se déplacer de nouveau.

Dans le cas où vous voulez replacer vous-même votre aura, vous devrez écarter horizontalement les bras, les mains tendues vers l'extérieur, puis rabattre les mains vers l'aura en faisant de petits va-et-vient avec vos mains pour sentir la limite aurique. Dès que vous la sentez, vérifiez si elle est vraiment décalée, c'est-à-dire qu'elle est plus d'un côté que d'un autre. Dans ce cas, attrapez-là par chacun de ses côtés, pour ensuite la replacer, comme dans l'exercice précédent avec un partenaire.

Que faut-il faire en cas de décalage du corps astral ?

Nous pouvons avoir notre corps astral décalé pour plusieurs raisons :

- Dans le cas où notre corps astral a réintégré le corps physique trop rapidement, suite à une peur, lors de notre sommeil. Dans ce cas le corps physique sursaute violemment, comme lorsque nous sortons d'un cauchemar où nous tombons dans le vide.

- Il en résulte souvent, après un tel retour, que la personne ait un fort mal de tête, qui se terminera plus facilement si elle se rendort quelques minutes, le temps que le corps astral se replace naturellement.

- Suite à un choc corporel, de même que pour l'aura le corps astral peut lui aussi se décaler lors d'un choc. Cela peut être dû à un accident de voiture, le déplaçant de quelques centimètres.

- Suite à un choc émotionnel, le corps astral étant aussi nommé le corps émotionnel peut, suite à un sentiment de peur, de rejet, etc., se décaler du corps physique.

- Simplement lors d'une sortie astrale consciente, en ne faisant pas attention à le replacer correctement.

Si cette sortie a été faite sans en être conscient, c'est-à-dire que le corps astral est sorti tout seul, au retour, si toute notre attention a été absorbée subitement par quelque chose, cela peut empêcher la fin de la rentrée du corps astral en douceur.

Développez vos facultés psychiques et spirituelles

Pour remettre soi-même son corps astral décalé ?

Le corps astral décalé   Le corps astral à l'intérieur

Pour que tous nos membres astraux se replacent correctement dans notre corps physique, il suffit de les visualiser reprenant correctement leur place. Si vous n'êtes pas sûr que tel ou tel membre astral soit décalé ou pas, il est préférable de les replacer tous. Soyez rassuré, le fait de les replacer de nouveau, cela n'aura aucune incidence si certains membres sont déjà à leur place.

Vous pouvez ainsi vous visualiser de l'angle de vue du corps astral, c'est-à-dire voir à travers vos yeux astraux, replaçant votre corps astral dans votre corps physique, par le haut, chacun des membres du corps astral se replaçant correctement dans sa contrepartie physique. L'emboîtement du corps astral doit se faire lentement et correctement. Vous placerez ainsi chaque membre sans oublier de replacer vos doigts des mains ainsi que ceux des pieds. Si vous avez les pieds astraux à l'extérieur de vos pieds physiques, vous remarquerez que vos pieds physiques vont plus vite que vous ne le voulez au point d'entraîner des chutes inattendues et incompréhensibles.

L'expression populaire « marcher à côté de ses pompes » prend dans un tel cas tout son sens.

Pour remettre le corps astral d'un tiers ?

Vous devez avoir développé votre ressenti tactile pour cet exercice. Recherchez à l'aide d'une de vos mains s'il y a à l'extérieur de son corps quelque chose de dense au niveau énergétique. Dès que vous sentez cette partie dense de son corps astral décalé, remettez-la lentement dans sa contrepartie physique. Faites de même pour les pieds, pour les autres membres ainsi que pour le reste de son corps.

Témoignage

Lors d'un stage, une de mes élèves avait un doute concernant ses pieds astraux qu'elle pensait être à l'extérieur de ses pieds physiques, tant elle faisait de chutes.

J'en ai profité pour faire une expérience. Tout en touchant son pied astral, qu'elle ressentait parfaitement, je l'ai ensuite attrapé et je l'ai doucement monté vers le haut, lui faisant faire astralement le grand écart, de la même manière qu'elle l'aurait fait avec sa jambe physique. Tous les élèves présents ont constaté avec surprise et amusement ce phénomène inattendu. Cette dame ne put s'empêcher de tomber en arrière, rassurez-vous, elle fut rattrapée.

Suite à cette expérience, je me suis rendu compte qu'il n'était pas rare que des personnes aient leur corps astral décalé. Certains élèves qui n'étaient pas prévenus me demandaient de replacer leurs pieds astraux.

J'ai donc doucement réitéré cette expérience en demandant discrètement à deux personnes de se placer derrière la personne concernée. L'effet constaté fut le même et a entraîné le même amusement de l'équipe.

Comment réparer nos corps subtils ?

> " Aide-toi, le ciel t'aidera. "
> JEAN DE LA FONTAINE

Les fuites d'énergie

Il arrive parfois que nous ayons des pertes d'énergie. Elles se manifestent sous forme d'un petit souffle froid, sortant d'un ou de plusieurs endroits de notre corps physique. Ce souffle froid est semblable à ce que nous ressentons dans notre main lorsque nos lèvres, presque fermées, prennent la forme d'un petit « o », soufflant délicatement de l'air frais à l'intérieur de notre main.

La personne qui subit de telles fuites énergétiques est souvent sujette à un état d'épuisement fréquent, pouvant la pousser vers une profonde déprime. Elle pourra chercher toute sa vie l'origine de son problème sans pouvoir le résoudre, il sera classé comme étant psychologique, alors qu'il s'agit réellement d'une fuite énergétique.

Opérations astrales

Certaines de ces fuites d'énergie proviennent d'opérations chirurgicales. Bien des personnes ayant subi des opérations, appendicite ou autres, peuvent avoir de telles fuites énergétiques. Dès qu'il y a eu une incision dans le corps physique, il y a une incision dans les corps astral et éthérique. Si physiquement les cicatrices sont correctement refermées, il n'en est pas de même pour leurs contreparties astrales et éthériques qui gardent des ouvertures, laissant ainsi des fuites d'énergie dans nos corps. Il sera nécessaire après toute intervention de bien refermer les ouvertures sur le corps astral et éthérique, en effectuant une opération astrale afin de les refermer.

Il arrive parfois qu'il n'y ait pas de fuite énergétique. Toutefois, dans le cas contraire vous constaterez qu'elle se manifeste par un

Développez vos facultés psychiques et spirituelles

petit courant d'air froid que vous ressentirez en passant la main au-dessus de la cicatrice. Il est possible que de petites bestioles du bas astral pénètrent dans notre corps astral par ces ouvertures, amplifiant ainsi le phénomène de perte d'énergie. Il est donc nécessaire de refermer ces cicatrices astrales en les percevant par clairvoyance. Ainsi, il suffit « astralement » d'attraper la « mémoire astrale » d'une cicatrice pour la refermer et voir ainsi sa trace disparaître définitivement.

Dans le cas où votre clairvoyance n'est pas encore épanouie, faites comme si vous voyez la cicatrice astrale se refermer, puis disparaître. Sachez simplement que même s'il s'agit d'une image mentale, votre partie supérieure comprendra le message et agira en conséquence. Chacun d'entre nous peut ainsi le réaliser.

Le colmatage astral

Si la technique précédente est difficile à réaliser, vous pouvez colmater astralement la fuite d'énergie.

Dans le cas où vous voulez trouver s'il y a des fuites énergétiques sans avoir d'endroit précis, il faudra passer lentement vos mains comme un scanner, à 3 cm au-dessus de votre corps. Pour cela, il est essentiel d'avoir acquis un bon ressenti avec vos mains.

1) Constatez avec votre main placée à 3 cm de la zone concernée qu'il s'agit bien d'une fuite.

L'énergie doit être froide, dans le cas d'une énergie tiède ou chaude, vous constaterez qu'il s'agit généralement de pieux ou autres.

2) Mettez vos mains en réception, branchez-vous à un niveau supérieur pour ensuite demander que l'on vous envoie de la matière astrale dans vos mains physiques.

Vous sentirez alors vos mains se charger de quelque chose d'invisible ayant de la consistance ainsi que du poids.

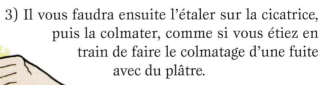

J'insiste sur le fait qu'il faut demander de la matière astrale, car si vous demandez de l'énergie, vous n'obtiendrez pas le résultat escompté.

Il s'agit principalement d'un manque de matière astrale et seule cette matière pourra combler cette fuite.

3) Il vous faudra ensuite l'étaler sur la cicatrice, puis la colmater, comme si vous étiez en train de faire le colmatage d'une fuite avec du plâtre.

Cela aura pour effet de supprimer la fuite d'énergie à l'endroit concerné.

4) Vérifiez votre travail en replaçant la main au-dessus de la zone, afin qu'il n'y ait plus aucun souffle froid sortant du corps.

De plus vous remarquerez que vous vous rechargerez en énergie de manière définitive.

Il est donc fondamental pour tout magnétiseur qui a l'habitude de recharger ses patients au niveau énergétique, de vérifier si le patient ne possède pas de telles fuites avant de le recharger énergétiquement. Sinon tout travail énergétique ne sera que provisoire.

Témoignage

Lors d'un cours, une de mes élèves, Mlle Cécile F. me demanda pourquoi elle se sentait tout le temps épuisée. En se branchant sur elle je constatai en la regardant plus fixement, qu'elle avait comme de la fumée sortant de son cuir chevelu rappelant celle d'un mégot.

Je demandais donc à l'équipe présente de regarder son cuir chevelu. Toute l'équipe à l'unanimité vit cette fumée, tellement c'était net et visible physiquement.

Quelques minutes plus tard, je lui colmatai cette fuite. Après quelques jours, elle me confirma que son état s'était amélioré.

Une autre fois, alors que je travaillais sur un garçon qui était venu avec sa mère, je constatai qu'il avait lui aussi une fuite au niveau de la boîte crânienne. Je montrai cette fuite à sa mère, Mme Julie L., qui manifesta sa surprise en disant à haute voix : « Ah, je la vois, moi aussi ! » Après avoir rebouché cette fuite, sa mère constata qu'effectivement elle ne voyait plus rien.

PARTIE 7

CONTACT AVEC
LES PLANS SUPÉRIEURS

« Celui qui n'ose pas regarder le soleil en face ne sera jamais une étoile. »

WILLIAM BLAKE

« Sans méditation, on est comme aveugle dans un monde d'une grande beauté, plein de lumières et de couleurs. »

KRISHNAMURTI, *LA PRIÈRE*

« Cherche la vérité dans la méditation et non continuellement dans les livres moisis. Celui qui veut voir la lune regarde le ciel et non l'étang. »

PROVERBE PERSAN

« En effet, quiconque demande reçoit, qui cherche trouve, et on ouvre à celui qui frappe. »

ÉVANGILE LUC 11-10

Comment être en contact avec les plans supérieurs ?

" Nul ne peut atteindre l'aube sans passer par le chemin de la nuit. "

KHALIL GIBRAN

" Nous sommes tous liés les uns aux autres comme des rameaux de la même branche. Nous sommes tenus à bout d'âme par les êtres les plus spirituels. "

FERNAND OUELLETTE,
Extrait de Lucie ou un midi en novembre

" Le vent souffle où il veut, tu entends sa voix, mais tu ne sais ni d'où il vient, ni où il va, ainsi en est-il de quiconque est né de l'esprit. "

JEAN 2.8

Comment se mettre à l'écoute ?

Il est nécessaire pour vivre une authentique vie spirituelle d'être en contact avec les plans astraux supérieurs, afin d'avoir un véritable guidage spirituel, ainsi qu'un ensemble de possibilités plus étendues.

Pour nous mettre à l'écoute des plans supérieurs, il faut s'y ajuster vibratoirement et se préparer intérieurement à cette écoute, avoir travaillé un peu sur son mental, afin d'être neutre de toute pensée parasite, ne recevant principalement que des pensées sereines (Voir le chapitre Apprendre à maîtriser son mental).

Il nous faut ensuite travailler avec notre cœur, nous mettant dans l'attitude intérieure comparable à celle de l'enfant qui fait confiance à ses supérieurs.

Être disponible extérieurement et intérieurement

Pour cela il est impératif de vous mettre en état de disponibilité et d'écoute intérieure. Reportez-vous au chapitre : « Nos Guides spirituels » pour vous mettre à l'écoute de vos guides, ainsi que pour vous mettre à l'écoute de vos anges gardiens au chapitre : « Nos anges gardiens ».

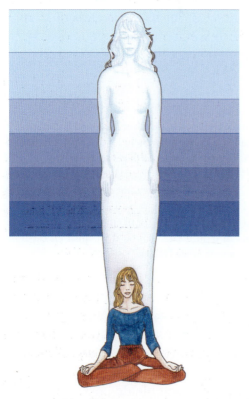

Il est toutefois indispensable de s'isoler extérieurement, en coupant provisoirement le téléphone et en se réservant un temps où vous serez sûr de ne pas être dérangé. Il faut ensuite que votre corps physique soit relaxé, pour cela la position assise sera préférable à la position allongée qui pourra vous entraîner vers le sommeil. Il en est de même pour vous retirer à l'intérieur de vous-même pour vous connecter à vos parties supérieures.

Vous pouvez, avant de commencer, lire un texte spirituel pour vous aider à l'intériorisation, vous pouvez aussi utiliser de l'encens, des bougies ou une musique de détente pour aider à élever vos vibrations. Toute démarche avec les plans supérieurs doit être une démarche de cœur. Il sera donc nécessaire de faire les choses avec Amour.

Vous visualiserez, pour vous mettre en condition, que vous vous étirez en hauteur jusqu'aux plans astraux supérieurs. Si vous faites attention, vous ressentirez que vous êtes « connectés ». Lorsque vous ressentirez un état de légèreté intérieure, cela confirmera que vous avez atteint la connexion désirée à votre partie supérieure, correspondant à ce que l'on appelle l'état alpha au niveau cérébral.

Contact avec les plans supérieurs

Les moyens pour nous mettre en relation avec les plans supérieurs

La méditation

La méditation est le moyen par excellence d'ouverture vers les plans supérieurs à partir du fait où nous sommes dans de bonnes conditions de départ, c'est-à-dire en état alpha. Dès que cet état est atteint, nous devons avec le cœur nous relier à une question.

Cette question doit être de niveau supérieur surtout au début, ce qui signifie qu'il est préférable d'éviter les questions très matérielles lorsque nous sommes en contact avec le plan spirituel. Avec un peu d'expérience nous pourrons aborder ces questions, mais il est préférable de commencer par des questions concernant le plan spirituel.

Plus nous serons proches de nos guides spirituels, plus nous serons en contact avec eux, plus nous recevrons de messages et ainsi nos échanges seront plus profonds.

Nous pouvons demander : « Quels sont mes blocages spirituels ? » ou « Qu'est-ce que vous attendez de moi » ou « Quelle est ma mission ? » ou encore « Comment mieux percevoir les messages de mon guide ? » « Quelle décision dois-je prendre dans tel cas ? »

Laissez ensuite la réponse venir à vous, vous pourrez ressentir de profonds ressentis de joie intérieure. Vous remarquerez à travers les réponses reçues l'amour dont vous faites l'objet de la part de vos guides.

Pour certaines méditations, nous devons parfois placer notre conscience dans le chakra correspondant.

Placement de la conscience　　　Placement de la conscience
dans le cœur　　　　　　　　　　dans le 3ᵉ œil

Nettoyage des mémoires du passé

Il est nécessaire, si nous désirons avancer sur le plan spirituel, de nettoyer les mémoires de ce que nous avons vécu de douloureux dans notre passé. En le faisant, nous nous allègerons de charges que nous portons souvent depuis des années.

Cela nous permettra d'être libéré d'anciennes émotions enfouies, qui peuvent ressortir au moindre instant de faiblesse que nous avons. Il est important de désamorcer ces charges, comme nous le ferions pour une bombe à retardement.

Pour cela il est préférable d'être en forme et disponible ce jour-là pour réaliser ce travail. Choisissez un jour où il fait beau, ce sera plus facile pour revivre les scènes difficiles du passé avec le recul nécessaire, comme si nous regardions un film. Il faudra revoir sur notre écran intérieur chaque scène qui nous a fait mal, en voyant les choses de l'extérieur. Il sera nécessaire de se mettre intérieurement à la place de chacun des antagonistes, à tour de rôle.

Puis nous mettre surtout au même niveau tant intellectuel, qu'émotionnel, etc., avec les limites que la personne possède, ceci afin de comprendre le rôle que chacun a vécu, en observant la scène avec un regard extérieur.

Lorsque vous aurez pris la place de chacun des témoins de chaque scène, comprenant le pourquoi de l'attitude de chacun, vous remarquerez que la charge émotionnelle diminuera jusqu'à ne laisser qu'un mauvais souvenir, vide de toute charge.

Vous constaterez combien cet exercice est libérateur.

La prière

La prière est le moyen d'appeler les plans supérieurs pour leur demander ce dont nous avons besoin, que ce soit pour un aspect spirituel, matériel, pour nous ou pour ceux qui nous entourent.

Vous pouvez prier qui vous désirez, mais il est préférable de s'adresser à ceux qui peuvent réellement nous exaucer. Dans le cas où nous prions un saint, il faut nous rappeler qu'il est l'équivalent d'une personne comme vous et moi, plus avancée sur le chemin spirituel mais qu'elle ne peut pas pour autant accéder à notre demande.

Il est donc préférable comme dit la sagesse populaire de : « S'adresser à Dieu plutôt qu'à ses saints ! »

Pour que la prière soit exaucée, il faut que notre demande ne soit pas futile. Il nous faut prier avec foi, c'est-à-dire (comme précisé dans d'autres chapitres) qu'il faut demander une seule fois ce que nous souhaitons, puis lors des prières suivantes remercier comme si nous l'avions déjà reçu. Si nous refaisions la même demande, cela équivaudrait à annuler la première, ce serait comme si nous doutions.

Nous pouvons ainsi solliciter à travers la prière des choses qui semblent impossibles sur le plan terrestre. Qu'il s'agisse de la guérison de telle personne, de solutions pour des problèmes qui semblent inextricables, de l'ouverture de nos facultés spirituelles ou de toute autre demande possible, il est nécessaire de nous rappeler que « Ce qui est impossible à l'homme est possible à Dieu », dit-on dans l'Évangile.

Il est donc important pour ce qui nous semble bloqué de transmettre le problème à un niveau supérieur.

Nous voyons ainsi que nous pouvons tout demander par la prière, l'important est de laisser le temps nécessaire pour que les choses arrivent. Nous sommes guidés et protégés, mais nous pouvons demander d'être guidés plus spécialement pour une décision qui nous tient à cœur.

À un moment, lorsque vous aurez acquis une certaine familiarité avec les plans supérieurs, vous constaterez que cela s'inscrit dans votre quotidien. Même si vous n'êtes pas en train de prier consciemment ou de méditer, vous serez presque en état permanent de branchement intérieur avec ce qui est au-dessus de vous. Cela correspondra à l'expression : « Méditer c'est élargir le silence, jusqu'à ce qu'il vous possède entier ». Ce phénomène deviendra naturel, vous permettant ainsi d'avoir une intuition en permanence disponible puisque vous êtes dans l'état intérieur requis.

Les dons spirituels

Vous constaterez au fur et à mesure de votre avancement spirituel, qu'au départ il est donné des preuves et des signes à profusion pour les personnes qui commencent sur la voie. Il est nécessaire de recevoir ces preuves afin qu'elles puissent se consolider intérieurement. Ce phénomène s'arrête à un certain moment lorsque la personne n'en a plus besoin et que dans les plans supérieurs ces êtres considèrent que nous sommes assez grands.

Elle devient ainsi une personne avancée spirituellement. Elle peut recevoir selon ce qu'elle demande des dons spirituels, qu'il s'agisse de ce que l'on appelle discernement, qui correspond à une intuition à un niveau très avancé ou autre, tout devient possible.

Il ne faut surtout pas oublier que nous pouvons tout demander. Notre univers est abondance, n'hésitez pas à faire toutes sortes de demandes, mais par contre faites-les avec courtoisie.

Nous pouvons nous rappeler la phrase d'Emmet Fox : « C'est le dedans qui fait le dehors », nous montrant que si nous avons correctement travaillé intérieurement, en premier lieu à travers le nettoyage des peurs, (voir le chapitre : Comment transformer notre vie par la visualisation), puis au niveau de nos corps subtils par un nettoyage astral et éthérique (voir les différents chapitres sur les nettoyages des corps subtils) et enfin par un nettoyage des charges émotionnelles liées aux mémoires du passé, vous remarquerez qu'après ces nettoyages et cette purification de nos pensées notre entourage extérieur se transforme.

> ## Témoignage
>
> J'ai constaté ce phénomène à plusieurs reprises, lorsqu'une personne a un problème avec quelqu'un d'autre et qu'elle travaille à l'intérieur d'elle-même sur son problème relationnel, il arrive souvent que la personne avec laquelle elle avait un conflit soit comme transformée, alors que la personne n'a pas eu le temps de rentrer en relation de nouveau avec elle. Le constat est immédiat, même si toutes les deux n'ont pas eu le temps d'échanger le moindre mot, comme si le travail intérieur avait agi dans le même temps sur elles deux.

Au fur et à mesure de notre avancée spirituelle et à mesure que nous nous mettons à la disposition des plans supérieurs nous remarquons que l'on nous confie des missions de plus en plus avancées.

À un certain moment, on nous confie des choses sur l'autre plan qui sont intégrées à nous comme par enchantement. Cela ne paraît pas forcément extraordinaire tant cela arrive au bon moment, mais paraît naturel et semble être l'intuition ou des facultés spirituelles alors qu'auparavant la personne concernée ne les possédait pas.

Ceci provient du fait que vous avancez réellement, que l'on considère que vous êtes à un niveau plus élevé et que l'on peut vous en demander plus pour aider les autres. Votre mission prend alors une dimension supplémentaire. Il est courant lorsque l'on passe par cette phase de remarquer que nos facultés spirituelles, pour ceux qui en bénéficient déjà, prennent une amplitude supérieure leur permettant une perception accrue des autres plans.

> ## Témoignage
>
> Ainsi un de mes élèves, M. Luc V., qui avançait correctement au niveau spirituel et pour lequel nous avions, en équipe, vu la mission, ressentait intérieurement que les choses le concernant avaient changé. Nous avons donc regardé de nouveau en

Développez vos facultés psychiques et spirituelles

clairvoyance pour confirmer qu'effectivement il avait reçu une mission à un niveau supérieur. Nous avions remarqué que sa clairvoyance s'éveillait parallèlement.

Il faut toutefois avoir une construction intérieure correcte, garder les pieds sur terre et rester ancré. C'est d'autant plus nécessaire lorsque l'on avance vers le haut d'avoir une authentique assise au sol. Dans le cas contraire, nous risquons de ressembler à un géant aux pieds d'argile, ne permettant pas d'aller très loin spirituellement.

Notre mission

> " Tout est prêt à condition que notre esprit le soit. "
>
> SHAKESPEARE

> " L'homme ne peut découvrir de nouveaux océans, tant qu'il n'a pas le courage de perdre de vue le rivage. "
>
> AUTEUR ANONYME

> " Je n'avais pas peur de revivre, parce que je savais qu'un jour je serai à nouveau avec cette lumière. "
>
> AUTEUR ANONYME

Chacun d'entre nous a une mission personnelle et unique qui lui a été confiée avant de venir sur cette terre. Nous avons tous été préparés à cette venue. Malheureusement la plupart d'entre nous l'ont oubliée.

Nous avons, en même temps que notre mission, reçu des recommandations pour ce passage, ainsi que des leçons sur ce que nous devrons vivre lors de cette incarnation terrestre, leçons que nous n'avions pas assimilées précédemment.

Pour les plus courageux d'entre nous, il leur a été montré le déroulement de leur vie, les rencontres et surtout les épreuves à subir.

C'est pour cette raison que certains d'entre nous ont parfois des impressions de déjà vu concernant une scène qui est en train d'être vécue. La personne qui la vit a la certitude d'avoir déjà vu cette scène en détail quelque part.

Ce n'est pas le cas pour les personnes apeurées par leur incarnation à venir. On ne leur montrera pas leur vie par avance et encore moins leurs épreuves. La raison vient du fait que bien des personnes ont peur devant les épreuves à venir et font demi-tour en venant sur terre, refusant leur incarnation, cela au dernier instant, donnant ainsi des foetus mort-nés.

En règle générale, nous avons parfois quelques réminiscences de notre mission. Elles correspondent souvent à nos penchants intérieurs, nous faisant pressentir que nous sommes personnellement faits pour ceci ou cela.

Témoignage

Nous avions décidé de voir la mission de M. Jérôme S., jeune homme sympathique qui donne l'impression d'être un peu ailleurs.

Nous sommes sortis astralement, en équipe, pour voir son guide. La consigne était de poser quelques questions au guide le concernant :

• Quelle est sa mission ?

• Qu'est-il venu faire sur Terre ?

• A-t-il des choses à comprendre ?

• A-t-il des choses à améliorer, lesquelles ?

• Y a-t-il un message particulier à lui transmettre ?

• Et enfin, avoir si possible le nom de son ou de ses guides.

En arrivant sur place, nous avons été surpris de découvrir une femme magnifique, qui nous a semblé être la Vierge. Elle disait que M. Jérôme S. est une âme pure. Qu'il est venu pour panser la terre. C'était la première fois que nous avions une mission de ce type. De plus, il est venu pour apporter la lumière et l'amour sur Terre et il devait guider les autres vers la lumière.

Il lui était précisé que quelle que soit l'orientation qu'il prendrait, guérir ou guider les autres, il n'y aurait pas de problème.

Il doit par contre améliorer le fait qu'il soit très influençable.

Ses autres guides lui ont demandé de se protéger. Qu'il n'en est pas encore là. Que toute sa mission n'apparaît pas encore et qu'en attendant il faut qu'il grandisse intérieurement. ↓

> La plupart des membres de l'équipe ont vu et entendu cela. Ce qui les a le plus surpris a été de découvrir qu'ils voyaient sur ce jeune homme la même chose que les autres élèves.
>
> De fait, l'information semblait ne pas correspondre à la personne à cause de son apparence extérieure.

Comment connaître la mission que nous avons reçue en venant sur terre ?

Nous pouvons connaître notre mission en nous branchant intérieurement. Pour cela il faut être relaxé et apprendre à vous mettre en état alpha, ce qui a été expliqué dans les chapitres précédents de cet ouvrage. Vous repérerez cet état cérébral par le fait de vous sentir intérieurement plus léger. Vous remarquerez aussi que vous avez moins de pensées, mais par contre, que les pensées que vous avez sont plus aériennes et sont empreintes d'amour. Dans cet état, nous nous sentons dans une paix intérieure. Nous sommes ainsi dans le domaine du cœur. Les pensées que vous avez sont de ce niveau.

Lorsque vous sentirez que vous êtes dans cet état, demandez intérieurement à connaître votre mission et patientez en état d'attente positive. À un certain moment, vous entendrez à l'intérieur de votre tête une petite voix (comme si quelqu'un avait baissé le bouton du son). Si le son est plus bas, nous avons de bonnes chances d'avoir affaire à nos guides ou que nous sommes en contact avec nos parties supérieures. Dans ce cas il s'agit effectivement d'une écoute intérieure qu'il faudra ajuster.

Par expérience, le mental ne parle pas avec une sourdine. Il a plutôt tendance à parler intérieurement fort.

Si cela ne vient pas de suite, reposez la question puis essayez à nouveau d'entendre avec vos oreilles « intérieures ».

Elle pourra passer par votre voix habituelle intérieure, faisant penser que ce que vous recevez provient de votre mental. N'en soyez pas étonnés, vous verrez que petit à petit vous repérerez plus facilement ce qui vient de votre mental.

Développez vos facultés psychiques et spirituelles

Pour ce qui est de notre mission, nous avons souvent une bonne intuition que l'on se charge souvent de mettre de côté. En effet n'oublions pas que notre guide nous pousse, tout au long de notre vie, vers ce que nous devons faire. Il est donc normal de connaître approximativement l'objectif de notre mission, ou tout du moins d'en avoir des bribes. Une mission n'est jamais rébarbative, elle épanouit toujours la personne qui la vit. Elle correspond à ce à quoi la personne aspire au plus profond d'elle-même.

Celui qui répond correctement à la mission qui lui a été confiée n'a plus de leçons à assimiler, il peut ainsi demander ce qu'il désire avec abondance et peut donc tout recevoir. Les plans supérieurs lui sont ouverts. Aussi curieux que cela paraisse, à se mettre au service des autres au travers de sa mission, il n'aura qu'à demander et à son tour il verra même des anges le servir.

Le but de nos missions est généralement d'aider ceux qui nous sont confiés.

Comme des compagnons de route plus avancés, nous devons montrer le chemin spirituel à ceux qui le cherchent, les enseigner, les soigner, les accompagner vers la lumière, les faisant monter vers des niveaux spirituels supérieurs, en leur apportant la paix et la joie.

Mais rappelons-nous toutefois, que chacun a sa mission particulière et personnelle.

PARTIE 8

LES PROTECTIONS PSYCHIQUES

" Projetez votre cœur plutôt que l'épée. "
MORIHEI UYESHIBA,
Fondateur de l'Aïkido

" Fasse que je ne cherche pas tant à recevoir la consolation qu'à la donner ; à être compris, qu'à comprendre ; à être aimé, qu'à aimer… Car c'est en donnant que nous recevons. "
PRIÈRE DE SAINT FRANÇOIS

Comment se protéger psychiquement

> « Le moi est perméable à l'obscurité, tandis qu'il ne l'est pas pour la lumière. »
>
> E. MINKOWSKI

Ces personnes sensitives qui se font vampiriser leurs énergies

Au niveau émotionnel, la personne sensitive (médium, clairvoyante ou autre) qui se découvre est, au début, comme une éponge récupérant bien des charges émotionnelles qui ne lui appartiennent pas. Cette personne possède souvent des énergies plus subtiles que celles des personnes de son entourage. Ces énergies subtiles émises par les chakras supérieurs sont la caractéristique des personnes qui sont dans une recherche intérieure authentique, ouvrant sur des fréquences vibratoires plus élevées.

Ces chakras ne sont pas assez développés chez les personnes qui n'avancent pas sur le plan spirituel, ce qui correspond malheureusement à une grande majorité.

La personne sensitive subit ce type de vampirisme de façon plus prononcée que les autres. Le fait que son entourage (qui est en manque) lui vole souvent ses énergies, la laisse dans un état de désarroi, de grand manque d'énergie, de façon d'autant plus permanente qu'elle est en contact avec beaucoup de monde. Pour beaucoup de personnes confrontées à ce problème, la coque a été la solution.

Un peu plus loin dans ce chapitre vous apprendrez à créer votre coque et vous constaterez par vous-même combien son utilisation est libératrice, améliorant la vie des uns et des autres de façon manifeste. C'est pour cette raison que l'utilité de la coque psychique est importante, bien que ce ne soit pas une protection absolue. Vous constaterez qu'avec la coque vous ne vous ferez plus aspirer vos énergies à vos dépends. Pour l'essayer, il est préférable d'aller au contact des autres sans la coque pour constater combien l'entourage ponctionne notre énergie. Puis, aller au contact des autres mais cette fois-ci avec la coque fermée, c'est-à-dire que nous aurons visualisé les deux parties ovoïdes de la coque se fermant sous nos yeux.

Vous pourrez bien sûr donner de votre énergie si vous le souhaitez, dans ce cas il faudra visualiser l'énergie allant vers la personne, mais cette fois-ci vous êtes libre de la donner à qui vous voulez et combien vous voulez donner. Ensuite il faudra visualiser ce canal d'énergie se refermant afin qu'il ne continue pas à donner au-delà de ce que vous avez décidé, mais cette fois-ci cela dépendra de votre volonté et ne se fera pas à vos dépens.

Par contre, si la personne avait vraiment besoin et que vous lui ayez donné beaucoup d'énergie, vous risquez d'être épuisé et de vous retrouver dans le même état de manque qu'elle, principe des vases communicants, vidant le premier pour remplir le second.

Par ailleurs, si vous voulez obtenir de l'énergie pour l'un de vos proches qui est en manque, il est préférable d'appeler cette énergie en vous adressant à l'univers.

Nous baignons dans un univers dont l'énergie est abondante. Vous pouvez demander de grandes quantités d'énergie et surtout de l'énergie qui correspondra à la vibration de la personne qui en a besoin, en précisant « que vous demandez pour cette personne, la quantité qu'il lui faut, pas plus » car cela peut être trop fort pour elle. Il vous suffira simplement de demander et de visualiser. Vous la verrez ainsi allant beaucoup mieux, sans avoir subi une quelconque ponction de vos énergies.

Limites des protections psychiques

Il n'existe pas de technique de protection absolue, chaque protection ayant ses avantages et ses limites.

Chaque école nous expliquera que la protection qu'elle enseigne est la protection suprême. Sachez que ce n'est certainement pas le cas. Il n'y a rien de vraiment parfait sur notre terre, le 100 % parfait sera pour les plans plus subtils.

De même que les attaques psychiques peuvent se réaliser de différentes manières et sur plusieurs niveaux, une défense protégeant à la fois tous les types d'attaques possibles n'existe pas. Ce serait trop beau. Soyons sûrs que tout le monde l'utiliserait.

De la même façon qu'il n'existe pas sur le plan physique d'objets multiples et absolus pouvant nous protéger en même temps de la pluie, du soleil, de la foudre et aussi d'une chute éventuelle. De plus cette protection ne nous éviterait pas les rencontres karmiques que nous devons subir. Elle laisserait passer ce qui est négatif, si cela fait partie des leçons de vie que nous devons de toute façon assimiler et vivre.

De même que le fait d'être protégé ne pourra pas nous éviter d'être émotionnellement touchés par ce qui est en résonance avec nous.

En règle générale, la personne qui a été maltraitée étant enfant, aura du mal à ne pas réagir intérieurement si un acte semblable se passait devant ses yeux (dans le cas où cette personne n'a pas fait le nettoyage des mémoires de son passé).

Cet exemple nous montre que nous sommes des êtres humains avec un cœur et que le monde qui nous entoure nous touchera toujours malgré la meilleure des protections.

QUELQUES TECHNIQUES DONNANT DES RÉSULTATS

Avoir une aura puissante

Il est nécessaire pour être naturellement protégé des agressions passagères d'avoir une belle aura qui arrêtera d'office, si elle est puissante, certaines projections psychiques négatives envoyées sur nous inconsciemment.

Il faut nous rappeler qu'une aura puissante constitue déjà un

Aura faible laissant passer les négativités

Aura puissante

rempart contre toutes les agressions, qu'elles soient d'origine microbienne ou énergétique.

Elle n'arrêtera malheureusement pas les attaques astrales volontaires.

Avoir la foi d'être protégé

Si vous avez la certitude d'être protégés, certaines attaques psychiques seront déviées. Nous aurons souvent remarqué que les personnes ayant une foi vive et se sachant protégées, subissent moins les attaques que celles qui n'ont pas confiance en elles.

Malheureusement cela ne fait pas tout, car certaines attaques puissantes passent malgré tout. Ce n'est pas une protection absolue.

Il existe bien d'autres techniques.

Une de mes élèves, Mme Caroline B., me disait être protégée par des énergies d'amour, de couleur blanche, qu'elle créait autour d'elle. Je lui proposai, si elle le voulait bien, de tester sa protection à distance.

Elle me dit être prête. Uniquement pour l'expérience, car ce n'est pas permis, je lui aspirai à distance son énergie, lui prouvant que des énergies volatiles n'étaient pas en soi une protection.

Je lui proposai ensuite de tester sa coque à distance. Je réitérai l'expérience, mais aucune action n'était possible, prouvant l'efficacité de la coque.

La meilleure des protections est de ressentir.

Il vous faut améliorer votre ressenti pour prévenir tout parasitage ou intrusion de négativités, cela dès le début, afin d'y remédier rapidement et efficacement avant que ces négativités ne s'installent.

Néanmoins, même s'il n'existe pas de protection absolue, la coque psychique est tout de même très efficace.

Créer sa coque psychique

La coque psychique est sans doute l'une des protections les plus puissantes, pouvant vous protéger sur bien des points.

Si vous êtes une personne sensitive, ayant l'habitude d'avoir vos énergies aspirées lorsque vous êtes dans une foule, sachez que la coque

Les protections psychiques

psychique répondra à votre demande et changera votre vie. La majorité des élèves qui ont essayé et testé leur coque psychique s'en servent de manière quotidienne.

Vous pouvez apprendre à créer votre coque psychique autour de votre aura (champ énergétique entourant le corps situé à 40 cm environ). Pour cela, il n'est pas nécessaire de voir ou de connaître approximativement la taille de son aura, pour pouvoir créer une coque autour d'elle. Il suffit de visualiser une bulle transparente, de forme ovale, formant ainsi une couche supplémentaire placée juste dessus, située exactement à l'extérieur de l'aura. Cette visualisation va réellement créer, sur le plan astral, comme un rempart.

De plus, il est important que cette coque soit proprement fermée. Il est important qu'elle épouse la forme de votre aura. Il sera plus facile de la visualiser, en la commençant à partir du haut et en allant vers le bas.

Lorsqu'elle sera terminée, vous visualiserez dans votre coque une petite ouverture de 7 cm de diamètre, en face de votre 3e oeil. Cela permettra de ne pas vous fermer aux perceptions avec l'extérieur. Dans le cas contraire, vous risquez de ne plus percevoir les informations provenant de votre intuition.

La coque une fois créée, le sera une fois pour toutes, car elle se cristallisera et se durcira au fur et à mesure du temps, étant un peu perméable au départ, jusqu'à devenir une protection très efficace.

Développez vos facultés psychiques et spirituelles

Le fait qu'elle soit située à l'extérieur de l'aura permet en premier lieu de parer à toute tentative de vampirisme volontaire ou involontaire. À l'inverse, si vous la placez un peu à l'intérieur de l'aura, l'énergie aurique se trouvant à l'extérieur de la coque pourra être prise par votre entourage, annulant ainsi l'efficacité de la coque.

Lorsque vous avez créé la coque par visualisation, ce sont de petits éons (petits êtres invisibles à notre service selon la tradition gnostique), qui ont travaillé pour vous. Il ne vous restera plus qu'à visualiser que vous fermez votre coque ou que vous l'ouvrez. Vous pourrez en plus ajouter un bruit au moment où les deux moitiés de coque se rejoignent, de façon à être sûr que votre coque est bien fermée, comme s'il y avait des portes coulissantes en verre et de forme ovoïde situées derrière votre aura qui se refermaient devant vous, entourant entièrement votre aura.

Mécanisme énergétique du vampirisme psychique

Le vampirisme psychique est l'acte d'aspiration de nos énergies vitales. Nous le subissons en permanence, sans en avoir trop conscience.

Nous le vivons dès que nous nous trouvons proches physiquement de quelqu'un qui manque d'énergie. Cela nous arrive couramment dès l'instant où nous sommes en contact avec les autres, notre lieu de travail, notre entourage habituel, les transports en commun, les grandes surfaces, ou dans tout lieu de vie.

Lorsque nous nous trouverons confrontés à d'autres personnes qui ont besoin d'énergie, nous ne perdrons pas notre énergie aurique si notre coque est fermée. La coque faisant dans ce cas une barrière très efficace.

La coque possède une seconde utilité en cas de sortie astrale

Elle protège le corps physique de toute incorporation d'une entité de l'astral, pendant que le corps astral de son propriétaire se déplace. Il faut fermer sa coque avant de tenter une « sortie hors du corps ». Le corps astral du médium peut très bien être un peu décalé, permettant à un intrus de le pousser pour rentrer dans son corps physique. Il en résulte une possession totale ou partielle de la personne par un défunt ou une entité quelconque.

Les protections psychiques

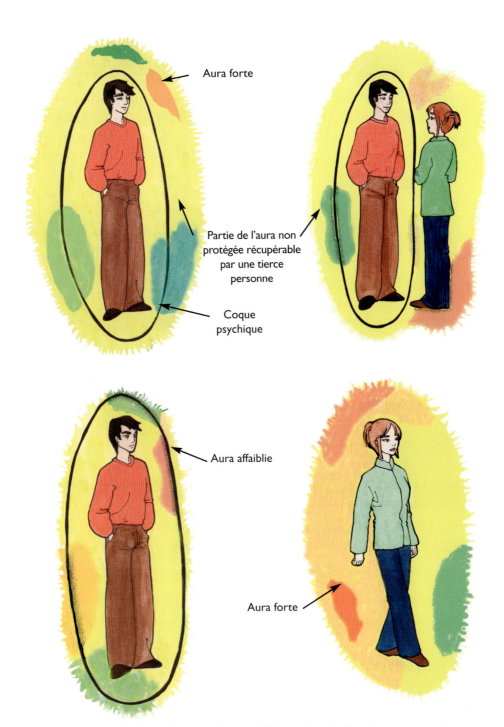

Transfert énergétique visible au niveau de l'ampleur des auras après aspiration énergétique

Développez vos facultés psychiques et spirituelles

De la même façon, si nous avons fermé la coque et que notre corps astral ne se déboîte que de quelques centimètres, ou qu'il se déplace beaucoup plus loin, il n'y aura aucun danger pour le corps physique, car il est protégé de toute intrusion. La coque psychique est comme un mur pour une entité de l'au-delà, elle ne peut y pénétrer.

Il est dommage que l'on ne parle pas de protection du corps physique dans les livres sur la sortie astrale.

Heureusement, lors de sortie astrale totale, il est très rare d'avoir quelqu'un qui se fasse incorporer.

Certains auteurs ayant de l'expérience n'ont jamais été confrontés au problème. Toutefois le phénomène de possession existe et bien des gens le subissent. Il me semble préférable de sortir protégé.

> *Témoignage*
>
> Pour ma part, j'ai vu une de mes élèves, Mme Nathalie P., qui avait oublié de mettre sa coque alors que nous allions astralement dans un endroit neutre, elle s'est récupérée une petite bestiole qui a dû se placer discrètement sur son corps astral, pour ensuite intégrer son corps physique.
>
> Elle m'a appelé le surlendemain pour me signaler qu'elle avait quelque chose qui bougeait dans son corps, elle n'avait jamais ressenti une telle chose. Je sortis donc astralement vers elle, lui supprimant le parasite.
>
> Quand je lui ai demandé si elle avait mis sa coque lors de notre sortie astrale en cours, elle me confirma qu'elle l'avait
>
> ↓

Les protections psychiques

> oubliée. Elle s'en était rendu compte mais il était trop tard.
>
> Heureusement ces cas sont très rares, d'autant que lorsque nous faisons des sorties astrales pendant les cours, nous allons toujours vers des endroits spirituels ou neutres. Il faut ainsi éviter les endroits négatifs, tels que le bas astral où vivent ces parasites.

Tester la coque psychique

Pour tester l'efficacité de la coque que vous avez réalisée, vous devez en premier lieu vous tenir pieds joints, ressentant l'équilibre précaire réalisé par les mini mouvements que font nos pieds, pour garder leur stabilité.

Ceci est important pour repérer notre stabilité, sans qu'il y ait d'action extérieure qui puisse nous déséquilibrer.

Cet état neutre va nous servir de référence, sinon il ne pourra y avoir d'objectivité dans cette expérience.

C'est en repérant cet état neutre de façon claire que nous verrons nettement la différence avec ce que nous ressentirons lorsque notre partenaire agira.

Il vous faudra un partenaire qui se placera derrière vous. Il aura soin de marquer, avant toute action, sur un papier qu'il ne vous montrera pas, le mot : tirer ou pousser (votre corps physique), qui correspondra à l'action qu'il aura choisie de faire sans vous toucher. Vous pourrez demander à votre partenaire de commencer son action, sans que vous sachiez laquelle des deux a été choisie. Il va donc vous pousser ou vous tirer.

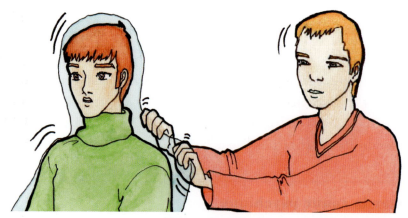

Test sans la coque

Vous aurez à cet instant-là, votre coque ouverte, dos à votre partenaire. Vous allez sentir si l'on vous pousse ou si l'on vous tire. Ce n'est pas un exercice intellectuel, mais un exercice où on apprend à ressentir. Laissez-vous faire, laissez votre corps agir, ne résistez pas.

Les erreurs dans ce domaine sont souvent dues à la précipitation. Si vous n'êtes pas sûr, n'hésitez pas à recommencer.

Test avec la coque

Votre partenaire doit être parfaitement neutre et ne montrer en aucune manière le sens vers lequel il va agir, ceci afin de garder une totale objectivité.

Lorsque vous sentez votre corps physique partir en avant ou en arrière, dites-le à votre partenaire afin qu'il arrête son action et que vous vérifiez avec lui, en regardant le papier qu'il a écrit d'avance, quelle est l'action qu'il a choisie.

De son côté, votre partenaire doit faire l'action qu'il a écrite, c'est-à-dire que s'il doit pousser, il placera ses mains un peu en dessous de vos omoplates en visualisant qu'il vous fait tomber doucement en avant, prenant appui avec ses pieds, comme s'il poussait une voiture. Tout cela sans vous toucher, en plaçant bien ses mains à 5 cm de votre corps.

De même pour vous tirer, il mettra ses mains à 5 cm de votre corps, un peu en-dessous des omoplates, en accrochant le corps éthérique qui dépasse le corps physique comme si on s'accrochait à une étoffe épaisse de plusieurs centimètres, puis on tire vers soi tout doucement en visualisant le corps de notre partenaire qui suit le mouvement effectué.

Il faudra recommencer cet exercice jusqu'au moment où le mouvement sera sans équivoque.

Dans le cas où votre partenaire est en manque d'énergie, alors que vous essayez de le pousser, il est probable qu'il se sente attiré par vos mains émettant de l'énergie, que son corps va rechercher. Dans ce cas, il est préférable de choisir l'option de tirer votre partenaire pour que la réaction soit plus vive.

Si le test s'est avéré positif, c'est-à-dire si vous êtes parti en arrière alors que vous étiez tiré ou l'inverse en avant si votre partenaire vous a poussé, cela signifie que vous êtes un sujet ouvert aux facultés psychiques et qu'il ne devrait pas y avoir de problème pour la suite de votre développement, au niveau de vos facultés psychiques.

Maintenant il faut faire la même chose avec la coque fermée. Vous devez donc visualiser votre coque qui se ferme protégeant ainsi toute votre « aura ». Votre partenaire aura à ce moment-là beaucoup plus de difficultés à vous faire bouger en avant ou en arrière. C'est le premier effet positif que possède la coque, elle empêche toute action psychique de se faire, rendant ainsi la personne qui la porte moins influençable.

Si votre partenaire est sensitif, il ressentira, s'il a choisi l'action de tirer, qu'il agrippe comme une matière en verre, glissante. Il verra nettement que si la coque est fermée, vous êtes stable. Il vaut mieux pour lui ne pas forcer car il risque de se vider énergétiquement.

Vous pouvez ensuite refaire l'expérience dans l'autre sens et cette fois-ci c'est vous qui testerez la coque que votre partenaire aura créée.

Limites de la coque

La coque psychique possède deux limites :

1) Lorsque la personne doit se protéger de quelqu'un qui a été proche d'elle, les énergies des deux personnes ont été dans ce cas mélangées.

Si la personne fait elle-même sa propre coque, elle constatera qu'elle n'est pas efficace vis-à-vis de son ex-partenaire. La coque ne pouvant effectivement distinguer correctement la différence entre les énergies de l'un et de l'autre puisqu'elles ont été mixées. Pour remédier à ce problème, il sera nécessaire que la coque soit réalisée par une tierce personne pour laquelle les vibrations sont bien distinctes. Cette coque faite par quelqu'un de bien différent fera nettement la distinction entre les énergies de l'un et les énergies de l'autre, même en cas de relation intime entre les deux personnes.

2) La coque psychique est en premier lieu visualisée par celui qui la crée. Cette visualisation est similaire à un ordre que nous donnons. Cela sera réalisé sur l'autre plan par une multitude de petits éons (petits êtres à notre service, selon la tradition gnostique, qui seraient, selon certains physiciens, des particules subatomiques immortelles, vecteurs de l'Esprit).

Les éons, selon la physique, constitueraient donc les éléments de notre propre survie après la mort, mais sous une forme très différente de celle de notre corps.

Le problème vient du fait que si nous ne nous en occupons pas, la coque se rouvrira, dans le cas où nous ne sommes pas en danger. Dans un tel cas, nous pouvons remarquer que nous ne sommes pas seuls à nous occuper de la coque et qu'une intelligence telle que celle des éons est peut-être à l'œuvre.

À l'inverse, si la personne est réellement en danger, la coque peut rester définitivement fermée.

Comment protéger son bureau ?

Vous pourrez créer autour de votre bureau ou de votre espace de travail, une coque que vous placerez dans la pièce où vous vous trouvez. Vous pourrez programmer cette coque en demandant qu'à l'intérieur de cet espace il y ait de l'harmonie.

Votre programmation doit être : « Que tout ce qui n'est pas en harmonie reste à l'extérieur de cette coque ».

Pour cela vous devez visualiser quelqu'un, sans lui donner de visage, qui arrive dans votre bureau, traverse la coque et perd ainsi son agressivité, la laissant à l'extérieur.

Vous risquez de voir des choses amusantes avec cet exercice.

PARTIE 9

COMMENT AMÉLIORER NOTRE VIE ?

" La vie est un don, il nous suffit d'apprendre à le recevoir. "

LAZARIS

" Il n'y a qu'un devoir, c'est celui d'être heureux. "

DENIS DIDEROT

" Lorsque se ferme la porte d'une occasion de bonheur, une autre s'ouvre ; mais nous regardons si souvent la porte fermée que nous ne voyons pas celle qui s'est ouverte pour nous. "

HELEN KELLER

Apprenez à maîtriser votre mental

" La vraie pauvreté est celle de l'âme, une pauvreté dans laquelle le mental est toujours dans un tourbillon créé par les doutes, les soucis et les craintes. "

SWÂMI RÂMDÂS

" Les gens ignorent combien ils augmentent la puissance du mal par les pensées directes et constantes qu'ils y dirigent (en y pensant trop) et par l'attention qu'ils portent à la zone où il se situe. "

ALICE BAILEY

" Si vous vous abandonnez à votre propre présence, il n'y a pas de place pour la peur. Elle ne surgit que lorsque intervient la pensée. "

KRISHNAMURTI

" Si, avec un mental pur, quelqu'un parle ou agit, alors le bonheur le suit comme l'ombre qui jamais ne le quitte. "

BOUDDHA

Qu'est-ce que le mental ?

Le mental est un bon outil qui permet, s'il est maîtrisé, d'acquérir un raisonnement correct, dans le cas contraire, il peut devenir la plus terrible des prisons. C'est notre mental qui détermine notre façon de voir et donc de vivre. Il est vital qu'il soit conforme à la réalité. C'est à travers son miroir que nous nous identifions au monde qui nous entoure, ainsi qu'aux personnes. Il a un pouvoir immense sur nous, car c'est lui qui est notre premier relais.

La personne qui ne maîtrise pas son mental le subit. Celui-ci peut s'arrêter sur une pensée qui deviendra, avec le temps, une source de fixation pouvant pousser sa victime jusqu'à l'obsession, l'empêchant de vivre normalement. Nous voyons ce type de cas avec les personnes qui se créent une phobie sur une propreté excessive. Il se développe avec notre façon de penser, que ce soit notre éducation, nos préjugés, notre programmation, nos ouvertures, nos blocages et nos peurs.

Il a la particularité de s'accrocher à notre passé, nous rappelant ainsi ce que nous avons oublié, ou à notre avenir, nous faisant anticiper ce qui n'est pas encore arrivé, par contre il n'est jamais dans le présent.

Nous pouvons comparer notre mental à un grenier propre, ordonné et classé avec des rayonnages adaptés, notre mental devra être propre et nous permettre ainsi d'avoir des pensées claires.

Nous n'aurons pas de problème dans le cas d'un mental clarifié, il sera plus facile à domestiquer.

Un mental désordonné

À l'inverse, si nous restons bloqués sur nos questions, les laissant en suspens sans chercher à obtenir de réponses précises, rebondissant encore sur de nouvelles questions, nous faisons de l'accumulation, sans pour autant qu'il y ait classement.

Notre mental devient alors comparable à un grenier rempli d'objets hétéroclites, qui s'entassent les uns sur les autres de manière désordonnée et de plus en plus inclassable. Si la personne laisse son mental submergé par toutes sortes d'images, de questions sans réponse, etc., il deviendra moins clair et de moins en moins cohérent. Cela peut aller jusqu'à polluer son subconscient, risquant de la perturber au moment où elle ne s'y attendra pas, comparable à une bombe à retardement, et apparaissant de façon soudaine sous forme d'un imaginaire débridé pouvant l'entraîner jusqu'à la panique.

Notre subconscient fonctionne avec notre mental. Il peut avec son aide faire ressortir une peur et l'amplifier à partir d'un élément déclencheur.

> *Témoignage*
>
> J'ai connu, ainsi que Mme Élodie G., une personne qui regardait beaucoup de films d'horreur, sans les sélectionner, entassant tout cela pêle-mêle dans son subconscient. ↓

Je lui avais précisé qu'elle devrait faire un tri sinon cela pouvait l'handicaper par rapport à ses peurs. Elle me confirma qu'elle avait effectivement vécu une peur, m'expliquant la mésaventure qui lui était arrivée dans sa cave.

En effet, un jour qu'elle s'y trouvait, elle sentit que son pied s'était accroché à quelque chose. Elle a immédiatement pensé à des morts vivants lui attrapant son pied, scène qu'elle avait vue dans un film d'horreur et qui resurgissait à cet instant lui créant une forte terreur. À partir de ce moment-là, elle n'est plus jamais descendue dans sa cave et elle ne peut plus y descendre.

Comment classer ce que nous accumulons dans notre mental ? Il faut pour cela accorder un peu d'attention à ce qui pénètre dans notre mental, par exemple, si nous avons vu un film d'horreur, il nous faudra remettre simplement ce film dans son contexte nous disant qu'il s'agit de fiction.

Il est nécessaire de faire un « état des lieux ».

Notre vision des choses passe par le filtre de notre mental. Il est comparable à une paire de lunettes, dont les verres sont d'autant plus déformants et teintés que notre mental est faussé.

Si nous avons des pensées négatives sur le monde qui nous entoure, nous ne verrons les choses qu'à travers les verres de lunettes teintés par notre négativité, rendant ainsi notre vision des choses plus sombre qu'elle ne devrait.

Si par contre nous préférons voir « la vie en rose », c'est-à-dire le bon côté des choses, ce qui nous entoure sera plus léger et beau. Nous constatons que les choses peuvent paraître différentes selon la vision choisie.

Nous sommes libres de voir les choses sous un angle ou un autre, il est donc possible d'aborder la réalité selon sa polarité positive ou négative.

Chacun a sa façon de regarder le verre, à moitié plein ou à moitié vide. Si nous choisissons de le voir à moitié plein, c'est-à-dire le côté positif nous faisant appréhender la vie par son bon côté, notre chemin sera plus agréable et plus léger. Nous serons ainsi plus ouverts et à l'écoute des signes placés sur notre parcours. Ce n'est pas pour autant qu'il n'y aura pas de problèmes sur ce chemin, mais les choses seront prises avec plus de recul et relativisées.

Dans le cas contraire, si nous préférons, par choix ou par peur, la vision négative des choses, rappelons-nous qu'à force de remarquer ce qui est négatif autour de nous, nous l'attirons par ce que l'on appelle la loi d'attraction, ce qui aura à la longue des effets néfastes dans notre vie.

Le vrai problème d'une personne subissant un mental désordonné est que ce mental fausse la vie de celle-ci avec des représentations erronées de tout ce qui l'entoure. Cela peut en conséquence déformer sa vision de la réalité jusqu'à l'enfermer dans un profond désespoir. Nous pouvons toutefois changer notre façon de voir les choses en essayant de les transposer à l'opposé.

Au début nos efforts pour devenir plus positif sembleront artificiels, mais si nous persévérons notre personnalité glissera vers une vision plus agréable des choses.

Remettre en cause nos schémas mentaux erronés

Si nos schémas mentaux sont justes, nous orienterons notre vie vers la réussite, le bonheur et peut-être la joie.

Si nos schémas mentaux ne nous permettent pas d'être heureux à cause d'une fausse culpabilité qui nous interdit le bonheur, il y a de fortes probabilités pour que nous ne le trouvions pas. Bien des personnes se sont ainsi programmées, sachant clairement ce qu'il faut faire pour le trouver, pourtant ces mêmes personnes ne feront rien pour y parvenir.

Elles se retrouvent comme figées devant leur problème. Le blocage provient de la programmation de leur mental, souvent très profond au point que ce blocage peut être gravé dans leur subconscient. Ces personnes ne peuvent que constater dans leur vie de tous les jours qu'elles restent dans l'attente que quelque chose se débloque, constatant jour après jour qu'elles végètent à cause de cette situation.

Il est important de méditer sur nos désirs, sur les moyens de les réaliser, ainsi que sur les blocages de notre vie. Pour cela, il est indispensable de sortir de ces schémas erronés, en allant au fond des choses jusqu'à remettre en cause nos propres intentions.

Si notre fondement est faussé, l'ensemble ne tiendra pas. Pour y remédier il convient de méditer, avec de préférence un crayon et un papier à portée de main et d'écrire ce qui nous vient à l'esprit, allant ainsi jusqu'à la racine de nos actes pour discerner, avec la vision du cœur, nos désirs les plus profonds.

Le but sera de repérer quels sont les schémas négatifs de notre mental qui ont été créés à la suite de peurs, de préjugés ou de blocages divers. Lorsque nous les aurons identifiés, nous consignerons ces schémas négatifs sur le papier de manière à ne plus les oublier. Il faudra ensuite aller au fond des choses pour chaque schéma qui piège notre mental en cherchant son origine, mettant ainsi la lumière dans nos zones d'ombre.

Lorsque nous aurons repéré ce qui piège notre mental, nous comprendrons à quel point ces peurs, préjugés et blocages ne sont que des illusions. Généralement le fait d'avoir affronté une peur, bien en face, la fait partir. Elle perd ainsi sa part d'imaginaire qui l'amplifiait.

Si après avoir repéré le blocage il ne disparaît pas, il suffira d'adopter une nouvelle attitude plus correcte qui remplacera la précédente. Le blocage concerné étant remonté à la conscience diminue jusqu'à disparaître petit à petit.

Conséquences d'un mental étriqué dans l'au-delà

Rappelons-nous que la pensée est créatrice et qu'elle se concrétise instantanément sur le plan astral. Lorsque nous décéderons, nous emporterons avec nous notre mental avec ses limites, ses peurs, ses préjugés et ses blocages. Cela pourra fausser notre vision de cette nouvelle réalité, plus fortement encore que sur le plan terrestre.

Le mental, sur ce plan, nous fera apparaître de manière visible et tangible ses extrapolations se mélangeant avec cette nouvelle réalité, donnant ainsi une vision de l'au-delà qui sera fantasmagorique. Ce qui aura tendance à isoler celui qui le subit dans des mondes imaginaires. De même, une personne qui ne voit que le négatif emportera avec elle après sa mort la vision négative des choses, qui pourra l'entraîner, par la loi d'attraction, vers le bas astral.

Il y a toutefois sur l'autre plan des personnes bénévoles qui se mettent à la disposition de ces malheureux, les aidant à dépasser leur vision étriquée en essayant de dialoguer avec eux. La demande est toutefois immense. La plupart des personnes qui meurent, partent avec ces problèmes de manière plus ou moins amplifiée.

À la différence de la prison physique que le condamné quitte après sa mort, la prison mentale reste accrochée à son créateur, le suivant après la mort.

Si la personne ne fait pas un travail de nettoyage intérieur, elle risque de s'emprisonner elle-même surtout si elle ne s'est jamais remise en cause.

De plus, certaines personnes décédées, n'ayant jamais cru à une vie après la mort, se retrouvent ainsi prostrées sur le plan astral, semblables à des personnes qui ne perçoivent rien de cette nouvelle réalité où elles vivent désormais.

Cela provient du fait qu'elles ont interdit cette ouverture à leur esprit. Il en résulte que sur le plan astral, où toute pensée crée, l'interdit qu'elles ont imaginé dans leur esprit apparaît comme un véritable enfermement, empêchant ainsi la personne de percevoir ce qui l'entoure.

Ainsi elles ne savent pas qu'elles sont vivantes. C'est souvent le cas pour les personnes athées qui ont refusé d'accepter la possibilité d'une vie après la mort.

Rappelons-nous que sur l'autre plan ce que nous pensons est la réalité.

Comment améliorer notre vie ?

Notre fonctionnement au niveau du mental

Il faut connaître notre fonctionnement mental pour savoir comment le maîtriser. Notre cerveau fonctionne sur différentes fréquences que nous pouvons nommer ondes cérébrales. Elle sont reconnues et testées scientifiquement :

- Ondes bêta (entre 16 et 12 hertz) en situation réveillée.
- Ondes alpha (entre 12 et 7 hertz) en relaxation.
- Ondes thêta (entre 7 et 4 hertz) juste avant le sommeil.
- Ondes delta (en dessous de 3,5 hertz) sommeil.

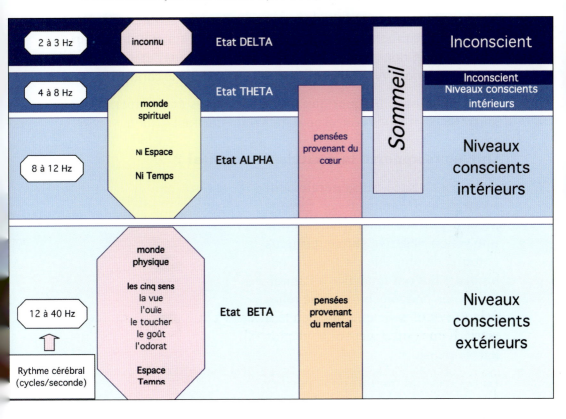

Nous pouvons constater que selon les états, l'état bêta correspond à l'état de veille, c'est avec cet état cérébral que nous raisonnons.

L'état alpha permet d'accéder aux plans supérieurs avec tout ce que cela signifie. C'est-à-dire que pour atteindre cet état, il est nécessaire de fermer la porte des sens ouvrant sur l'extérieur, pour plonger à l'intérieur de nous-mêmes, nous mettant à l'écoute de notre cœur pour laisser agir nos parties supérieures.

Pour commencer il faut fermer les yeux, puis nous brancher au niveau supérieur, que ce soit par la méditation, la prière, ou l'invocation à votre guide spirituel, ou tout autre moyen permettant d'entrer en contact avec les sphères supérieures. Il faut enfin avoir une demande, qu'il s'agisse d'une question sur un sujet spirituel nous concernant ou pas. Par exemple, cela peut être une vision que l'on désire avoir ou ce que l'on veut, ce qui est demandé viendra si la personne est prête à recevoir.

Nous sommes en état alpha lorsque nous sortons astralement. Dès que nous raisonnons dans cet état alpha, qui est un état de perception du cœur, nous descendons vibratoirement dans l'état bêta, qui est l'état où nous retrouvons le mental avec ce qui le caractérise.

Nous pouvons remarquer que ce qui touche les états supérieurs à partir de l'état alpha concerne notre cœur spirituel.

Que nous apporte la maîtrise du mental ?

La pensée agitée est généralement réductrice. Comme nous l'avons précisé précédemment, elle donne une vision négative sur ce qui nous entoure, de plus elle est faussée par les peurs qui ont tendance à l'amplifier. Nous pouvons bloquer de telles pensées et n'avoir que des pensées positives, orientées vers une vie plus harmonieuse.

La maîtrise du mental nous permet de contrôler nos pensées, cela signifie que nous pouvons, si nous le désirons, en arrêter le flot, permettant ainsi de choisir celles qui nous intéressent. Cela correspond à la libération de notre esprit.

La maîtrise du mental fait partie du chemin authentique de l'ouverture du cœur.

Elle est la porte qui mène vers une vraie sérénité, elle nous permet d'atteindre la paix intérieure et nous prépare à la joie intérieure.

Elle nous ouvre les réalités spirituelles, qu'il s'agisse de nos facultés psychiques, ou qu'il s'agisse de recevoir des messages provenant d'êtres de lumière au travers de notre intuition, ou de nos corps subtils, tout cela n'est reçu que si le mental se tait. Nos réalités spirituelles n'apparaissent uniquement que si le silence intérieur est atteint.

Elle permet d'atteindre plus facilement les buts que nous nous sommes fixés. Nos pensées deviennent ainsi beaucoup plus puissantes, dynamisant notre vie par voie de conséquence.

La maîtrise du mental nous aidera à être plus accrochés à la réalité et à vivre pleinement « ici et maintenant ! ».

L'itinéraire intérieur menant à la maîtrise mentale ou la Tanka

La Tanka est une carte illustrée de notre progression vers la maîtrise mentale. Elle est d'origine tibétaine et montre au travers d'un dessin, les onze étapes de notre maîtrise mentale.

Sa description nous a été transmise par Marianne Kohler dans le livre *La Quête du gourou*. Elle décrit la progression de notre voyage intérieur avec ses écueils et ses pièges qui nous guettent, ainsi que les récompenses qui nous attendent.

La Tanka se lit de bas en haut. Nous y voyons quatre personnages.

Un jeune moine sort du monastère d'où il vient d'en recevoir les enseignements. Il doit néanmoins apprendre à maîtriser son mental qui lui apparaît de manière imagée à travers ses trois compagnons.

Au début du chemin en bas à droite, nous voyons le jeune moine qui regarde impuissant l'éléphant qui est entraîné par le singe. Il porte un crochet et une corde. Le crochet représente la vigilance qui le tient en éveil. La corde représente notre attention.

Développez vos facultés psychiques et spirituelles

L'éléphant sauvage est notre esprit. Il porte une robe sombre au départ, nous montrant à quel point il n'est pas domestiqué. Il fonce, passant d'une idée à l'autre sans pour autant que nous puissions l'arrêter à cause de sa puissance. Il fuit son poursuivant.

Cela correspond à son aspect sombre, nous remarquerons au fur et à mesure du chemin que sa robe passera par paliers du gris foncé vers le blanc, correspondant à l'éclaircissement progressif de notre esprit. Il en sera de même pour le singe et le lièvre.

Le singe représente l'aspect sautillant et dispersé de notre esprit, passant d'un sujet à un autre sans s'arrêter. Il correspond à la dispersion de l'esprit.

Nous voyons le singe qui entraîne dans sa course notre esprit obscurci qui est représenté par l'éléphant dont la robe est sombre.

À la première étape, le méditant ne peut se concentrer, sans être entraîné par toutes sortes de pensées parasites. Il n'y a à ce niveau aucune concentration possible.

À la seconde étape, le méditant arrive à rester quelques secondes sur son objectif, puis il se laisse submerger par ses pensées.

Nous voyons le moine qui est encore loin de son esprit. L'éléphant et le singe ont ralenti leurs courses et marchent désormais. Nous pouvons distinguer une tâche plus claire sur le crâne du singe et de l'éléphant, signe de plus de clarté.

Les flammes au bord de la route correspondent à la quantité d'efforts et d'énergies qui est demandée pour parvenir à la méditation. Les flammes sont plus puissantes au début du chemin puis diminuent au fur et à mesure que nous progressons pour enfin disparaître.

À la troisième étape, nous voyons le moine qui tient l'éléphant avec la corde. L'éléphant, le lièvre et le singe le regardent montrant ainsi qu'ils ont reconnu leur maître. Nous voyons que leurs têtes sont devenues claires.

La concentration commence à s'installer lors de cette étape.

Le lièvre est plus subtil que le singe. Il faut toutefois que le singe soit presque arrêté pour que l'on puisse percevoir la présence du lièvre.

On ne le rencontre seulement qu'à partir d'une certaine étape intérieure sur ce chemin. Il représente le défaut d'effacer le sujet de notre méditation, pour donner l'illusion au méditant qu'il est sur le sujet de méditation choisi alors qu'il en est sorti.

Il a la particularité de faire disparaître le sujet de méditation sans que le méditant s'en rende compte. Il agit comme par « téléportation, » on croit être sur le sujet et on n'y est plus.

Ce n'est pas comparable au singe qui saute d'un sujet à l'autre et que nous pouvons suivre à la trace, faisant passer son propriétaire d'une pensée dispersée à une autre sans discontinuer.

Le piège tendu par le lièvre est plus subtil, car il est à peine perceptible. C'est pour cette raison que notre mental doit être affiné pour le percevoir.

À la quatrième étape, nous voyons que le moine a encore son attention tendue. Le singe semble presque immobile. Il essaye encore à cette étape d'entraîner l'éléphant.

Nous remarquons à cette étape que certains cadeaux spirituels apparaissent montrant que le travail réalisé commence à porter ses fruits.

À la cinquième étape, nous voyons que le singe est passé derrière l'éléphant. Chacun des trois animaux a la moitié du corps éclaircie. Il faut toutefois que le moine garde sa vigilance éveillée.

Les fruits et les différents objets situés sur les côtés du chemin montrent les récompenses acquises.

À la sixième étape, le moine peut se permettre de tourner le dos à l'éléphant. Son attention est toujours soutenue, malgré le fait que la corde ne soit pas tendue. Le singe est comme immobilisé et semble prendre la distance avec l'éléphant qui ne fait plus attention à lui. Le singe a disparu à cette étape.

À la septième étape, le moine n'a plus la corde qui correspond à l'attention et le crochet correspondant à la vigilance. Le singe semble disparaître, quant à l'éléphant, il reste un tout petit peu de sombre sur sa patte arrière.

L'esprit du moine est éclairci. Il ne s'occupe plus de l'éléphant qui continue seul le chemin. La paix intérieure est présente.

Dans la huitième étape, le moine peut s'occuper sans faire attention à l'éléphant qui avance seul vers l'objectif comme dans l'étape précédente.

La neuvième étape, correspond à l'unité entre le moine qui se repose et l'éléphant qui fait de même. Nous voyons le moine en état de méditation sans que rien le trouble.

À la dixième étape, nous voyons le moine qui vole dans le ciel avec un tissu. Cela signifie que le mental s'est tu, permettant aux facultés psychiques d'apparaître. L'éléphant n'étant plus visible signifie qu'il est en union totale avec lui.

À la onzième étape, nous voyons le moine qui médite assis sur l'éléphant qui suit consciencieusement son chemin.

La douzième étape montre un nouveau chemin qui s'ouvre vers un niveau supérieur correspondant à la contemplation. Nous voyons une grande flamme qui apparaît montrant qu'il faudra prodiguer de nouveaux efforts pour parvenir aux niveaux supérieurs de la contemplation.

Ces nouvelles étapes correspondent à l'ouverture du méditant vers les mondes supérieurs avec les facultés spirituelles correspondantes.

Comment maîtriser son mental ?

Lorsque nous développons nos facultés extrasensorielles, il est impératif d'avoir un mental qui soit au moins en partie maîtrisé.

Il existe une quantité de bonnes méthodes. Je m'attacherai personnellement à certaines d'entre-elles qui me semblent les plus simples et les plus efficaces, celles ne demandant qu'un minimum d'efforts sans pour autant dépendre de telle ou telle école de pensée.

Technique de la pensée unique

Le but est de tenir le plus longtemps possible sans avoir de pensées parasites extérieures à notre cible.

Pour faire cet exercice il faut procéder ainsi :

- Prenez un chronomètre ou si vous n'en avez pas une montre avec une trotteuse.

- Choisissez un sujet : une orange, par exemple, que vous observerez sous tous ses angles pendant deux minutes, vous pourrez y ajouter le ressenti tactile, ainsi que l'odorat. Vous pouvez la couper en deux pour la voir de l'intérieur.

- Laissez l'orange de côté, puis fermez les yeux et chronométrez le temps que vous tiendrez sans sortir de votre cible.

Le but est d'apprendre à ne pas dévier de sa pensée initiale. Dès que votre pensée s'évade, arrêtez le chronomètre et observez le temps réalisé. Il faudra vous souvenir du temps que vous avez réalisé en restant sur une seule pensée jusqu'à l'arrivée de la première pensée parasite. Ne vous découragez pas, l'exercice semblera un peu fastidieux, mais rappelez-vous que cela demande plus d'effort au début car votre mental n'a pas l'habitude d'être dirigé. En règle générale, vous constaterez que votre esprit a tendance à se disperser facilement et à ne tenir qu'une quinzaine de secondes sur l'orange pour ensuite s'évader à nouveau. Quand cela arrive, il faut doucement ramener votre pensée vers son but.

Avec un peu d'entraînement vous arriverez à multiplier ce temps par trois et un peu plus. Vous remarquerez que cet exercice devient de plus en plus facile au fur et à mesure de votre avancée.

De plus, il se passera un phénomène curieux à un certain moment, vous noterez que votre mental devient apaisé. Il n'aura dorénavant plus cette tendance à sautiller dans tous les sens.

Technique de la respiration

Commencez à chronométrer, fermez les yeux, surtout au début.

Soyez dans le ressenti de votre respiration, observez l'air entrant et sortant de vos poumons. Pendant que vous suivez par la pensée le trajet de l'air dans votre corps, vous ne devez avoir aucune pensée puisque cette technique est axée sur le ressenti.

Comptez vos inspirations si vous êtes enclin à la dispersion, vos expirations, si vous êtes enclin à la somnolence. La concentration sur la respiration est le moyen le plus rapide pour obtenir la stabilité mentale.

Technique de la posture

Commencez à chronométrer, fermez les yeux et étudiez la position de votre corps, vous promenant en conscience à l'intérieur de celui-ci, pour en ressentir les tensions et les sensations. Cette technique est faite uniquement pour travailler votre ressenti. En agissant ainsi, vous ne devez pas laisser pénétrer la moindre pensée.

Technique du vide mental

Après avoir atteint une stabilité de la pensée, vous pourrez approfondir votre maîtrise mentale en travaillant sur le vide mental.

Pour cet exercice, il est nécessaire de se chronométrer. Il suffit d'avoir les yeux fermés, ne permettant à aucune pensée d'apparaître.

Dès qu'une pensée vous arrive, regardez le temps que vous avez passé sans qu'aucune n'apparaisse. Il faudra pour cet exercice multiplier ce temps par trois. Cela vous permettra de vous libérer déjà en partie de votre mental.

Vous pourrez remarquer une différence notable avec les pensées d'avant qui seront comme « plus timides », vous prouvant ainsi que vous pouvez arriver à maîtriser votre mental. Vos pensées seront ensuite domestiquées.

Comment transformer notre vie par la visualisation ?

" Croire c'est posséder déjà ce qu'on espère. "
EPÎTRE AUX HÉBREUX

" Lorsqu'une œuvre est à son maximum d'intensité, de proportions, de qualité d'exécution, de perfection, il se produit un phénomène d'espace indicible, les lieux se mettent à rayonner physiquement. C'est du domaine de l'ineffable. "
EDOUARD LE CORBUSIER

Qu'est-ce que la visualisation ?

La visualisation est la faculté de former mentalement des images. C'est la clé de la création des formes sur le plan astral.

Pour qu'une chose arrive dans notre plan physique, il faut qu'il y ait au départ sa contrepartie subtile dans le plan astral. Ceci est vrai pour toute chose.

Cela signifie que lorsque nous souhaitons obtenir quelque chose, il suffit de le visualiser. Ainsi, en visualisant, nous accélérons la réalisation d'un souhait.

Il faut en tout premier lieu que cela soit permis là-haut, mais ce n'est pas vraiment un problème, tout est possible avec les plans supérieurs. Il faut, pour que cela se réalise, que ce que nous désirons ne soit un obstacle ni à notre évolution, ni à celle des autres.

Quels sont les obstacles à la réalisation d'une visualisation ?

Il existe toutefois trois obstacles à la réalisation d'une visualisation :

1) Que cela ne soit pas un obstacle à notre évolution et à celle des autres.

Développez vos facultés psychiques et spirituelles

2) Qu'il n'y ait pas de problème karmique, telle qu'une leçon à assimiler sur ce sujet.

3) Que cela ne soit pas pour un motif futile, tel qu'épater la galerie.

En dehors de cela, tout est possible si nous y croyons. Le reste n'est qu'une question de temps. L'important est d'imprimer ce que l'on désire de façon ferme et durable sur le plan astral.

Témoignage

En précisant ceci, un de mes élèves, Mme Christine J., m'a dit : « Et si je souhaitais un château en Espagne ».

Je lui ai répondu : « Pas de problème si cela est permis ». Puis elle ajoutait : « Avec beaucoup de chambres ».

Enfin, après réflexion, elle dit : « En fait, ce n'est pas raisonnable, je préfère une petite maison, car je doute que j'obtiendrai un château », puis « déjà un pavillon, cela me paraît improbable ».

Voici donc le point faible qui empêche toute visualisation : le doute. Il est vrai que ce n'est pas du domaine du raisonnable, mais plutôt du domaine de la foi. Foi en soi, foi dans ce que l'on fait.

Ceci ne date pas d'hier puisque le Christ précise dans l'Évangile de Marc 11-24 : « Tout ce que vous demanderez en priant, croyez que vous l'avez reçu et cela vous sera accordé. »

De la même façon que si nous voulons quelque chose et que l'on n'y pense que deux fois, cela ne suffira pas pour laisser une forte impression dans le plan astral. Il faut, pour l'obtenir, la voir comme si c'était déjà fait, puis y repenser de temps en temps en se disant : « Ça y est, je l'ai obtenu », en remerciant pour ce qui est acquis.

Pour un aspect technique, il faut que notre visualisation soit nette et précise pour que cela se fabrique sur l'autre plan. En supposant que notre visualisation soit floue, le résultat ne pourra pas s'imprimer correctement puisque ce n'est pas net et donnera, dans le plan astral, l'effet d'un brouillard dont on distinguera difficilement les contours.

Visualisation pour améliorer l'état intérieur d'une personne

Nous pouvons visualiser une personne qui ne va pas bien intérieurement, étant en proie au stress par exemple et créer un curseur par visualisation, qui permettra d'améliorer son état intérieur.

Témoignage

Un jour Mme Jenifer D. était venu en cours très stressée à cause d'une violente dispute qu'elle avait eue avec son mari. Elle se sentait intérieurement très mal suite à cette situation. Je demandai donc aux membres de l'équipe présente de bien vouloir tenter une expérience inédite.

Elle consistait à créer astralement un curseur par visualisation qui aurait trois niveaux. Le premier correspondrait à l'état intérieur actuel de Mme Jenifer D., le niveau supérieur coïnciderait avec un meilleur état intérieur, enfin le niveau final correspondrait à un état de paix intérieure de Mme Jenifer D.

Tout en faisant l'expérience avec l'équipe, je décidai sans en parler de pousser le curseur plus loin encore afin de voir Mme Jenifer D. joyeuse.

Mme Jenifer D. nous dit après notre visualisation qu'elle avait envie de rire, en effet son visage n'était plus celui que nous avions vu au départ et respirait ce qui avait été visualisé.

Visualisation de la rémission d'un organe

Si une personne a un organe défectueux, nous pouvons par la visualisation imprimer une image de cet organe sain. Dans le cas où cela nous est permis, c'est-à-dire qu'il n'y a pas d'aspect karmique, la personne n'ayant plus de leçon à assimiler par rapport à cet organe, celui-ci pourra être amélioré.

Le travail de visualisation s'adapte parfaitement avec le magnétisme, amplifiant ainsi ses effets.

Si nous voulons fortifier et renouveler un organe tel qu'un poumon, par exemple, ou une partie affaiblie d'un corps physique, comme un système sanguin, il nous faudra le réaliser par visualisation. Pour que la guérison se matérialise sur le plan physique, il faut que la visualisation ou création mentale soit réalisée sur le plan supérieur, c'est-à-dire sur le plan astral. La visualisation possède une action réelle sur le corps astral. En visualisant un organe sain dans le corps astral, vous imprimez le souhait que l'organe physique correspondant s'ajuste à votre visualisation. Cela aura comme effet que votre visualisation de l'organe sain se matérialise dans un second temps dans le corps physique.

Par exemple, dans le cas où nous voulons aider une personne qui a des problèmes au niveau pulmonaire, nous devons :

1) Créer l'image de poumons sains, dans le corps astral.

2) Visualiser l'image des poumons malades de la personne sur laquelle nous travaillons.

3) Voir l'image des poumons sains se superposant aux poumons malades de cette personne.

4) Voir les poumons défectueux qui disparaissent, au profit de l'organe en bon état.

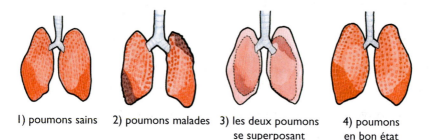

1) poumons sains   2) poumons malades   3) les deux poumons se superposant   4) poumons en bon état

Cependant, il faudra que votre visualisation soit impérativement nette, car dans le cas contraire elle ne pourra pas s'imposer dans le corps astral.

Comment améliorer notre vie ?

Votre visualisation se matérialisera un peu plus tard sur le plan physique, elle donnera l'information à l'organe concerné de prendre pour modèle la contrepartie astrale renouvelée.

Ce que nous venons de décrire correspond au trajet qu'effectue la maladie dans nos différents corps, apparaissant en premier lieu dans les corps subtils et l'aura, descendant ensuite des corps les plus subtils vers ceux qui le sont moins, terminant enfin par le corps le plus matériel, c'est-à-dire notre corps physique. Cela a été vérifié, puis prouvé par l'effet Kirlian.

Il est toutefois nécessaire de suivre son traitement médical, dans le cas où nous en avons un, toute visualisation n'étant que complémentaire. Cela aura pour résultat une rémission plus rapide et parfois spectaculaire.

Il existe ainsi aux États-Unis des hôpitaux utilisant des techniques de visualisation dirigées en complément des traitements médicaux classiques par le docteur Carl Simonton, donnant ainsi une augmentation notable du taux de guérison des malades.

Pour exemple, si nous voulons visualiser une cuillère : les deux formes visualisées du côté gauche de la feuille ne pourront jamais prendre forme dans le plan astral à cause de leur manque de précision.

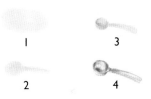

La troisième cuillère (en haut à droite) se matérialisera timidement, seule la cuillère nette se créera dans le plan astral.

Principe de base de toute visualisation

Le plan astral est un plan modelable, nous pouvons dès aujourd'hui demander bien des cadeaux puisque l'univers est abondance.

Nous pouvons visualiser des choses pour nous-mêmes.

La visualisation doit toujours être positive. Il ne faut pas utiliser de visualisation négative comme, par exemple, la personne qui se visualise ne fumant plus. Cela ne fonctionnera pas correctement, car à l'intérieur de la demande il y a opposition de deux forces.

Alors que si nous nous visualisons heureux et que ce bonheur nous comble complètement, ne manquant de rien, cela va tout simplement arriver, mais il faut y croire. L'envie de fumer disparaîtra d'elle-même, pas forcément tout de suite, mais s'établira déjà sur le plan astral pour descendre ensuite sur notre plan physique. Il faut toutefois ne pas baisser les bras avant que cela ne soit installé.

C'est tellement simple que le Christ a dit : « Je te loue Père de ce que tu as caché cela aux sages et aux savants et que tu l'as révélé aux tout petits. »

Visualiser l'abondance

Nous avions fait en équipe un exercice de visualisation, lors d'une fête nous nous voyions gagnants toutes sortes de lots que nous avions décidés. Cela pouvait être de l'argent, une aide dans un domaine quelconque, l'ouverture d'une faculté psychique, une bonne santé ou tous autres cadeaux possibles.

Le but était de demander en grandes quantités.

Témoignage

Une de mes élèves devait payer l'équivalent de 4 000 € pour soigner plusieurs dents, elle avait donc sollicité les 4 000 € pour payer cette prestation.

Lorsqu'un mois plus tard je lui demandais si cela avait marché. Elle me répondit qu'elle n'avait pas obtenu les 4 000 € prévus, mais qu'elle avait fait la connaissance d'un cousin dentiste, qu'elle ignorait totalement, lors d'une réunion de famille.

Elle lui a parlé de son problème, il lui a de suite répondu qu'il lui faisait la gratuité pour sa partie en tant que dentiste. Il restait à payer la partie prothésiste. Cela se régla par la rencontre d'un ami dont elle fit la connaissance et qui lui a proposé la gratuité pour la partie restante.

Elle n'a donc rien dépensé pour ses dents. La réponse était venue autrement.

Une autre élève qui n'avait pas beaucoup d'argent en avait profité pour en demander, sans trop y croire, nous expliquera-t-elle. Elle a reçu en corrélation à sa demande une somme qu'elle n'attendait pas de 50 €.

Quand je lui ai fait part de mon étonnement d'une si petite somme, elle me déclara qu'elle voulait juste essayer. Je lui ai donc répondu qu'elle aurait pu essayer sur une somme plus importante.

J'en ai profité pour tester si je pouvais demander de l'argent, ce que je n'avais jamais fait, mais je voulais voir s'il n'y avait pas de blocage de ce côté-là. J'en ai donc demandé beaucoup. Dans les 15 jours qui ont suivi j'ai reçu la moitié d'un héritage inattendu, dont je recevais la seconde partie quelques mois plus tard.

Ne faire la visualisation qu'une fois pour toutes

Pour bien comprendre comment la visualisation fonctionne sur l'autre plan, nous pouvons la comparer à l'utilisation d'un fichier informatique. Lors de sa création, nous lui donnons un nom. Nous pouvons ensuite y intégrer de nouvelles données, pour enfin l'enregistrer. Il ne faut pas créer une deuxième fois le même fichier, sinon nous perdrons toutes les données que nous avions mises auparavant.

Par contre, il faudra ouvrir le premier fichier créé pour y travailler, ce fichier augmentera de volume jusqu'à devenir conséquent.

De la même façon que nous aurons réussi à faire une visualisation précise, il ne faudra en aucune manière recommencer la visualisation, sinon c'est comme si nous écrasions le fichier d'origine.

Il nous faut simplement l'augmenter ou le nourrir, en remerciant comme si ce qui a été visualisé était déjà présent. Visualisant cette fois-ci notre joie comme si c'était fait. Cette seconde visualisation peut être renouvelée autant de fois que nous le sentons.

Développez vos facultés psychiques et spirituelles

Comment réussir par la visualisation ?

Les personnes qui réussissent ont la particularité d'avoir la foi dans la réalisation de ce qu'elles font. Nous les entendons souvent dire à travers des magazines qu'elles y ont toujours cru. Elles se sont battu pour y arriver. Chaque chose demandant un effort, leur projet s'est ainsi nourri au fur et à mesure de leurs pensées et de leur détermination, pour enfin se matérialiser sur le plan terrestre. Celles qui prennent l'attitude de victimes partent dans le sens inverse de la foi, se donnant toutes sortes d'excuses, les justifiant. Certaines sont bien réelles et karmiques et partiront subitement le jour où les choses auront été comprises.

Malheureusement, dans bien des cas, les personnes vivent dans des sentiments de regret de ce qu'elles auraient pu faire. Le problème c'est qu'elles n'ont en fait pas cru en elles et ne se sont donc pas investies. Elles trouveront alors toutes sortes de justificatifs, tels que : « Ce n'est pas ma faute, je n'ai pas pu ce jour-là, on m'a envoûté, c'est pour cette raison que je n'ai pas pu réaliser ce que je désirais. Je le ferai plus tard ».

Rappelons-nous le dicton : « Par la rue " Plus tard ", on arrive à la place " Jamais " ». Mais rappelons-nous également que tout est possible ! Encore faut-il y croire !

Comment se débarrasser de nos émotions parasites telles que nos peurs et nos colères

L'un des obstacles principaux à notre évolution spirituelle est la peur. Il existe un excellent exercice qui mêle la sensation et la visualisation et qui peut, s'il est bien réalisé, enlever notre peur, notre colère ou toute émotion qui nous parasite, peut-être même en une fois.

Il est important de travailler sur une émotion à la fois, si possible de la plus forte à la plus faible.

Pour que cet exercice fonctionne correctement, il doit être réalisé en quatre temps et respecté dans son intégralité, dans le cas contraire, il ne donnera pas l'effet escompté.

Comment améliorer notre vie ?

1) Tout d'abord il faut revivre sa peur ou sa colère avec son maximum d'intensité, en visualisant la scène comme si nous y étions actuellement confrontés. Quand nous revivons cette scène, nous faisons attention au ressenti de notre corps physique. Nous ressentirons ainsi en résonance la réponse du corps physique par rapport à cette émotion. Cela nous permettra d'identifier la place et le volume que prend cette émotion négative et à quel endroit précis du corps elle se situe.

2) Il faut ensuite visualiser une matière et un contenant correspondant vraiment à votre émotion négative, pouvant être par exemple une bassine de liquide visqueux, une baignoire d'acide, une rivière de lave, ou un récipient plus grand contenant les mêmes matières telles qu'un étang, un lac, un volcan, une mer.

Cela peut être aussi quelque chose de solide tel qu'un bloc de granit, ou encore rappelant le vide tel qu'un trou noir.

Voici quelques exemples parmi d'autres, sachant que vous pouvez voir votre émotion avec, par analogie, une araignée géante ou un monstre.

Vous pouvez enfin voir une scène que vous avez vécue et qui vous hante toujours. L'important étant de trouver la correspondance exacte de votre émotion négative.

Ces exemples sont cités uniquement pour vous montrer les possibilités multiples de visualisation que des personnes ont eues et qui leur ont permis de se débarrasser définitivement de leurs peurs.

Branchez-vous sur votre peur et demandez à voir à quoi correspond cette peur. N'analysez pas avec votre mental, laissez-vous prendre simplement par l'exercice. Faites-le comme un jeu.

Votre visualisation vous montrera par analogie ce qui correspond à cette peur. L'important est que toute la peur doit être englobée dans le contenant.

Développez vos facultés psychiques et spirituelles

Dans le cas où ce qui correspond à la peur est un lac avec un liquide visqueux et que vous prenez à tort une bassine, il vous faudra des années pour enlever cette peur.

Si vous aviez pris en premier contenant le lac de liquide visqueux, vous l'auriez enlevé peut-être en une fois.

3) Il faut ensuite visualiser que ce qui correspond à cette peur tombe dans la lave, pour y disparaître définitivement.

S'il s'agit d'un contenant tel qu'un océan de lave, visualisez la terre qui s'entrouvre, engouffrant cet océan dans le centre de la Terre, laissant ainsi un lieu que vous pouvez remplacer par une clairière.

De même s'il s'agit d'un monstre, il faudra le voir tomber dans la lave du centre de la Terre pour y périr. Voyez donc ce monstre exploser.

Enfin, si ce que vous avez vu est une scène du passé, visualisez la scène comme s'il s'agissait d'une grande affiche que vous enroulerez du bas à gauche pour terminer en haut à droite.

Lorsque vous aurez, par visualisation, cette affiche dans votre main, envoyez-la dans la lave du centre de la terre, puis voyez cette affiche contenant cette scène du passé brûler définitivement. Rassurez-vous ce n'est qu'une image, mais il faudra toutefois la détruire.

Il peut arriver un cas où l'émotion a toujours été proche de vous au point que vous avez du mal à la voir tomber dans la lave. Dans ce cas, il faudra faire appel à un intervenant extérieur qui peut être un crocodile géant, par exemple, qui avalera d'un coup votre problème, puis plongera dans la lave pour y disparaître lui-même.

4) Il faudra en final terminer par une croix de Saint-André que vous visualisez sur la lave, ce qui signifiera : « sans retour ».

Vous sentirez à ce moment-là que les charges que vous aviez ressenties dans votre corps sont parties. Néanmoins, il est probable qu'il en reste encore. Pour le savoir, il vous faut revivre votre peur comme au début, afin de voir si tout est parti.

Comment améliorer notre vie ?

Dans le cas où il en reste, il faudra renouveler l'exercice jusqu'au moment où cette émotion négative ne résonne plus dans votre corps.

Quand tout sera évacué, vous sentirez que vous respirez mieux physiquement, comme si un poids physique était parti définitivement.

Il faudra faire cet exercice pour toutes les émotions négatives qui vous encombrent. Vous verrez, après l'avoir fait, que certaines de vos réactions ne seront plus les mêmes, car elles ne seront plus guidées par la peur, par d'autres émotions parasites.

Témoignage

Une de mes amies, Mlle Cathy B., avait une phobie des papillons de nuit au point qu'elle précisait lors d'un cours que si elle entendait le bourdonnement de l'un d'entre eux dans une oreille, elle était capable de sauter du 10e étage d'un immeuble.

Voyant le danger éventuel, je proposais de faire cet exercice. Elle avait visualisé pour le cas un camion-citerne d'acide dans lequel elle se trouvait enfermée. Je lui demandais de visualiser qu'elle en sortait, ce qu'elle fit, puis d'envoyer ce camion d'acide dans la lave.

Après l'exercice, elle semblait joyeuse, mais restait sur sa réserve, n'osant pas trop y croire, car elle avait toujours eu cette phobie.

Quelques jours plus tard lors d'un cours, à sa demande, je regardai en clairvoyance l'origine de sa phobie. Je vis ainsi qu'elle avait été torturée à plusieurs reprises, dans une autre incarnation et laissée en état d'épuisement dans une prison souterraine où une multitude de ces papillons venaient sur elle pour prendre le sang qui suintait de son corps.

Je parlais à un de mes amis médecins, lui demandant pourquoi les papillons cherchaient le sang ? Il me répondit qu'ils se nourrissent en fait de la lymphe.

Effectivement, quelques jours plus tard, Mlle Cathy B. confirmera être définitivement débarrassée de cette peur.

Lors d'un cours, en me laissant guider, je l'orientais vers le dégagement des peurs, des émotions négatives. Mlle Pauline E., avait depuis toujours la phobie des chiens. Elle a donc réalisé cet exercice en se disant : « On verra devant un chien ce que cela donnera ».

Elle devait se rendre au Portugal quelques jours plus tard. Ses amis qui viennent la chercher à l'aéroport lui précisent que malheureusement dans l'appartement qu'elle occupera, elle devra s'occuper d'un chien.

En entendant cela, elle se dit qu'ainsi elle pourra tester l'exercice que nous avions fait en cours.

Elle nous racontera à son retour que ses amis lui ont envoyé par Internet la photo du chien, ils sont devenus complices. Elle précisera qu'il ne s'agissait pas d'un petit chien.

LA VERBALISATION

Si vous n'arrivez pas à visualiser vous pouvez toutefois utiliser le verbe, c'est-à-dire l'affirmation. de la même façon que nous avons précisée pour la visualisation vous pouvez faire le même travail en affirmant que votre demande telle que : « je demande cela ».

Puis un peu plus tard, vous dîtes : « Merci pour cela ». Il vous faudra enuite ne plus demander, car cela reviendrait à douter de votre première démarche, mais la consolider en la remerciant de temps en temps.

Ce procédé fonctione de la même manière que pour la visualisation et donne les mêmes résultats. Comme vous pouvez le constater, nous rejoignons ainsi le mécanisme de la prière et de l'affirmation positive.

Comment créer une forme pensée ?

" Comme une flèche, sur l'arc est placée la pensée. "
ANONYME, *Extrait des livres sacrés indiens Veda*

" Ton intention crée des pensées ; tes pensées créent la réalité. "
BOUDDHA

" Toute pensée séparée acquiert une figure et devient visible en couleur et en forme. "
LIOU HOUA YANG, HOUEI MING KING

" Lorsque l'esprit et l'énergie s'unissent après s'être cristallisés, il se forme avec le temps au milieu du vide du Rien un point de feu véritable ".
LAO-TSEU, *Le Livre de la pilule d'or*

Qu'est-ce qu'une forme pensée ?

Dans *Real Magic*, le Dr Wayne W. Dyer nous dit que le début, pour obtenir tout ce que notre cœur désire, consiste à bannir tous les doutes.

Si nous sommes déterminés à réaliser ce que nous désirons dans la vie, il nous faut assumer nos actes en esprit et en vérité et ne pas tricher en prenant l'attitude de la victime, ce qui a tendance à rendre ceux qui agissent ainsi semblables à des personnes frustrés. Il nous faudra pour cela travailler sur notre manière d'être ainsi que sur notre façon de penser et de faire.

Une forme pensée est une pensée dynamisée, orientée vers un unique but. Elle s'est renforcée avec d'autres pensées semblables ayant le même but. Une forme pensée est créée par une personne seule.

Elles se rejoignent ainsi par la loi d'attraction pour former à un certain moment un ensemble de pensées, semblables à une nébuleuse qui se transforme et se rassemble pour former une pensée vivante unique.

Elle a la particularité d'être puissante et autonome. Elle prend ainsi le relais et continue d'elle-même à rechercher le but souhaité.

Qu'est-ce qu'un égrégore ?

Il s'agit du même principe qu'une forme pensée, mais au lieu d'être créée par une seule personne, il est créé par un ensemble de personnes ayant les mêmes pensées, formant ainsi une forme pensée gigantesque que l'on appelle « un égrégore ».

Ainsi, tout groupe de personnes ayant un but commun possède son égrégore. Par exemple, il existe l'égrégore de l'église catholique. Cet égrégore sera nourri par les pensées, l'énergie et la prière des fidèles. Dans l'autre sens il aidera celui qui s'orientera dans cette direction.

Comment créer une forme pensée pour obtenir ce que nous désirons ?

Rappelons-nous que sur les plans astraux la pensée est créatrice. De plus toute création mentale passera par quatre phases, c'est-à-dire :

Pensée – Volonté – Action – Réalisation

La pensée

En premier lieu, la pensée fugitive seule ne peut pas être efficace si elle n'est pas soutenue et consolidée par d'autres pensées. Il est donc nécessaire, lorsqu'on affine son mental, de rassembler nos pensées éparses vers une pensée plus dense.

La volonté

En second lieu, la pensée est dynamisée, nourrie et dirigée. Elle devient une volonté orientée vers un objectif précis. Elle n'est plus une pensée seule sans but et sans force mais plutôt un ensemble de pensées consolidées, orientées vers une même cible et formant, en s'unissant, quelque chose de plus puissant, comparable à une grande flèche prête à atteindre sa cible.

L'action

La suite étant la mise en pratique de cette pensée dirigée, nous avons la matérialisation de celle-ci à travers l'action qui la concrétise.

Un exemple : Si nous désirons une maison et que nous y pensons simplement en disant : « Pourquoi pas ? » sans trop nourrir cette première pensée, cela ne donnera pas grand-chose. Une pensée non soutenue est comme une pensée sans force qui ne peut atteindre sa cible.

Par contre, si nous voulons vraiment une maison, il ne suffit pas seulement d'y penser de façon dynamique avec une volonté sous-jacente.

Cet ensemble de pensées dirigées vers un même but, additionné d'une foi dans ce que nous désirons, grandira en force, au point qu'à un certain moment de maturation ces pensées se cristalliseront. Cela se passera comme un transfert. C'est le mécanisme de la création d'une forme pensée.

La maison étant présente sur le plan invisible ne pourra que se matérialiser. Elle prendra ainsi vie et s'installera sur le plan matériel donnant les moyens à son propriétaire pour la réaliser. Si nous continuons à y croire les choses vont se mettre en place.

La réalisation

Les choses arrivant à ce stade se matérialisent de façon simple et logique.

L'important étant de ne pas douter et surtout d'avoir une volonté qui ne faiblisse pas. En faisant ainsi, les choses souhaitées ne pourront qu'arriver, encore faut-il les nourrir suffisamment.

Il ne faut pas se disperser mais rester uniquement orienté vers le but recherché. La phase suivante est d'attendre avec confiance la réalisation, c'est-à-dire que l'on ne sait pas combien de temps cela prendra pour s'installer sur notre plan matériel.

Ainsi, si nous construisons une maison et que nous la visualisons, la maison va exister sur le plan astral, pour ensuite prendre réellement sa forme dans notre monde physique. Ne dit-on pas actuellement dans le domaine de la physique que la matière est de la lumière figée.

De la même façon, ceux qui réussissent sont ceux qui ont toujours leur volonté orientée dans un but unique. Il faut savoir que l'abondance est partout et qu'une volonté ferme appelle cette abondance.

La pensée des personnes de notre entourage vis-à-vis de notre bonheur

Il en est de même pour le bonheur. Il y a un proverbe qui dit : « Vivons heureux, vivons cachés ! »

Dans le cas où nous sommes heureux, nous ne devons pas trop le montrer. Le fait de montrer une telle image dans notre monde actuel, renvoie aux gens l'image de leur propre misère.

Il en résulte que bien des gens sont heureux pour nous. D'autres personnes vivant des moments difficiles auront parfois tendance, de manière inconsciente pour les uns ou consciente pour les autres, à manifester une jalousie, signifiant qu'elles aimeraient bien être à leur place.

Cela ne manque pas d'envoyer sur ces personnes qui respirent le bonheur, des pensées qui risquent de contaminer cet état, attirant des négativités qui peuvent arriver parfois jusqu'à la perte de ce bonheur.

Comment se recharger en énergie ?

"Il est impossible de manquer d'énergie, si on savait exploiter l'énergie cosmique universelle. Pour faire une comparaison, c'est comme si quelqu'un se trouvant assis au fond de la mer, une tasse à la main, se demandait comment la remplir avec de l'eau. Comme cette personne assise au fond de la mer, l'homme ne semble pas être conscient de l'omniprésence de l'énergie cosmique".
NIKOLA TESLA - CONFÉRENCE DU 20 MAI 1891

"L'énergie est la substance réelle que l'on trouve derrière l'apparence de la matière et de la forme."
DOCTEUR RANDOLPH STONE

Comment choisir un lieu de la nature pour nous recharger ?

Nous pouvons nous recharger énergétiquement avec l'aide d'un arbre. Il faudra choisir un arbre qui soit droit, équilibré et harmonieux. Cet aspect est important car, comme pour nous, certains d'entre eux peuvent être perturbés par leur environnement. On les appelle des arbres à cancer.

Vous les reconnaîtrez à cause de leurs protubérances ou de leurs malformations situées principalement sur le tronc. Elles proviennent souvent du fait que l'arbre souffre à cause du lieu perturbé où il se trouve, subissant de ce fait les anomalies provenant du sous-sol.

Il sera comme boursouflé et tordu, donnant le plus souvent une impression de disharmonie. Dans un tel cas, les énergies de l'arbre seront souillées par les perturbations du lieu, le faisant souffrir.

Ces perturbations peuvent provenir de champs énergétiques et courants telluriques négatifs, de décharges souterraines, de grottes, de failles ou de rivières souterraines.

Pour ce qui est des rivières souterraines, on les repère souvent par le fait que l'arbre qui vit à l'aplomb de ces rivières est tordu, le tronc partant sur un côté, fuyant ainsi les remontées énergétiques de la rivière.

Avant de choisir un lieu pour se recharger énergétiquement ou pour s'y recueillir, il est donc important de se laisser guider par son intuition.

Si vous choisissez un endroit pour vous détendre dans la campagne, essayez de ressentir si vous y êtes bien à l'aise. Il faut que la réponse vienne du cœur. Si ce lieu respire l'harmonie, le calme et la sérénité, n'hésitez pas à vous y arrêter pour vous recueillir. Vous constaterez que dans de tels lieux l'inspiration semble plus facile, comme si vous étiez dans un endroit privilégié. De tels lieux sont souvent à l'abri des regards, ils se situent souvent loin des chemins où les gens passent, laissant sur leur passage leurs soucis, leurs charges émotionnelles, ainsi que leurs pensées parfois pesantes. Ce qui a tendance à amoindrir l'harmonie vibratoire de ces lieux privilégiés qui possèdent des vibrations élevées.

Comment se recharger avec les énergies de la nature ?

Il vous suffit lorsque vous avez trouvé l'endroit approprié de vous asseoir. Si vous pouvez vous mettre pieds nus, cela sera préférable afin de recevoir plus facilement les énergies telluriques. Vous ressentirez ces énergies montant le long de vos jambes, pour ensuite s'installer dans le bassin, jusqu'au 3e chakra qui est la limite entre les énergies telluriques et les énergies cosmiques.

Vous pouvez aussi choisir de vous allonger, dans ce cas tout votre corps se chargera de ces énergies. Il vous suffit ensuite d'y rester un

Comment améliorer notre vie ?

petit moment pour bénéficier d'un renouvellement de vos énergies telluriques.

Comment choisir un arbre pour se recharger ?

Avant de commencer, écoutez votre cœur pour trouver un arbre que vous sentez bien. Il est préférable de choisir un bel arbre situé dans un endroit harmonieux.

Il doit être droit, épais et solide, disposant ainsi de beaucoup d'énergies. Un chêne sera un bon choix. Les chênes sont souvent les arbres les plus anciens d'une forêt, ils ont la particularité d'être bienveillants avec nous.

Je vous conseillerai dans le cas où vous êtes dans une grande forêt et s'il y en a, de choisir un « arbre maître ». Pour le reconnaître vous remarquerez qu'il en impose à tous les arbres de son entourage par son ancienneté et son ampleur.

Si vous approchez de l'un d'entre eux, à une certaine distance en pensant fortement à lui et vous reliant intérieurement à lui, vous aurez, si vous êtes intuitif, l'impression subtile qu'il vous observe amicalement.

De tels arbres imposent le respect. Dans ces cas-là, nous avons souvent affaire à un arbre qui veille sur une partie de la forêt ou du bois.

Comment entrer en contact avec un arbre ?

En arrivant, saluez-le télépathiquement de manière amicale, comme si vous lui disiez « bonjour » avec un sourire intérieur, cela dans votre propre tête.

Développez vos facultés psychiques et spirituelles

Comme pour la parole, nous parlons souvent un peu plus fort quand nous nous adressons à quelqu'un en extérieur. Cette fois-ci vous devrez le faire avec votre pensée. Vous devez penser de façon un peu plus forte pour qu'il vous entende, comme si vous montiez le son. Si vous vous habituez à ce genre de fonctionnement qui est la communication télépathique, vous serez étonné d'entendre une réponse télépathique presque inaudible. Même si cette réponse est à peine perceptible, il est important d'y faire attention, car elle vous permettra de communiquer avec la nature.

Dans le cas où vous avez du mal à converser de cette manière avec l'arbre, vous pouvez lui parler. Néanmoins ce ne sera pas exactement la même chose, car ne vous mettant pas sur la même fréquence intérieure, vous n'entendrez pas forcément ses réponses télépathiques.

De toute façon, même si vous n'avez pas entendu de réponse claire, sachez que vos amis les arbres répondent généralement positivement à vos demandes.

Comment se recharger avec un arbre ?

Il faut lui demander ensuite s'il veut bien vous donner de son énergie. Vous sentirez comme un accord intérieur subtil, c'est presque imperceptible, mais se perçoit tout de même. Il se fera comme dans la plupart des cas un plaisir d'y répondre positivement.

Les arbres n'ont pas l'habitude que les passants fassent attention à eux.

Vous vous placerez ensuite le dos contre son tronc, les bras étendus le long des épaules au contact de l'arbre, vous sentirez les énergies de l'arbre entrer derrière votre corps.

Il vaut mieux pour cette expérience porter des chaussures en cuir plutôt qu'en élastomère ou plus simplement, s'il fait beau, les enlever.

Si vous êtes avec un arbre « maître», vous constaterez qu'il vous recharge en énergie très rapidement grâce à son énergie puissante.

Il arrive parfois que l'on absorbe trop d'énergie, donnant ainsi une impression de tournis, risquant même de nous faire tomber. Ce même phénomène de surplus d'énergie se passe lorsqu'une personne vient d'être magnétisée.

Néanmoins, il est essentiel de visualiser les énergies viciées ainsi que le surplus d'énergie s'évacuant par les pieds, afin qu'elles rentrent dans la terre pour y être recyclées.

N'oubliez pas de remercier votre nouvel ami en lui proposant, si vous le voulez bien, un service à lui rendre en retour.

Vous risquez, en vous mettant dans un état de paix intérieure, d'entendre une petite voix vous demandant de lui envoyer à votre tour de l'énergie, à l'endroit précis où il en manque, ou de nettoyer des choses l'encombrant sur le plan astral, ou une tout autre demande.

Celui qui vit près d'un bois a l'avantage de pouvoir régénérer ses énergies simplement en étant au contact de la nature.

Une simple promenade peut être le moyen de transformation de nos énergies. Si nous ne sommes pas branchés dans ces domaines, cette promenade dans les bois nous fera tout de même le plus grand bien au niveau énergétique.

Une autre méthode utilisée est de mettre ses deux mains contre le tronc, mais c'est moins discret que la première méthode. De plus vous ressentirez l'énergie passer surtout à travers vos mains, alors que dans la méthode précédente le ressenti énergétique passe dans tout le corps.

Un arbre amical

Témoignage

Un jour je me trouvai dans le jardin d'une amie, Mme Françoise. C., dont l'arbre central était beau et harmonieux.

Je montrais à un groupe de personnes branchées, comment se recharger énergétiquement avec l'aide d'un arbre. Je me plaçai donc dos à l'arbre, les mains étendues de chaque côté du corps, gardant le contact avec l'écorce de l'arbre.

Mon étonnement fut à son comble quand je ressentis et vis en clairvoyance que l'arbre m'avait mis comme dans une poche de couleur kaki, faisant penser à la poche des mamans

↓

kangourous quand elles gardent leur petit. De plus, je voyais les « bras » de l'arbre m'enlacer à ma droite et à ma gauche. Non seulement je le voyais, mais aussi je le ressentais physiquement.

Cela me paraissait si surprenant que je demandai à une amie clairvoyante, qui était présente, sans lui préciser ce que j'avais perçu, de me dire ce qu'elle voyait. Elle me précisa qu'effectivement j'étais, non seulement dans une poche de couleur kaki, mais que l'arbre m'enlaçait de ses « bras ».

Découvrant la complicité que manifestait l'arbre à mon égard, je lui demandai télépathiquement s'il voulait être mon ami. En réponse à cette demande, il se mit à frissonner au point que mon corps physique le ressentait fortement.

Je lui promis que je viendrais de temps en temps le voir astralement. J'en profitai pour lui demander s'il voulait bien amplifier son énergie, pour que ceux qui se trouvaient à quelques mètres puissent la ressentir. C'est ce qu'il fit. Chacun des participants perçut nettement la vibration amplifiée de l'arbre.

C'était la première fois que je proposais à un arbre d'être mon ami, je lui ai donc, comme convenu, rendu de temps en temps visite astralement.

De plus, sa propriétaire m'avait offert sa photo, me permettant de venir le voir astralement avec les élèves.

C'est un arbre joueur, il s'amusait à lancer les corps astraux des élèves en l'air comme s'il jouait avec des balles. Plusieurs élèves ont nettement perçu cela, surpris de remarquer qu'ils étaient plusieurs à avoir fait le même constat.

Quelques mois plus tard, alors que je venais d'arriver chez Mᵐᵉ Françoise C., je m'assis dans la cuisine, percevant alors

> que j'étais à table, les branches astrales de mon nouvel ami s'étiraient, traversant les murs de la cuisine, en voulant m'atteindre.
>
> Je parlai de ma surprise de voir ce phénomène à cette amie clairvoyante présente dans la cuisine à cet instant-là, qui me confirma percevoir les mêmes choses que moi au détail près.

Nous voyons par cette expérience que des arbres, ou des plantes, peuvent avoir des sentiments émotionnels très forts envers chacun d'entre nous. N'oublions pas que nous pouvons dialoguer avec eux intérieurement et qu'ils peuvent devenir de vrais amis au même titre que nos animaux domestiques.

Une expérience énergétique dans une église

> *Témoignage*
>
> Un jour, alors que j'étais dans une église, j'en profitai pour me recharger énergétiquement en aspirant les énergies cosmiques qui m'entouraient.
>
> J'ai donc visualisé que j'aspirais ces énergies pendant quelques minutes, en les voyant venir en moi. Après quelques minutes, ces énergies accumulées formaient comme une seconde couche d'énergie qui se déplaçait doucement en tous sens au niveau de ma poitrine, comme si elles n'étaient pas stabilisées. Ces énergies avaient tendance à me piquer, comme de l'énergie statique. La sensation de cette énergie était très présente.
>
> En me déplaçant vers un autre endroit de l'église, tous mes poils se sont d'un coup hérissés. Cela m'a surpris, mais j'ai compris ensuite que je venais de passer au-dessus d'un puits énergétique qui absorbait ces nouvelles énergies.

Développez vos facultés psychiques et spirituelles

Comment rendre l'eau plus énergétique ?

Vous pouvez dynamiser au niveau énergétique une bouteille d'eau remplie au trois quarts.

Il faudra pour commencer tester la différence entre l'eau de la bouteille avant expérience et l'eau dynamisée. Pour cela, il vous faudra essayer de ressentir tactilement les limites de son aura. Quand vous aurez repéré au toucher ces limites, secouez fortement votre bouteille pendant une minute. Une fois terminée, essayez de ressentir à nouveau les limites de son aura. Vous constaterez qu'elles ont fortement augmenté. Ceci est dû au frottement entre les atomes, activant ainsi l'énergie. Cela vous donnera une eau plus énergétisante pour votre corps physique qui se rechargera mieux.

Une autre méthode pour recharger l'eau

Vous pouvez énergétiser votre eau en plaçant autour de votre carafe pleine plusieurs cristaux de roche orientés vers elle. Vous avez également la possibilité de mettre un cristal de roche au fond de votre carafe.

Enfin, vous pouvez utiliser les cristaux de roche pour vous énergétiser. Pour cela il faudra les placer principalement sur les chakras.

Comment se recharger avec des cristaux de roche ?

Les cristaux de roche ou quartz possèdent des propriétés énergétiques puissantes, capables de nous recharger, de prendre les énergies négatives qui nous sont envoyées et enfin de nous aider en aspirant les énergies négatives que nous portons.

Nous pouvons utiliser un procédé pour nous aider, prenant le relais de notre énergie, nous donnant ainsi à ce niveau-là, un « petit coup de fouet », nous permettant de mieux repartir, cela même si nous nous sentons épuisés. Il

Comment améliorer notre vie ?

s'agit de vous procurer trois cristaux de roche biterminés, en pendentif, c'est-à-dire se terminant avec une pointe en haut et une pointe en bas.

Le premier jour, vous porterez le premier cristal de roche sur vous. Il est préférable d'ajuster le fil pour qu'il soit situé à l'endroit du chakra du cœur.

Pendant cette journée, le second cristal de roche sera placé sur du gros sel (si possible du sel gemme, c'est-à-dire du sel de la terre), qui enlèvera les énergies négatives que ce cristal aura absorbé la veille. Il sera préférable de placer une feuille blanche entre le cristal de roche et le sel, car le sel a tendance à altérer le cristal.

Dans la même journée, le troisième cristal sera exposé au soleil, ou s'il n'y en a pas, à la lumière du jour pour qu'il se régénère en énergies.

Ce cycle terminé, vous prendrez le lendemain le troisième cristal qui s'est régénéré. Pendant cette journée où vous le porterez, vous placerez sur du gros sel, celui que vous avez porté la veille.

Pour terminer ce cycle, vous placerez à la lumière du jour, celui qui était sur le gros sel.

> ### *Témoignage*
>
> Une amie m'apporta un jour un cristal de roche rose qu'elle avait porté pendant une longue période, alors qu'elle était épuisée. Le cristal l'avait bien aidée, mais lorsqu'elle me l'a montré, j'ai eu mal pour lui.
>
> Sans s'en rendre compte, elle l'avait épuisé, sans le régénérer. La conséquence était que ce cristal avait perdu sa belle couleur rose opaque irisée avec du blanc, pour devenir vide, presque transparent, donnant la nette impression qu'il avait été comme vidé de sa substance.

Vous pourrez répéter cette suite indéfiniment. Vous constaterez ainsi jour après jour cette aide énergétique bien réelle qui fera de son énergie, un complément de la vôtre.

N'oubliez pas de respecter le cycle du cristal, car dans le cas contraire, vous risquez de le vider de toute énergie.

Comment réactiver nos chakras avec des cristaux de roche ?

Il sera nécessaire dans le cas où vous traitez une personne de cette manière qu'elle soit allongée. Il faudra avoir des cristaux de roche avec une seule pointe.

Vous devrez ressentir le rayonnement de chaque chakra en passant vos mains au-dessus de chacun d'entre eux.

Dès que ce constat sera fait pour chacun des chakras, dans le cas où vous avez remarqué que certains sont faibles, vous placerez des cristaux de roche au-dessus de ceux-ci selon les besoins du corps.

Vous les orienterez la pointe vers le bas, dans le cas où les chakras du bas sont faibles.

Si la personne à traiter a « la tête dans les étoiles » et qu'elle a un peu de mal à s'incarner dans sa vie, il faudra orienter les cristaux pointe vers le bas, c'est-à-dire vers ses pieds, afin qu'elle soit plus ancrée.

À l'inverse, dans le cas où la personne à traiter est trop « terre à terre » et pour laquelle les réalités supérieures sont lointaines, il faudra orienter les cristaux pointe vers le haut, afin d'activer ses chakras supérieurs.

Comment consolider notre aura ?

Dans le cas où nous voulons énergétiser notre aura, il nous suffira d'avoir un cristal de roche biterminé dans chaque main.

Cela nous rechargera énergétiquement à un niveau supérieur pour le cristal de roche porté en pendentif.

Nous voyons bien dans le cas numéro un ou dans le cas numéro deux que même si nos chakras sont dynamisés, l'aura n'est pas comme elle devrait l'être.

Comment améliorer notre vie ?

Cas n° 1

Cas n° 2

Elle reprend plus facilement son volume avec un cristal de roche dans chaque main.

Interaction entre notre corps et le monde minéral

Il y a deux paramètres à prendre en compte lorsque nous choisissons un minéral pour nous aider à évoluer.

1) Notre corps physique sait ce qui est bon pour lui.

2) Le monde minéral a son intelligence propre.

Cas n° 3

387

Développez vos facultés psychiques et spirituelles

> *Témoignage*
>
> Un jour, après une conférence sur la lithothérapie, c'est-à-dire sur les vertus des pierres, un revendeur était présent, j'en profitais pour en acheter. Alors que j'hésitais entre deux pierres, l'une d'elles semblait sauter dans ma main, au point que j'ai failli par deux fois la lâcher, comme si mon corps par de minimes contractions musculaires la rejetait. Jamais une telle réaction ne m'était arrivée auparavant.
>
> La conférencière spécialiste en lithothérapie avait assisté à la scène qui venait de se passer, elle m'expliqua que mon corps avait fait son choix.
>
> Une autre fois, alors que j'avais une pierre nommée « diamant de Herkimer » avec moi et que je l'avais en main, il y eut exactiment le même phénomène. Il a sauté de ma main, tombant par terre pour y rebondir au moins trois fois, puis tomber dans une ouverture menant à l'égout. On aurait dit qu'il s'y dirigeait.
>
> Au moment où j'écris, une de mes amies m'a offert un petit sac de ces diamants, je ne les retrouve plus.

Une expérience de radiesthésie avec un pendule en cristal de roche

> *Témoignage*
>
> M. Vincent F. ayant constaté qu'il avait eu de bons résultats en radiesthésie lors d'un cours, essaya de l'adapter au jeu du loto. Il possédait un pendule en cristal de roche.
>
> La première fois qu'il pratiqua par curiosité, il gagna l'équivalent de 3 000 €. Il recommença une seconde fois avec l'intention de gagner de l'argent. Son pendule glissa de sa main et la pointe s'ébrécha. ↓

> Il recommença une troisième fois avec le même souhait. Cette fois-ci le pendule tomba par terre, comme pour se suicider et éclata en morceaux.

Le cristal de roche étant utilisé au départ principalement par curiosité ne semblait pas gêné, car cela ne descendait pas la vibration cristalline, mais devant le gain réalisé, il était difficile à M. Vincent F. d'utiliser le cristal dans cette seule optique, sans chercher à obtenir un gain.

Le cristal l'a averti la deuxième fois en se laissant tomber. M. Vincent F. a essayé une troisième fois. Le cristal a préféré se suicider plutôt que de voir sa propre vibration descendre.

M. Vincent F. avait bien ressenti les choses exactement de cette manière. Nous remarquons que la vibration du jeu est incompatible avec la vibration du cristal de roche.

Cristaux pour la guérison au-dessus du chakra en tournant au-dessus des chakras

Vous pouvez, si vous avez un pendule en cristal de roche, le laisser tourner au-dessus de chacun des chakras de la personne à traiter. Vous verrez ainsi votre pendule s'activer de lui-même, tournant au-dessus du chakra jusqu'au moment où il n'aura plus besoin d'énergie.

Vous constaterez que votre chakra est rechargé en énergie, lorsque votre pendule s'arrêtera de lui-même.

Vous pourrez ainsi tester avec votre main le rayonnement de chaque chakra, pour constater qu'ils ont été correctement chargés énergétiquement.

Comment programmer les cristaux de roche ?

Pour programmer des cristaux de roche il existe plusieurs possibilités, entre autres le fait de visualiser de la lumière descendant sur les cristaux de roche, les imprégnant de l'information désirée. Vous pouvez aussi visualiser que vous écrivez à l'intérieur du cristal, la programmation désirée.

Quelle programmation choisir ?

Vous pouvez programmer ce que vous désirez. C'est-à-dire que vous pouvez demander à votre cristal de vous aider à acquérir par exemple :

- plus de confiance en vous, de concentration, de mémoire,
- mieux visualiser,
- attirer la réussite,
- aider pour un projet et à sa réalisation,
- améliorer notre santé, notre sommeil,
- nous apporter plus de paix, de joie,
- nous aider à ouvrir notre clairvoyance, notre intuition,
- nous aider pour l'inspiration, la sortie astrale,
- nous protéger,
- protéger un lieu, etc.

Comment se recharger avec les énergies de l'univers ?

Pour recevoir les énergies provenant de l'univers, il suffit tout simplement de les demander. L'univers dans son abondance donne à celui qui demande. Il est préférable de solliciter ces énergies pour se recharger énergétiquement, il ne faut pas le faire par simple curiosité.

Il est toutefois nécessaire d'adopter certaines positions pour mieux les ressentir.

Les bras écartés vers le haut   Les bras écartés vers le bas

Comment améliorer notre vie ?

D'autres positions de réception d'énergie

Vous pouvez utiliser ces mêmes positions de mains en position debout. L'important étant d'être détendu afin de pouvoir ressentir correctement les énergies.

Il vous est posssible de demander les énergies que vous désirez recevoir, qu'il s'agisse d'énergie bouddhique, angélique, ou même christique.

Vous pourrez tester la qualité de chacune de ces énergies et vérifier par vous-même quelles sont les énergies les plus spirituelles. Vous les reconnaîtrez par leur vibration plus forte et par leur légèreté, montrant ainsi qu'elles sont plus subtiles.

Une technique inédite pour envoyer de l'énergie d'amour à une personne et la recevoir en retour.

En premier lieu, il sera nécessaire de ressentir la limite de l'aura de la personne qui désire se prêter à l'expérience. Il sera préférable pour cette expérience de vous tenir pieds joints.

Dans un second temps, vous visualisez que de votre chakra du cœur sort un rayon d'amour que vous dirigerez vers cette personne.

Vous enverrez dans le même temps un profond sentiment d'amour inconditionnel envers la personne que vous chargez.

Il arrive souvent lorsqu'on envoie des énergies d'amour, que l'on soit attiré vers l'être ou la personne cible jusqu'à ce qu'il soit chargé.

Développez vos facultés psychiques et spirituelles

Il se passe ensuite un phénomène de retour lorsque les êtres ou la personne sont chargés, son aura grandit au point que la personne doit résister étant toujours pieds joints, pour ne pas partir en arrière à cause de l'aura qui a fortement augmenté, nous envoyons par retour les énergies d'amour.

Vous remarquerez qu'elle est peut-être en manque d'amour et qu'elle est très demandeuse au point que ceux qui lui envoient cet amour inconditionnel sont déséquilibrés vers l'avant.

Lorsque la personne a reçu la quantité requise, le phénomène s'amplifie dans l'autre sens repoussant de la même manière ceux qui ont émis cette énergie d'amour.

Une technique inédite pour envoyer de l'énergie d'amour à un arbre et la recevoir en retour

Vous pouvez faire cet exercice avec un arbre.

Pour cela, il sera nécessaire en premier lieu de ressentir la limite de l'aura de l'arbre choisi afin d'avoir une distance témoin du rayonnement de cet arbre.

Vous pourrez marquer cette limite aurique avec un objet, qui vous

Comment améliorer notre vie ?

montrera à quel point l'aura de cet arbre aura été amplifiée.

Il sera préférable pour cette expérience de vous tenir pieds joints.

Dans un second temps, vous visualisez que de votre chakra du coeur sort un rayon d'amour que vous dirigerez vers cet arbre.

Vous enverrez dans le même temps un profond sentiment d'amour envers la nature et particulièrement pour l'arbre que vous chargez.

Il se passe le même phénomène d'attirance que pour l'exercice précédent, à savoir que lorsque l'on charge le sujet, on est attiré généralement vers lui. Dès qu'il est chargé, le phénomène s'inverse, repoussant les personnes qui ont envoyé cette énergie.

Cet exercice est d'autant plus probant lorsque nous sommes en équipe. Nous pouvons ainsi constater que ce que nous vivons dans notre corps, les autres le vivent aussi.

Nous pouvons ainsi préciser à quel moment nous constatons tel phénomène d'attirance, faisant tanguer le corps physique vers sa cible lorsque les énergies sont absorbées ou de recul du corps lorsqu'elles reviennent.

Nous remarquerons enfin à quel

point l'aura de notre arbre a grandi au point de nous pousser en arrière. Cela permet de constater que la nature est non seulement bien vivante mais également en interaction avec nous.

Il ne s'agit pas seulement d'énergie émise, mais d'énergie chargée d'amour, nous ressentons ainsi que l'arbre est bien vivant et que nous sommes en train de vivre quelque chose de fort avec lui.

Rappelons-nous que tout dans la nature est vivant. Même ce qui nous semble inerte est formé d'atomes qui sont en mouvement. Nous pouvons ainsi avoir un retour de cette énergie d'amour par rapport à un minéral.

PARTIE 10

CE QU'IL FAUT CONNAÎTRE

" On ne désire pas ce que l'on ne connaît pas. "
OVIDE

" Celui qui cherche ne doit pas cesser de chercher,
Jusqu'à ce qu'il trouve,
Et, quand il trouvera,
Il sera stupéfié
Et, étant stupéfié,
Il sera émerveillé,
Et il régnera sur le tout."
EVANGILE DE THOMAS

" La vérité vous rendra libre."
EVANGILE DE MATHIEU, 25.12

Le spirituel n'est pas le religieux

" À moins de découvrir le ciel en soi, vous n'avez aucune chance d'y rentrer. "

ANGÉLUS SILÉSIUS.

" Heureuses les âmes qui ont le don de découvrir le côté lumineux de toutes choses. "

P. FABER.

" Si vous ne redevenez des petits-enfants, vous n'entrerez pas au royaume des cieux. "

MATTHIEU 18,3.

Qu'est-ce que le spirituel ?

Définition : (lat. *spiritualis, de spiritus, esprit*). Qui est de l'ordre de l'esprit, de l'âme.

C'est la vie de l'esprit. Le spirituel est un état de vie qui prend conscience de deux choses :

1) Il y a des choses au-dessus de nous qui nous guident.

2) Notre vie ne s'arrête pas à la mort.

Ces deux points sont fondamentaux car ils changent à long terme le regard que nous portons sur toute chose, ainsi que sur leur interprétation.

Dès que nous avons assimilé ces deux aspects, les motifs de nos actes sont par voie de conséquence transformés vers un niveau supérieur. Nous agissons après cette prise de conscience comme si nous faisions partie d'un tout, sachant que nous continuerons à exister sur un autre plan, après notre mort, mais d'une façon plus subtile.

La clef du spirituel c'est de s'ouvrir à l'amour des autres. Le chemin du spirituel passe par la découverte du bonheur et de la joie. Son accomplissement est de transmettre ce que nous avons reçu en le partageant avec les autres.

Pour cela, il faut leur montrer le chemin qui mène vers la lumière. Nous rappelant que nous sommes tous faits pour être heureux ! Notre cœur est fait pour le bonheur !

Le spirituel n'est pas forcément religieux. C'est en bas de la pyramide de l'évolution spirituelle qu'il y a les guerres de religion, chacun se battant pour son Église sans pour autant avoir compris le sens du message spirituel pour lequel il se bat.

Plus nous montons les degrés intérieurs, plus nous intégrons les choses célestes, plus nous pénétrons dans des états supérieurs, jusqu'à vivre dans la lumière intérieure.

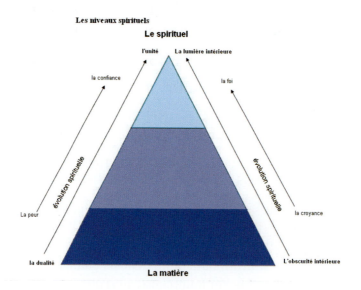

À un certain degré d'avancement spirituel, les personnes ne se battent plus, elles ne jugent plus les autres. Le mot d'ordre implicite est la tolérance et le pardon sous toutes ses formes. Elles rentrent dans ce que l'on appelle l'unité, intégrant définitivement que l'autre, c'est nous.

En haut de la pyramide tout est spirituel et amour et, comme le dit Samuel Longfellow, « Ceux qui sont à la recherche de la lumière ne font qu'un ».

Qu'est-ce que le religieux ?

Définition : (Religion, lat. *religio* de *religare*) Recueillir, rassembler.

Le religieux est l'habillage du spirituel. C'est l'adaptation de la révélation qui a été reçue d'en haut (quelle que soit la façon dont nous le nommons) par les hommes.

Sachant que dans la majorité des cas, si nous naissons à Brest nous serons catholiques, à Riad nous serons musulmans, à Jérusalem nous serons juifs, à Lhassa nous serons bouddhistes, etc.

Témoignage

Une personne que je connaissais, M. Jean-François N., venait de décéder. Il s'occupait de faire de la catéchèse pour adultes dans l'église de sa ville. Il avait été une personne pratiquante dans sa religion, surtout vers la fin de sa vie.

Quelques jours après sa mort, nous sommes allés le voir astralement, le trouvant en pleurs dans son jardin.

Il n'avait pas compris que ce qui lui était demandé était de vivre spirituellement dans l'amour des autres et non d'assister à des offices religieux par nécessité.

M. Jean-François N. attendait la présence d'anges et d'êtres de lumière pour l'accueillir. En fait, ils étaient présents, mais son regard ne pouvait pas les percevoir, sa vision intérieure n'était pas vraiment ouverte à la lumière.

Il faut avoir une authentique ouverture intérieure pour percevoir ces présences immédiatement. Dans le cas où nous sommes enfermés dans la problématique émotionnelle de notre mort, nous ne sommes pas disponibles à les percevoir et nous ne les percevons pas.

Cela a été très bien illustré dans le film *Ghost*, où nous voyons l'acteur principal qui est décédé apercevoir la lumière qui l'éclaire uniquement quand sa femme est définitivement hors de danger, lui permettant ainsi de trouver la paix intérieure.

Certaines personnes fréquentant l'église gardent parfois le même état d'esprit qu'ils possèdent habituellement. L'église devenant pour eux inconsciemment un moyen de s'affirmer, ils viennent ainsi avec le besoin d'être reconnus, essayant par tous les moyens de se faire apprécier par leur entourage, montrant avec fierté que leur famille est convenable, cela pour passer pour quelqu'un de bien, même dans un tel lieu.

Le Christ dit de ces personnes qu'elles ont déjà reçu leur récompense puisqu'elles ont eu ce qu'elles cherchaient.

Ce qui doit être fait au niveau du spirituel doit se faire dans le secret de notre cœur.

Témoignage

Une personne âgée de mon entourage, Mme Lucie M., était une femme pratiquante dans sa religion. J'assistai à son enterrement, puis j'attendis quelque temps après sa mort pour la rejoindre astralement.

Je la trouvais dans un espace immense et noir, habillée avec un vêtement qui ressemblait à une chemise de nuit et elle était pieds nus. Elle semblait comme éclairée par de petites lumières semblables et de petits spots. Elle était seule, comme si la situation la dépassait. Il y avait à ses pieds toutes sortes d'éclats de verre placés autour d'elle en arc de cercle.

J'arrivais astralement devant elle, la prenant dans mes bras pour la monter jusqu'au Christ. En la quittant, je la voyais pleurer à chaudes larmes.

Après avoir médité sur ce que je venais de voir et avoir fait une clairvoyance pour assimiler ce qui se passait pour Mme Lucie M., j'ai compris que l'image des morceaux de verre symbolisait en fait le miroir de l'illusion qui s'était brisé.

> Je l'avais vu en clairvoyance, arrivant sur l'autre plan, créant son propre monde, se voyant entourée de blancheur, avec des êtres angéliques, alors que ce n'était qu'une illusion. À un certain moment, elle s'est rendu compte qu'elle n'était pas dans la réalité. C'est à cet instant-là que ce qui l'entourait vola en éclats.

Soyons tout de même rassurés, la plupart de ceux qui sont religieux ne sont pas loin de l'état spirituel. Il leur suffit de réajuster leur regard avec plus de profondeur et de travail sur eux-mêmes.

Ces personnes religieuses sont assez proches des plans vibratoires de l'astral supérieur. Néanmoins, elles découvrent à leur mort l'état des lieux avec désillusion ne comprenant pas la distance à franchir entre ce à quoi elles pensaient avoir droit et leur niveau vibratoire inférieur à un plan aussi élevé.

Cela ne veut pas dire que ce que l'on raconte sur les êtres angéliques et les êtres de lumière qui viennent nous accueillir lors du passage est faux, mais simplement que nous devons être spirituel afin d'être en accord vibratoire avec le monde spirituel.

Cet aspect a même fait pâlir les apôtres pour qu'ils aient posés cette question : « Mais qui peut donc être sauvé ? ». Et le Christ de répondre : « Ce qui est impossible aux hommes est possible à Dieu ! »

Lorsqu'une personne vit une expérience de mort imminente, elle est aidée d'office par des anges et des êtres de lumière, nous expliquerons ce dont il s'agit au sous-chapitre suivant.

La différence est fondamentale entre quelqu'un qui se cache uniquement derrière l'aspect religieux, même s'il le fait de façon inconsciente, et quelqu'un qui est authentiquement spirituel.

Nous voyons bien que le message de là-haut est forcément transmis à tous les hommes, quelle que soit leur origine, ne serait-ce qu'à travers les messages reçus de leurs guides et leurs anges à travers leur conscience.

De plus, le message d'en-haut est forcément adapté et transformé par ceux qui le reçoivent, selon certains critères :

Développez vos facultés psychiques et spirituelles

- Le lieu où il est reçu.

- Les coutumes allant à l'encontre de ce qui est reçu.

- La connaissance de ceux qui vont l'intégrer.

- Le niveau d'évolution du peuple qui le reçoit.

- L'incompréhension devant quelque chose qui peut les dépasser.

- L'ouverture ou la fermeture intérieure de ceux qui le reçoivent.

Bien d'autres critères manquent, démontrant que tout message qui vient d'en haut est « adapté » par ceux qui le reçoivent.

Souvent des personnes qui ont délaissé les valeurs spirituelles se remettent en cause dans leur vieillesse, se posant des questions essentielles, revenant ainsi vers un aspect plus spirituel des choses, se mettant à fréquenter les églises. Ces questions, qu'elles avaient tendance à éluder durant leur jeunesse puis leur vie d'adulte, réapparaissent dans leur vieillesse, à l'approche de l'échéance de la mort. C'est pour cette raison que certaines personnes âgées reviennent vers leurs traditions religieuses qu'elles avaient quittées pendant leur vie. Il arrive parfois, dans ces cas-là, que le vrai stimulant sous-jacent soit la peur, avec le regret de ne pas avoir réalisé certaines choses durant cette vie.

Le problème du religieux est de ne pas perdre le message spirituel à travers le rituel et le problème de certains spiritualistes de penser appartenir à une « élite » alors que pour tous « les derniers seront les premiers ».

Le Christ s'est trouvé confronté à ce même problème, il y a deux mille ans, avec les pharisiens, leur reprochant de nettoyer l'extérieur du plat et de laisser l'intérieur sale, faisant comprendre que ce qui est important est à l'intérieur, que l'aspect extérieur n'est rien.

Croire et avoir la foi

La religion est quelque chose de naturel pour l'homme, comme le fait de croire. L'homme depuis son origine a toujours cru dans des forces surnaturelles qui le dépassaient, nous le constatons à travers tous les chamanismes connus.

Ce qu'il faut connaître

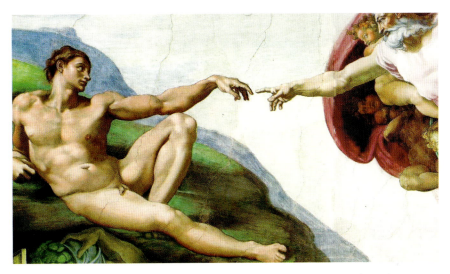

De même que lorsque nous sommes petits nous avons besoin, pour nous rassurer, d'avoir un doudou qui nous protège de ce qui nous fait peur et de ce que l'on ne comprend pas. La religion nous rassure ainsi devant l'inconnu, devant la mort et ses mystères. La religion est le fait de croire. Elle forme un courant ascendant, qui s'oriente de l'homme vers Dieu.

À l'inverse, il existe un courant descendant qui s'oriente de Dieu vers l'homme, que l'on appelle la révélation.

Lorsque nous précisons : « Ce qui est au-dessus de l'homme », les personnes pensent souvent à ce que l'on appelle la foi.

Pour préciser la différence entre croire et avoir la foi, je prendrai la peinture de la création de l'homme réalisé par Michel Ange qui se trouve à la chapelle Sixtine à Rome.

Le fait de croire correspond à la main de l'homme qui est à gauche, croire va jusqu'au bout du doigt de l'homme, mais s'arrête là. Avoir la foi, c'est ce vide entre la main de l'homme et la main du père. C'est au-delà de toute croyance.

Pour illustrer cela, il est dit dans l'Évangile « Si vous aviez la foi comme un grain de moutarde, vous pourriez dire à cette montagne enlève-toi et va te jeter dans la mer ! »

Qu'est-ce que la foi ? Il s'agit en fait d'une rencontre avec ce que l'on nomme l'ineffable, c'est une rencontre qui transcende celui qui la vit, allant au-delà de l'homme à la rencontre de Dieu, pour les uns, le Christ, Yaweh, Allah, Le Grand Manitou, Le Grand Architecte de l'Univers, les sphères supérieures un être de niveau supérieur tel qu'un archange.

Pour les autres quel que soit le nom que l'on donnera à celui que l'on appelle Dieu, cela n'a pas d'importance, Il est au-delà de tout nom.

Les personnes qui ont la chance de faire une de ces rencontres en sont définitivement transformées, pas forcément dans l'immédiat, mais quelque chose de fondamental en elles a été bouleversé.

Qu'est-ce qu'une N.D.E. ?

Les NDE « Near Death Experience » ou EMI en français, sont des expériences de Mort Imminente. Il s'agit d'un état de mort approchée, vécue par certaines personnes qui frôlent la mort et qui sont ensuite revenues à la vie.

Cette expérience arrive souvent lors d'une anesthésie, d'un coma ou d'un accident, provoquant un arrêt provisoire du cœur pendant quelques secondes, voire quelques minutes ou plus longtemps encore.

Ces personnes sont souvent considérées comme cliniquement mortes, se trouvant brusquement projetées dans leur corps astral, surplombant la salle de soins, ainsi que leur propre corps physique comme si elles en étaient étrangères. Elles raisonnent, regardent et écoutent avec les mêmes facultés que celui-ci, sans que ce dernier y participe. La plupart de ces personnes sont emmenées vers l'au-delà, vivant consciemment leur mort.

Contrairement à un voyage astral conscient, dans le cas d'une NDE la personne est projetée à une très grande vitesse dans un immense tunnel noir vers une lumière éblouissante. Ceux qui sont allés jusqu'au bout du tunnel, ont été accueillis par leurs proches décédés, baignant dans cette lumière rayonnante d'un Amour infini. Elles sont ensuite ramenées dans leur corps physique, car ce n'était pas le moment pour elles de partir dans l'au-delà, leur vie sur Terre n'étant pas achevée.

Les clefs du spirituel

La clef du spirituel est de s'ouvrir à l'amour des autres et savoir que nous ne sommes qu'un. Nous sommes tous faits pour aimer et être aimés.

L'une des grandes clefs du spirituel est l'intention. Ce n'est pas l'acte que nous réalisons qui compte mais l'intention que nous plaçons derrière cet acte.

Nous devons nous poser la question, lorsque nous voulons réaliser un acte en apparence pour les autres : « Quelle est mon intention en réalisant cet acte ? »

Si je fais quelque chose de manière totalement gratuite, je suis dans le spirituel, dans le cas contraire il sera nécessaire de travailler dessus.

Il faut ainsi que chaque chose soit : « En esprit et en vérité ».

Comment devenir spirituel ?

Il est important et urgent de devenir spirituel car lorsque nous partirons pour l'au-delà, c'est notre niveau vibratoire qui nous permettra d'aller vers les lieux remplis de lumière, d'amour, des lieux plus cléments, plus beaux et plus harmonieux où nous rencontrerons des êtres plus spirituels, plus lumineux.

Nous pouvons partir pour l'autre plan à n'importe quel moment. Rappelons-nous qu'en règle générale, l'heure du départ définitif nous surprendra toujours.

Si nous ne nous y préparons pas, le plus tard reviendra à pas du tout, nous laissant le jour où cela arrivera dans un regret de ne pas nous y être préparés. C'est pour cette raison que nous devons investir avec plus de profondeur notre partie spirituelle.

Nous devons également apprendre à devenir intérieurement semblable à l'image du petit enfant, comme dit le Christ : « Si vous ne devenez semblables à des petits enfants, vous n'entrerez point dans le royaume des cieux », ne se prenant pas au sérieux et n'accordant pas trop d'attrait à sa réussite, à son moi. Il possède la particularité de vivre dans l'instant présent et ne se projette pas dans le passé ni dans l'avenir.

Il sera nécessaire au départ de faire un nettoyage de nos charges émotionnelles provenant du passé, de manière à partir sur des bases saines.

L'important est d'arriver à acquérir la paix intérieure. Pour cela il faut apprendre à vivre uniquement dans le moment présent, sans faire de projection soit dans l'avenir, soit dans le passé. Vous apprendrez ainsi à affiner votre mental. Ce sera le début de votre maîtrise mentale.

Il faut ainsi apprendre, petit à petit, à vivre ce que l'on appelle le lâcher prise. Pour cela vous devrez faire confiance à l'univers qui vous entoure et ce malgré toutes les peurs. Nous devons devenir reconnaissants pour ce que nous avons déjà et ne rien attendre en retour, laissant ainsi la porte ouverte à l'improbable, ainsi qu'à tout ce qui est possible de recevoir.

La vie prend une nouvelle dimension. Ceux qui ont frôlé la mort ne verront plus jamais la vie de la même façon, mais savent de manière définitive que toute chose est belle.

Transformation de notre vie suite à la découverte du spirituel

Lorsqu'une personne a découvert ce qu'est le spirituel, tout son système de pensée se décentre de ce qu'il était auparavant, pour se recentrer sur un système de valeurs plus spirituelles. La personne vit ainsi une transformation progressive, comparable à la transformation de la chenille en papillon. Un ensemble de constats se met alors en place, entraînant une prise de conscience plus grande des choses qui l'entourent, orientant ses actes, ses aspirations, ses pensées les plus intimes, dans une toute autre direction. Tous les repères de celui qui le vit en sont affectés, passant ainsi à un niveau plus élevé de compréhension, de recul avec une arrivée progressive de nouvelles qualités qui ne se révéleront qu'au fur et à mesure de la progression intérieure de la personne.

Ainsi la première prise de conscience sera qu'elle est plus qu'un corps physique. Cela lui permettra de vivre une sorte de lâcher prise qui s'opérera de façon inconsciente par rapport aux choses matérielles.

Bien des peurs telle que la peur de la mort s'atténuent un peu avec ce premier constat, car nous savons intérieurement que la mort n'est en fait qu'un passage vers un autre état. Certains de nos centres d'intérêts changent. Nous devenons plus profonds et plus exigeants vis-à-vis des connaissances reçues que nous sélectionnons. Ces changements auront tendance à nous faire relativiser les choses en les plaçant à un cran au dessus, investissant désormais notre partie spirituelle.

La personne qui vit l'expérience de se recentrer, se place dorénavant à un niveau supérieur retrouvant ainsi son identité spirituelle.

Comment avancer spirituellement ?

Nous sommes sur terre pour avancer spirituellement et c'est sur la terre que nous avançons plus rapidement que sur les plans astraux. Cela provient du fait que si nous vivons sur terre nous subissons l'opposition entre notre esprit et notre corps physique.

C'est ce que certains appellent l'opposition entre l'esprit et la matière. Le Christ précisera à ce sujet, à ses apôtres endormis : « L'esprit est prompt, la chair est faible » ! Sur l'autre plan, cette opposition n'existe pas, puisqu'il n'y a pas de corps physique. Celui-ci possède son intelligence, ses désirs, ses besoins, ainsi que des aspirations allant en opposition avec celles de l'esprit.

Nous pouvons lors de notre avancée spirituelle avoir plusieurs guides, chacun d'entre eux nous aidant de manière spécifique. De plus, nous pouvons aussi avoir des guides de guérison, ou encore des guides ayant des compétences particulières selon notre mission qui peut être spécifique.

Nous devons nous rappeler que nous avons souvent des leçons karmiques à assimiler en venant sur terre. Par exemple, des leçons karmiques de ce qui n'a pas été compris dans nos vies antérieures, ainsi que le fait d'éponger le mal et la souffrance que nous avons causés à d'autres par nos actes.

Développez vos facultés psychiques et spirituelles

Ces signes qui nous montrent que nous avançons spirituellement

À partir du moment où nous avons atteint un certain état spirituel, nous nous rendons compte que ce que nous avons fait sous la conduite de notre intuition était le meilleur choix.

Le fait d'avoir marché sur ce chemin nous a apporté une intuition plus grande, un ressenti de la vérité beaucoup plus fin permettant de sentir plus facilement ce qui est vrai ou faux sans pour autant en avoir une explication formelle.

Vous remarquerez que cela nous a transformé en profondeur, au point que notre vision des choses a totalement changé. Nos amis ne sont plus les mêmes, nous savons vraiment à qui nous avons affaire, notre chemin semble parsemé de petites étoiles, de petits signes, comme des petites lumières qui nous confirment que nous sommes sur la bonne voie, le chemin semble s'ouvrir au fur et à mesure que nous avançons.

À l'inverse, si nous n'écoutons pas « nos petites voix » elles deviennent de plus en plus ténues jusqu'à se taire. En fait, il semble que cela soit la conséquence de ne pas avoir écouté les avertissements précédents. Nos guides, malgré les appels répétés, ne peuvent plus être entendus. Notre chemin va commencer à se rétrécir tout doucement jusqu'à devenir une impasse.

Lorsque nous avançons correctement, notre vision des choses devient plus fine, discernant maintenant ce qui semble caché chez les personnes qui nous entourent, au-delà de leur apparence. On sentira correctement qu'il y a quelque chose qui nous dérange sans pour autant y mettre des mots.

Ce qui est amusant, lorsque nous rencontrons des personnes ayant un peu « marché », c'est de s'apercevoir que les choses sont perçues de la même manière par des personnes qui ne se connaissent pas et ce, jusque dans les moindres détails. Ceci nous prouve que ces améliorations qui nous transforment ne sont pas dues au hasard et que d'autres personnes vivent exactement les mêmes constats.

Cela est comparable à la révélation de chemins intérieurs que d'autres personnes ont déjà découverts précédemment dans le passé. Nous constatons que notre chemin spirituel dans l'invisible est déjà balisé par toutes sortes de petits signes, nous apparaissant au fur et à mesure, comme faisant partie d'un ensemble de chemins qui se rejoignent ou se séparent. Tout cet ensemble est semblable à une cartographie de l'invisible. Elle apparaît ainsi au fur et à mesure de notre avancée spirituelle, nous prouvant que rien n'est le fait du hasard.

Comme dit l'expression d'Hermès Trismégiste : « Ce qui est en bas est comme ce qui est en haut, et ce qui est en haut et comme ce qui est en bas, pour faire le miracle d'une seule chose ». Ce qui signifie que même dans les mondes subtils, nous retrouvons les mêmes principes, les mêmes systèmes, les mêmes schémas mais à des niveaux plus élevés si nous montons, ou l'inverse si nous changeons de plan.

Celui qui est spirituel et a effectué une partie du travail ne se prend plus au sérieux car il sait qu'il n'a pas besoin d'être valorisé pour être reconnu. Il le sait en profondeur, non seulement au niveau mental mais comme un acquis intérieur. Plus nous avançons dans le domaine spirituel, plus nous sommes entourés d'amis spirituels qui nous aident et nous encouragent. Il en est de même pour les amis de l'invisible. Nous avons plus d'amis sur l'autre plan que sur le plan terrestre. Nous pouvons constater que les personnes qui nous entouraient et qui n'ont pas un peu avancé spirituellement ne sont plus sur le même plan de compréhension que nous. Cela nous prouve que nous avons avancé spirituellement et à l'inverse, que les autres ont stagné.

Comme dit le Christ : « Il y a beaucoup d'appelés et peu d'élus ». De même, au niveau spirituel peu de personnes veulent avancer et se remettre en question.

Il faut un certain courage pour admettre sa vérité, ainsi que sa propre faiblesse, qu'il faut affronter face-à-face. Il n'est pas toujours facile d'accepter ce que l'on est, mais c'est le début de grandes choses.

Comment reconnaître quelqu'un de spirituel de quelqu'un qui ne l'est pas ?

L'être spirituel est surtout quelqu'un qui agit avec son cœur. Ses sentiments sont devenus plus sincères au fur et à mesure de l'épuration de son chemin. Celui qui est spirituel est dans l'amour. Son regard sur les autres est un regard qui laisse une part au pardon. Quand il regarde quelqu'un qui ne fait pas forcément ce qu'il faut, il ne le jugera pas, sachant qu'il est lui-même déjà passé par là et que ce n'est qu'un passage. Il devient, comme on dit dans le jargon populaire « plus cool ». Il n'essaie pas de transformer son entourage.

De plus, si la personne a avancé suffisamment sur le chemin spirituel, elle aura tendance à devenir de plus en plus joyeuse, ainsi la phrase : « un saint triste est un triste saint » devient une réalité. Aussi, si l'on vous présente un enseignant spirituel qui vous paraît triste, il est souhaitable de faire demi-tour. La voie spirituelle authentique est une voie joyeuse. Comment un enseignant spirituel peut-il vous l'apprendre, s'il ne la vit pas lui-même ?

Une personne authentiquement spirituelle est quelqu'un qui aime et n'est pas indifférente aux autres, leur détresse ne lui sera donc pas étrangère.

C'est une fuite que de vouloir vivre une vie spirituelle qui tourne uniquement autour de soi.

L'homme n'est pas fait pour vivre seul. Il est fait pour échanger, apporter, enrichir les autres de ses propres expériences et s'enrichir à son tour par les autres.

Humilité/simplicité est la clé pour rester dans un spirituel vrai. Les spécialistes de l'ego sortent de leur chemin spirituel à cause de leur besoin de reconnaissance et de leur soif de pouvoir. Leur partie négative les piège.

Pour les personnes qui sont arrivées à un certain stade de développement spirituel, le choix ne se fait plus entre le bien et le mal, mais plutôt entre le bien et la facilité.

Les lois spirituelles

> " Une plume qui tombe à terre peut modifier la marche d'une étoile. "
>
> LAO TSEU

> " Nous savons désormais que ce que nous appelons les lois naturelles ne sont que des vérités statistiques et doivent nécessairement souffrir d'exceptions. "
>
> C.G. JUNG

> " La seule Loi, la véritable Loi n'est pas une loi mais une compréhension, une harmonie, un inspir et un expir qui font de l'être une cellule du Divin. "
>
> AUTEUR ANONYME

Qu'est-ce que les lois spirituelles ?

Ce sont des lois de l'univers qui fonctionnent sur notre plan matériel ainsi que tous les plans astraux et autres. Il est important, si nous voulons avancer autant sur le plan matériel que sur le plan spirituel, de connaître un minimum de ces lois spirituelles, afin de nous en servir à bon escient.

Dans le cas contraire, vous risquez de vous heurter à des obstacles récurrents, vous empêchant de mener vos projets à terme.

1re loi – L'unité

Nous vivons dans un monde clos, aussi immense soit-il. Ce que je fais aux autres, je le fais à moi-même et tôt ou tard ce que j'ai fait à l'autre me reviendra.

2e loi – La projection

Je projette ce que je suis. Je crée le monde qui m'entoure. Si j'ai peur, le monde incarnera la peur.

Si je crois que la vie s'arrête là et qu'il n'y a rien lors de ma mort, quand je serai sur l'autre plan, je ne verrai et n'entendrai donc rien.

Développez vos facultés psychiques et spirituelles

Celui qui pense ainsi sera astralement enfermé à un niveau de communication comparable à celui d'un autiste sur terre.

3ᵉ loi - La foi dans ce que je réalise

Je crois en ce que je fais. C'est ainsi que toute chose prend forme, d'abord dans l'invisible pour se matérialiser ensuite dans le visible.

Dans le cas où je n'ai pas foi dans ce que je fais et que j'attends toujours demain pour réaliser quoi que ce soit, il est certain que sur ce plan, dans l'état actuel des choses, je ne construirai rien.

4ᵉ loi - Je ne peux donner que ce que j'ai reçu

Je donne ce que je reçois. Dans le cas des énergies, si je donne de mon énergie vitale, je ne pourrai pas aller au-delà de ce que j'ai, sinon cela deviendra dangereux pour moi. Cependant, si je donne des énergies de l'univers, j'en donnerai en abondance et je me rechargerai au passage.

Ainsi, il en est de même pour l'amour. Je ne peux pas vraiment aimer, si je ne m'aime pas moi-même. Donner de l'amour quand on ne s'aime pas, desséchera tôt ou tard intérieurement la personne qui agit ainsi. Car si nous ne sommes pas reliés à la source, c'est toujours de notre énergie vitale (limitée) que nous donnons. Cette erreur rendra la personne aigrie par rapport aux autres qui ne lui auront pas rendu « à la hauteur de son amour » et dans un cas extrême, malveillante vis-à-vis des autres.

C'est ainsi que des personnes qui étaient ouvertes aux autres sont devenues de plus en plus négatives vis-à-vis de leur entourage, alors qu'au début elles étaient bien intentionnées.

De la même façon dans l'autre sens avec « Aide-toi, le ciel t'aidera ! », nous le voyons dans la prière de Saint-François :

<blockquote>
Car c'est en se donnant qu'on reçoit.

C'est en s'oubliant qu'on se retrouve.

C'est en pardonnant qu'on est pardonné.
</blockquote>

En agissant ainsi vous constaterez que vous êtes accompagné par des êtres de lumière provenant de plans supérieurs.

5e loi – L'abondance

Nous baignons dans l'abondance. Tout dans l'univers est abondance. Il faut avoir la foi pour la demander. Comme nous l'avons précisé dans ce livre, nous pouvons tout demander à partir du moment où il n'y a pas un blocage au niveau karmique qui ne serait pas assimilé.

6e loi – La libre circulation

Je ne peux recevoir en abondance qu'à partir du moment où je fais circuler ce que je reçois. Si j'arrête les choses en gardant tout pour moi le mécanisme s'arrête.

7e loi – L'ingérence

Nous n'avons pas le droit de faire de l'ingérence dans la vie des autres. Si cela doit se faire ce sera avec leur accord, ou en cas de danger réel. Dans le cas où nous intervenons malgré la personne, nous permettons implicitement qu'il y ait de l'ingérence dans leur vie.

Nous pouvons toutefois aider des personnes que nous sentons en danger, il est donc nécessaire de demander l'autorisation aux plans supérieurs, en précisant bien que si nous ne sommes pas autorisés nos énergies soient utilisées ailleurs.

Soyez tout de même rassurés, dans un cas karmique, ce qui ne doit pas se faire ne peut pas se faire.

8e loi – Le karma

Tout ce que je sème, en bien comme en mal, je le récolterai tôt ou tard sur le plan de la matière ou sur n'importe quel autre plan. Rien n'est jamais perdu dans l'univers.

9e loi – Ce qui est dans le physique existe déjà dans l'invisible

C'est la clé de toute création sur le plan physique.

Si vous avez un projet et que vous ne le nourrissez pas avec vos pensées, il est fort probable qu'il ne voit pas le jour. Il faut pour que

Développez vos facultés psychiques et spirituelles

toute chose se fasse qu'elle soit déjà sur l'autre plan au niveau subtil, ainsi en y pensant nous nourrissons le projet souhaité.

Il s'agit de faire la même chose pour la prière.

10e loi – L'attraction – Les semblables s'attirent et les opposés se repoussent

Quand nous partirons sur l'autre plan, chacun retournera vers les siens. Les personnes opposées ne pourront plus se voir à moins de le vouloir vraiment. Il faut rappeler que chacun des plans de l'astral est un plan vibratoire.

Chacun va donc rejoindre le plan vibratoire qui lui correspond. Il est important d'être proche des siens et de les faire monter spirituellement afin d'avoir le maximum d'états et d'affinités communes.

11e loi – Le libre arbitre

Nous sommes des êtres libres.

Chaque chose est en équilibre parfait, qu'il s'agisse du choix entre le bien et le mal, de notre pesanteur ou de ce que nous sommes capables de porter. Si les choses n'étaient pas ainsi, elles seraient injustes. Dans le choix que nous avons entre le bien et le mal, si l'un des plateaux de la balance penche d'office d'un côté, ne serait-ce que de 1 mm, il n'y a aucune justice.

12e loi – La dualité – Tout a son contraire complémentaire

Chaque chose a sa partie positive et négative. Chacun d'entre nous peut choisir le bien ou le mal. Ainsi nous avons le solide et le liquide, le chaud et le froid, le yin et le yang, notre aspect masculin et féminin, le haut et le bas, etc.

13e loi – La pensée est créatrice

Il existe un axiome ésotérique qui dit : « Là où va la pensée, là va l'énergie ! ». Aussi curieux que ce puisse être, cela se vérifie au niveau expérimental.

Tout part d'une pensée qui, si elle est bien orientée, va se renforcer au contact de pensées similaires. Cela donne à la fin un puissant processus de consolidation, une pensée formidable qui devient autonome et prend notre relais, dans le but que nous nous étions donné. Cela se nomme une forme pensée.

14e loi – Tout vient d'une source unique

Tout revient à une source unique de création. Quel que soit le nom que nous lui donnons, que nous soyons d'un côté de la terre ou d'un autre, cela n'a aucune importance.

Plus nous avançons vers des plans plus élevés, plus nous sentons cette essence d'amour et d'harmonie qui vibre à un degré de plus en plus fin.

Nous pouvons constater qu'à travers les traditions qui nous ont été transmises, celui qui est au-dessus de nous s'est toujours montré comme étant l'incarnation de l'Amour.

15e loi – Tout est amour

Tout être vivant est fait pour l'amour. Celui qui renonce à cet amour s'étiole et va à l'inverse de son épanouissement.

Il suffit d'envoyer de l'amour à distance sur un organe pour sentir l'organe rayonner. N'hésitez pas à le faire, c'est une expérience amusante qui a tendance à découvrir nos organes autrement que comme des fonctions.

Qu'il s'agisse d'un homme, d'un animal, d'une plante ou d'un minéral, les organes de notre corps, tout est vivant. Tout a son intelligence propre, même si elle ne se manifeste pas de façon tangible. Tout est donc sensible à l'amour.

Si nous allons dans l'infiniment petit, nous constatons que tout est en mouvement et que la vie est partout.

Il en est de même pour l'infiniment grand. Chaque planète est un organisme vivant et possède son intelligence.

Ce monde qui change

> " Pas de monde meilleur sans hommes meilleurs. "
>
> PAUL BRUNTON

> " Nous sommes ce que nous pensons. Tout ce que nous sommes résulte de nos pensées. Avec nos pensées, nous bâtissons notre monde. "
>
> BOUDDHA

> " L'une des plus grandes douleurs que la nature humaine ait à supporter est l'arrivée d'une nouvelle idée. "
>
> WALTER BAGEHOT

> " La paix ne pourra naître dans ce monde que lorsque toujours plus d'hommes prendront conscience de l'unité de vie existante entre la nature, les animaux, les plantes, les minéraux et les hommes, et vivant en conséquence. "
>
> EMILE GILABERT

Qu'est-ce qu'un enfant indigo ?

Il y a depuis à peu près une quinzaine d'années un phénomène qui se passe dans le monde entier, qui est l'arrivée sur terre de ce que l'on appelle les enfants indigo. Ils sont nommés ainsi parce que la couleur de leur aura est indigo. Au début, les personnes les citaient comme étant des cas isolés, il y en a actuellement beaucoup qui arrivent. Il semble qu'il y en ait sur toute la terre.

Les enfants indigo sont évolués spirituellement. Ils ont aussi la particularité d'être clairvoyants, clairaudients et intuitifs. Ils reçoivent ainsi des messages pour guider ceux qui les entourent.

Avant sept ans, l'enfant normal n'est pas encore incarné totalement, c'est pour cette raison que le plan d'à côté lui est ouvert. Il voit ainsi ce qui se passe dans l'invisible. Pour cette raison ils vivent des terreurs nocturnes jusqu'aux environs de leur sixième année. Ce phénomène s'arrête vers leur septième année.

Développez vos facultés psychiques et spirituelles

À la différence des autres enfants, les enfants indigo gardent toutes leurs facultés psychiques et spirituelles durant toute leur vie.

Étant plutôt d'un tempérament prudent, sur des sujets qui semblent évidents pour beaucoup, je restais sur la réserve.

Ce sujet m'était totalement étranger jusqu'au moment où j'ai dû travailler avec l'un d'eux âgé de 5 ans.

Témoignage

Il avait la particularité de m'appeler Horus, comme le dieu égyptien.

Un jour sa mère m'a demandé de travailler sur lui, car il disait qu'il avait mal au ventre et qu'il avait des bestioles de l'astral à l'intérieur qui bougeaient.

Je me rendis donc avec mon corps astral à son école pour le dégager car je ne pouvais le voir que physiquement à ce moment-là.

N'étant pas du tout au courant que j'allais venir le voir, au retour de l'école il dit à sa maman : « Maman, tu sais, il y a Horus qui est venu me voir ce matin à l'école ! »

Ceci n'est qu'un exemple parmi bien d'autres qui m'a prouvé à quel point de tels enfants pouvaient percevoir les choses avec précision.

Témoignage

Un autre moment il dira à sa maman : « Ce matin Horus a tué Seth !». Le matin même je détruisais une entité malsaine portant ce nom. Sa maman était au courant, mais elle ne lui avait rien dit.

↓

> Il décrira certaines attaques astrales que je subirai quelques heures avant qu'elles n'arrivent, m'avertissant du danger, en précisant de quelle manière allait se réaliser l'attaque.

Ces enfants indigo viennent sur terre avec une mission spéciale. Leur simple présence amène le spirituel de façon tangible. Ils viennent pour faire avancer les choses, pour guider les hommes spirituellement, et pour faire évoluer tous les domaines qu'ils aborderont quand ils seront adultes.

Davantage d'entités négatives et d'infestations ?

Cela fait plusieurs années que je remarque une recrudescence d'infestations. Je ne suis pas le seul à le constater, bien des thérapeutes autour de moi pensent de même. Il y a 20 ans les personnes n'étaient pas attaquées à ce point au niveau du bas astral.

Montée de la terre en vibration

Nous pouvons constater au niveau énergétique, comme bien des thérapeutes, que la vibration terrestre est en train de s'élever rapidement.

Il semble que la terre monte en vibration, rejoignant ainsi le bas astral au niveau vibratoire. Ce qui a pour conséquence que les êtres du bas astral nous perçoivent et peuvent ainsi nous infester, ce qui n'était pas le cas il y a une quinzaine d'années.

Il en est de même pour certains défunts qui nous perçoivent plus facilement. Il semblerait qu'antérieurement cela se passait avec beaucoup moins d'amplitude, c'est comme si nous avions rejoint leur plan.

Les personnes vivant physiquement ont leurs perceptions qui s'ouvrent plus rapidement qu'il y a une quinzaine d'années, qu'il s'agisse de clairvoyance, de clairaudience, de médiumnité, à travers des messages reçus de la part d'êtres provenant d'autres plans subtils, etc.

L'un des premiers constats que nous observons, c'est que des personnes qui n'ont jamais ressenti les énergies, les ressentent beaucoup plus facilement qu'auparavant, comme si celles-ci étaient devenues plus tangibles.

Bien des spécialistes en radiesthésie et en géobiologie ne peuvent plus se servir de leur *échelle de Bovis* (échelle de mesure radiesthésique) pour la simple raison que la vibration de la terre et celle de l'homme n'ont plus rien à voir avec ce qu'elles étaient avant, et cela en quelques années.

Sur *l'échelle de Bovis,* une personne ayant une santé normale tournait autour de 6 500 unités Bovis. Actuellement ce n'est plus la réalité, cette même personne, au même niveau de santé, devrait tourner bien au dessus du nombre d'unités cité.

Il en est de même pour les lieux terrestres portant des vibrations élevées. Tous les chiffres sont à revoir vers le haut. Ce n'est pas pour autant que nous sommes en meilleure forme.

La terre elle-même semble s'insurger. Lorsque les journalistes écrivaient dans un article : « les colères de la Terre » ce n'est pas exact. En allant astralement voir l'esprit de la Terre, nous avons nettement ressenti, en équipe, que la Terre, en tant qu'être vivant, était triste, que des personnes mouraient à cause des ravages se passant à sa surface.

L'esprit de la Terre est un être immense, plein d'amour pour les hommes qui l'habitent. Lorsqu'il se passe une catastrophe, il en est affecté profondément. Ces êtres gigantesques ont souvent des tempéraments paternels, désirant protéger leurs petits.

Certains spécialistes en géobiologie ont décidé d'arrêter leur activité pendant un certain temps pour remettre toutes les nouvelles données à jour, en constatant que tout était changé. Je crains pour ma part qu'un tel travail ne soit que provisoire puisque la vibration continue à monter.

Des ressentis énergétiques plus nets

Les personnes ressentent mieux les énergies qu'auparavant, avec plus de consistance qu'il y a quelques années.

Il y a environ 15 ans, la plupart des auteurs, qui écrivaient dans le domaine de la parapsychologie, enseignaient l'existence de facultés psychiques à travers des sujets doués. Ils ne donnaient jamais leur technique, laissant indirectement le doute sur le fait que nous possédons tous des facultés à l'état latent.

Nous arrivons dans une ère nouvelle, qui semble plus spirituelle que la précédente.

Nous le voyons un peu partout, par toutes sortes de signes et ne serait-ce qu'au travers des livres provenant du monde entier, qui transmettent ce qui a toujours été caché. Comme si un vent nouveau soufflait sur la terre.

Nous assistons de plus à un éveil spirituel d'un grand nombre de personnes. Cela ne se voit pas, mais il suffit d'ouvrir un peu les yeux pour constater autour de soi que les gens changent dans leurs lectures, leurs choix et leurs réflexions. Nous ne sommes plus dans une vision matérialiste des choses, bien qu'il y ait encore des gens qui pensent ainsi.

Sommes-nous à un moment de passage ?

Nous sommes à un passage où il nous est demandé de nous ouvrir rapidement au niveau spirituel, ceci afin de pouvoir passer à une étape supérieure dont la vibration terrestre sera plus élevée.

Si nous ne sommes pas intérieurement proches de cette vibration, c'est-à-dire si nous ne vivons pas du tout dans un minimum de paix intérieure, nous risquons de souffrir et d'avoir du mal à supporter que cette vibration continue de s'élever, creusant de plus en plus un écart entre la vibration terrestre et la nôtre.

Les personnes négatives, qui ne vivent que pour leurs intérêts personnels, prêts à tout écraser pour parvenir à leurs fins, se sentiront de plus en plus en décalage au niveau vibratoire avec un monde qui passe à un niveau spirituel supérieur.

Ils auront tout de même le choix de s'adapter en devenant plus spirituels et seront contraints d'élever leur vibration et d'arrêter de vivre comme avant, car la Terre est en train de faire son nettoyage.

Un temps qui s'accélère

Il est probable que la réception de « cadeaux spirituels » de grandes envergures obligent chacun à avancer un peu plus vite sur le chemin de son évolution personnelle, pour pouvoir participer à l'évolution des autres et de l'humanité.

Nous constatons qu'il y a actuellement des personnes qui sentent les énergies qu'elles n'ont jamais ressenties précédemment. D'autres qui entendent leurs guides, d'autres encore dont la clairvoyance s'est ouverte d'un coup, alors qu'il y a des années ces processus étaient beaucoup plus lents.

Il est curieux que toutes les traditions soient en attente de quelque chose pour cette période précise que nous vivons.

- Qu'il s'agisse du calendrier Maya, donnant notre période actuelle comme étant un moment de passage important.

- Qu'il s'agisse de notre astrologie, nous montrant que nous rentrons dans une ère spirituelle qui se nomme l'ère du Verseau.

- Qu'il s'agisse de clairvoyants authentiques qui ne se connaissaient pas les uns les autres, tels qu'Edgar Cayce, décrivant ces périodes comme étant des moments importants.

D'autres, tels que Philippe de Lyon, précisaient des choses similaires.

Des apparitions mariales à plusieurs endroits du globe nous avertissent qu'il y a urgence à nous tourner vers le spirituel.

Des prophéties, telle que la prophétie des papes, Nostradamus, bien d'autres précisent les mêmes choses, c'est-à-dire que nous passerons de cette période vers une ère plus spirituelle, plus lumineuse et plus harmonieuse.

Comment cela se fera-t-il ? C'est un grand mystère.

Des personnes qui ont ouvert leur clairvoyance, perçoivent qu'il y a comme des épées de Damoclès suspendues au-dessus de nos têtes. Apparemment ce que ces personnes perçoivent semble retenu, comme arrêté.

Rien n'est encore totalement écrit.

Il est du devoir de chacun d'avancer et de s'aider soi-même pour que notre monde soit meilleur.

Conclusion

> " Nous ne sommes pas des êtres humains venus vivre une expérience spirituelle, mais des êtres spirituels venus vivre une expérience humaine. "
>
> AUTEUR ANONYME

> " Arrivé à la source de la lumière, je parvins à voir l'intérieur. Je ne peux pas décrire en langage humain les sentiments que provoqua cette vision. C'était un gigantesque monde infini de calme, d'amour, d'énergie et de beauté. "
>
> AUTEUR ANONYME

> " Je suis resté dans la lumière pendant un long moment. Je sentais que tous les gens qui étaient là m'aimaient. Tout le monde était heureux. Je me rends compte que la lumière était Dieu. "
>
> DOCTEUR RAYMOND MOODY
> *La lumière de l'au-delà*

Notre but ultime est de trouver définitivement notre identité spirituelle. Cela nous permettra de redécouvrir notre famille spirituelle, c'est-à-dire les personnes avec lesquelles nous nous sentons bien.

C'est aussi le fait de répondre correctement à notre mission, permettant d'atteindre les plans supérieurs qui nous correspondent, recevant ainsi tout en abondance bien au-delà de ce que nous avons donné.

La vraie joie et le vrai bonheur, ressentir que nous faisons un avec ceux qui nous entourent, sont le fait d'être accueillis par tous ceux qui nous aiment et nous attendent de manière définitive ou quasi-définitive, dans un monde baignant d'amour et d'une beauté infinie, correspondant à ce que l'on appelle le plan astral supérieur.

C'est ce qui me semble être l'essentiel d'une vie bien remplie avec ses réussites autant terrestres que spirituelles.

Développez vos facultés psychiques et spirituelles

Nos besoins les plus profonds d'être aimés, reconnus, entourés, dans l'harmonie et le beau sont les valeurs d'infini qui sont imprimées au plus profond de notre être. C'est dans les mondes supérieurs que nous retrouverons ces valeurs dans leur totalité.

Rappelons-nous que nous sommes nés pour l'amour, cela fait partie de notre aspiration spirituelle et c'est aussi pour cela que nous sommes heureux lorsque nous sommes aimés ou que nous aimons. Dans le cas contraire, si nous sommes coupés de cette source, nous devenons aigris.

C'est à cause de la perception de ces réalités supérieures que ceux qui sont avancés spirituellement sont souvent en décalage avec leur entourage. Ils sont ainsi blessés et déçus par les amitiés qu'ils ont sur terre. Ces personnes spirituelles connaissent et ressentent intuitivement ce qu'est l'amitié véritable au-delà du temps et de l'espace.

Les rêves agissant comme des soupapes de sécurité régulent souvent notre vie terrestre lorsqu'elle devient trop dure. Notre corps astral se réfugie dans « sa patrie céleste » la nuit, nous permettant ainsi de nous recharger.

Nous ne serons jamais vraiment satisfaits par les joies partielles et provisoires de ce plan terrestre, car nous avons en mémoire au niveau de notre subconscient ces lieux que nous avons déjà connus avant de venir sur cette terre.

Lorsque nous retrouvons « notre réalité spirituelle », nous redécouvrons la sensibilité du cœur, ainsi toute notre vision des choses change et nous transcende de manière de plus en plus profonde. Nous devenons de ce fait plus libres, mais aussi plus exigeants vis-à-vis du monde qui nous entoure au regard de notre nouvelle échelle de valeurs alignée dorénavant sur les plans spirituels, nous recentrant sur des valeurs plus subtiles et plus durables. Cette exigence nous transforme au point que nous n'acceptons que difficilement les valeurs provisoires, qui ne nous apaisent que temporairement, car nous connaissons dans notre for intérieur ce que sont les valeurs éternelles.

Nous comprenons que tout est de dimension supérieure, notre amour, nos possibilités, notre paix intérieure. Notre univers

Conclusion

devient ainsi sans limite et nous pouvons tout demander en abondance en conformité avec les lois spirituelles.

Nous devenons conscients qu'il existe un monde spirituel qui nous attend. Cette prise de conscience entraîne bien des conséquences, relativisant les choses terrestres à un cran inférieur comme si elles nous étaient plus ou moins étrangères. Il ne s'agit pas d'un aspect religieux.

Les personnes qui vivent des expériences, qu'elles soient de mort approchée ou N.D.E. c'est-à-dire une *Near Death Experience*, de chamanisme, de sorties astrales, ou d'expériences mystiques, ne sont pas forcément des croyants. La vie prend une nouvelle dimension. Ceux qui ont frôlé la mort ne verront plus jamais la vie de la même façon, mais savent de manière définitive que toute chose est belle. Toutefois la grande majorité d'entre eux vous diront à quel point tout ce qu'ils ont vu est réel pour en avoir gardé une nostalgie qui transformera le reste de leur vie en une attente joyeuse de ce qu'ils ont tout juste aperçu.

Prenons comme principe pour rester éveillés sur l'aspect spirituel ce que dit la chanson « Chante » de Michel Fugain : « Fais comme si tu devais mourir demain ! » Cela change tout, redressant notre façon de voir, nous apprenant ainsi à changer notre regard sur les choses et à les relativiser.

La vie n'est plus la même vue sous cet angle, nous aidant à nous recentrer pour redevenir « ce que nous avons toujours été », c'est-à-dire des *esprits spirituels*.

Pour contacter l'auteur :

Tél. : 09 79 62 69 71

ou

sergeboutboul@orange.fr